Dein Wort ist meinem Fuß eine Leuchte

Herbert Hoffmann

Dein Wort ist meinem Fuß eine Leuchte

Herbert Hoffmann

paulinus

Bibliografische Information der Deutschen Nationalbibliothek
Die Deutsche Nationalbibliothek verzeichnet diese Publikation in der Deutschen Nationalbibliografie; detaillierte bibliografische Daten sind im Internet unter http://dnb.de abrufbar.

1. Auflage 2020

Umschlagabbildung: Titelseite: Marc Chagall / Charles Marq zu Ps 119,105
„Dein Wort ist meinem Fuß eine Leuchte" - Nördliches Chorfester (Detail) 1981,
Pfarrkirche St. Stephan, Mainz
Rückseite: Turm von St. Gangolf, Trier
Umschlaggestaltung: Sanjas Grafikbureau, Trier
Gesamtherstellung: Paulinus Verlag, Trier
ISBN 978-3-7902-1747-6
www.paulinus-verlag.de

Inhaltsverzeichnis

Vorwort

Wie ein roter Faden zieht sich der Kerngedanke durch die Auslegungen der Lesungs - und Evangelientexte des Kirchenjahres, vom Advent über Weihnachten und Ostern bis Christkönig: Gott kommt, wie Jesus gesagt und gezeigt hat, in dieser Welt menschlich vor oder gar nicht. Gott ist Mensch geworden, damit wir zu richtigen Menschen werden, zu Mitmenschen, die zur Solidarität fähig sind, im eigenen Umfeld und weltweit: Entgegenkommen aus geschenktem Entgegenkommen.

Diese Botschaft wird durchbuchstabiert, Woche für Woche, konsequent, kompetent, konkret. Theologisch und sprachlich präzise, treffend, geschliffen. Nie wolkig, immer entschieden und klar. Herbert Hoffmann weicht auch sperrigsten biblischen Grundaussagen nicht aus, sondern übersetzt sie und macht sie fruchtbar für unser Hier und Jetzt.

Gericht und Erlösung, Umkehr und Heimkehr, Wüste und Himmel, das Wort, das Fleisch geworden ist – um nur zentrale Motive der Advents- und Weihnachtstexte zu nennen: Sie werden heruntergebrochen auf die konkreten Verhältnisse des begonnenen dritten Jahrtausends, auf die Welt, so wie sie heute vielfach ist, aber nicht sein sollte. Auch das zeichnet Herbert Hoffmann aus. Er ist entschieden, seine Haltung ist klar, seine Analyse präzise, seine Urteile eindeutig.

Nur einige wenige Beispiele:
Im Evangelium des Lukas am ersten Advent ist die Rede von den Völkern, die bestürzt und ratlos über das Toben und Donnern des Meeres sind. Herbert Hoffmann dazu: Die apokalyptischen Zeichen unserer Tage offenbaren, wohin wir gekommen sind. Sie machen die Schattenseiten einer Entwicklung bewusst, die oft genug von einem hemmungslosen Gewinnstreben geprägt war, die die einen vorangebracht hat und die anderen

zurückgelassen hat. Eine Viertelmilliarde Menschen ist weltweit aus den unterschiedlichsten Gründen in Bewegung, Tendenz steigend.

Im Evangelium vom ersten Fastensonntag geht es um die Versuchung Jesu durch den Teufel. Herbert Hoffmann dazu: Was sind die Versuchungen unserer Tage? Satt sein und doch unersättlich bleiben. Dem teuflischen Deal-Denken verfallen, bei dem immer die abgehängt werden, die bei einem Deal nichts beisteuern können. Den Hunger nach einem Mehr an Leben verdrängen und sich mit allen möglichen Sattmachern abspeisen lassen.

An Maria Himmelfahrt preist Maria die Größe des Herrn: „Er, der Mächtige, erbarmt sich von Geschlecht zu Geschlecht über alle, die ihm in Ehrfurcht begegnen. Er zerstreut, die im Herzen voll Hochmut sind; er stürzt die Mächtigen vom Thron und erhöht die Niedrigen. Die hungernden beschenkt er mit seinen Gaben und lässt die Reichen leer ausgehen."
Herbert Hoffmann: Dieses Glaubensbekenntnis Marias ist in der gesamten Theologie nicht zu überbieten und der Maßstab, an dem auch wir unseren Glauben ausrichten müssen und dürfen.
Ich könnte eine Fülle weiterer Aussagen zitieren. Immer wird deutlich: Herbert Hoffmann gelingt Verkündigung auf der Höhe der Zeit. Mit einer Qualität, die überzeugt und motiviert. Aber lesen Sie selbst!

Bruno Sonnen,
Chefredakteur der Bistumszeitung „Paulinus"

Erster Adventssonntag

Evangelium Mk 13,24-37

In jener Zeit sprach Jesus zu seinen Jüngern: 25 Es werden Zeichen sichtbar werden an Sonne, Mond und Sternen und auf der Erde werden die Völker bestürzt und ratlos sein über das Toben und Donnern des Meeres. 26 Die Menschen werden vor Angst vergehen in der Erwartung der Dinge, die über den Erdkreis kommen; denn die Kräfte des Himmels werden erschüttert werden. 27 Dann wird man den Menschensohn in einer Wolke kommen sehen, mit großer Kraft und Herrlichkeit. 28 Wenn dies beginnt, dann richtet euch auf und erhebt eure Häupter; denn eure Erlösung ist nahe. 34 Nehmt euch in Acht, dass Rausch und Trunkenheit und die Sorgen des Alltags euer Herz nicht beschweren und dass jener Tag euch nicht plötzlich überrascht 35 wie eine Falle; denn er wird über alle Bewohner der ganzen Erde hereinbrechen. 36 Wacht und betet allezeit, damit ihr allem, was geschehen wird, entrinnen und vor den Menschensohn hintreten könnt!

Im Zeichen des Entgegenkommens

Mit „sozialer Gerechtigkeit“ lassen sich keine Wahlen gewinnen, hieß es vor noch nicht allzu langer Zeit. Heute, am ersten Advent, geht es nicht um ein Wahlprogramm, wohl aber darum, welchen Weg wir in die Zukunft gehen wollen vor Ort und weltweit. Die Schrifttexte des ersten Advents drängen geradezu zu einer Entscheidung. Dann heißt es aber nicht mehr wie in der

Lesung „Seht es werden Tage kommen, an denen aus der Wurzel Davids ein gerechter Spross erstehen wird, der für Recht und Gerechtigkeit" im Land sorgen wird. Denn dieser Spross ist inzwischen in Jesus Christus aufgegangen, von dem wir bekennen, dass er unser Friede ist. Und es wird nicht mehr nur Jerusalem der Name „Jahwe ist unsere Gerechtigkeit" verliehen, sondern allen Orten, an denen der bereits gekommene Davidssohn angenommen wird, Gottes Mensch gewordene Gerechtigkeit.
Mit Gerechtigkeit lassen sich keine Wahlen gewinnen, hieß es. Aber ohne dass es in unserer Welt gerecht zugeht, wir der Gerechtigkeit den Weg ebnen, gibt es keine Zukunft.

- Dann wird sich weiterhin die Macht der Mächtigen durchsetzen.
- Noch mehr als bisher wird der Markt das Feld beherrschen.
- Die Schere zwischen reich und arm wird sich weiter öffnen und
- die Zahl der Flüchtenden und Heimatlosen zunehmen.

Was aber heißt am Ende der Lesung mit Blick auf Jerusalem „Jahwe ist unsere Gerechtigkeit"?
Es geht hier um die Bedingung der Gerechtigkeit, wie wir heute im „globalen Dorf" einander gerecht werden können. Gottes Gerechtigkeit besteht in seinem bedingungslosen Entgegenkommen. Wo dieses glaubend angenommen und aufgenommen wird, entsteht ein Klima des Entgegenkommens, in dem in jedem Menschen ein bedürftiges und von Gott geliebtes Geschöpf gesehen wird.
Nur wenn wir uns ganz neu für dieses Entgegenkommen Gottes öffnen, gibt es einen belebenden und froh machenden Advent. Der heutige erste Advent lädt dazu ein, dass wir nicht nur im Adventskalender Fenster oder Türchen öffnen, sondern die Tür unseres Herzens denen öffnen, die bisher vor verschlossenen Türen standen, vor Ort und weltweit.
Ein Blick noch auf den zweiten Schrifttext des heutigen Tages, auf das Evangelium. Dort begegnet uns eine Furcht erregende apokalyptische Szenerie, wenn es heißt: Die Völker werden bestürzt und ratlos sein, sie werden vor Angst vergehen. Und die Kräfte des Himmels werden erschüttert werden, wenn der Menschensohn mit großer Macht und Herrlichkeit kommen wird.
Im alttestamentlichen Sprachgebrauch ist der „Menschensohn" die Richtergestalt der Endzeit. Er wird am Ende der Tage nach dem Rechten sehen und die Menschen zur Verantwortung ziehen. So die alttestamentliche Vorstellung.
Wie in der Lesung geht es aber im Jahr 2018 nach Christus nicht mehr

nur um ein fernes Ereignis, wenn wir die apokalyptischen Zeichen unserer Tage wahrnehmen und ernst nehmen. Der Menschensohn, so wird auch Jesus in den Evangelien genannt, ist ja bereits gekommen, nicht von „den Wolken des Himmels“, sondern als Mensch unter Menschen, geboren in der Krippe von Betlehem. Er ist, wenn wir auf seinen Weg schauen, zum Zeichen göttlichen Erbarmens geworden in allem, was er gesagt und getan hat. Er wurde dabei in einen tödlichen Konflikt hineingezogen, der bis heute andauert. Denn die Scheidung der Geister dauert an. Auch das Gericht findet bereits heute statt und versetzt unzählige Menschen in Angst und Schrecken.
Es sind nicht Zeichen am Himmel, Zeichen an Sonne, Mond und Sternen, die Entsetzen hervorrufen, sondern apokalyptische Zeichen auf unserer Erde, die Angst machen:
– die Folgen eines verantwortungslosen Umgangs mit der Schöpfung,
– die Vergiftung der Böden und der Atmosphäre,
– der massive Rückgang des Artenreichtums an Pflanzen und Tieren.

Wenn im Evangelium davon die Rede ist, dass die Völker bestürzt und ratlos sein werden über das Toben und Donnern des Meeres, dann kann dies zwar auch heute noch Angst machen, wenn zum Beispiel, wie jüngst geschehen, sechs Meter hohe Wellen an Land gehen und alles mitnehmen, was sich ihnen in den Weg stellt.
Was heute bestürzt, ist aber nicht das Toben und Donnern des Meeres, sondern die zunehmende Erderwärmung und der Anstieg des Meeresspiegels, so dass, wenn es so weitergeht, einmal ganze Regionen im Meer versinken können, der Nahe Osten zum Beispiel nicht mehr existiert, wie jüngst ein Klimaforscher gesagt hat.
Apokalyptische Zeichen nicht am Himmel, sondern auf unserer Erde. Dazu gehören auch
– die zunehmende Cyber-Kriminalität, die Zig-Milliarden Schäden verursacht,
– und dass allüberall Märkte, wie auch der Trierer Weihnachtsmarkt, durch Barrieren gesichert werden aus Angst vor einem terroristischen Anschlag.

Apokalypse heißt übersetzt „Offenbarung“. Die apokalyptischen Zeichen unserer Tage offenbaren, wohin wir gekommen sind. Sie machen die Schattenseiten einer Entwicklung bewusst, die oft genug von einem hemmungslosen Gewinnstreben geprägt war, die die einen vorangebracht und die anderen zurückgelassen hat. Eine Viertelmilliarde Menschen ist weltweit aus den unterschiedlichsten Gründen in Bewegung, Tendenz steigend.

Das Evangelium des ersten Advents endet aber nicht mit einem Schreckensszenario, sondern mit einem Aufruf zur Wachsamkeit. Wachsamkeit für den erlösenden Weg, den Jesus, der Menschensohn, uns vorausgegangen ist. Wir können der von Menschen verursachten Zerstörung und Gefährdung nicht entrinnen, nicht davonlaufen, sondern sind aufgerufen, dem Advent Gottes erneut Raum zu geben, denn Gott kommt, wie Jesus gesagt und gezeigt hat, in dieser Welt menschlich vor oder gar nicht. Wacht und betet allezeit, heißt es am Schluss des Evangeliums. Hellwach sein heißt:

- sich informieren, was in unserer Welt vorgeht und was zum Beispiel in diesen Tagen auf dem G20-Gipfel zur Sprache kommt,
- zwischen Wichtigem und Unwichtigem unterscheiden,
- als gläubiger Christ Stellung beziehen
- und sich dementsprechend verhalten.

Mit Gerechtigkeit lassen sich keine Wahlen gewinnen, hieß es. Wir müssen aber wählen und entscheiden, wohin wir wollen, ob wir Gottes barmherziges Entgegenkommen annehmen wollen und mit Entgegenkommen beantworten, und dies in den Tagen des Advents auch spürbar wird,

- zum Beispiel in der Familie, in einer neuen Offenheit und Empfänglichkeit füreinander, zwischen Eltern und Kindern und auch zwischen den Eltern, wenn der Fernseher abgeschaltet wird und der Austausch eine Chance bekommt, oder zum Beispiel mit Kindern Geschichten gelesen werden, die Mut machen und froh machen.
- wenn in der Schule das Miteinander in der Klasse zum Bewährungsfeld göttlichen und menschlichen Entgegenkommens wird, wobei der Kreativität keine Grenzen gesetzt sind.
- wenn in den Medien nicht apokalyptische Schlagzeilen dominieren, die Einschaltquoten und Umsatz sichern, sondern zur Sprache kommt, was alles menschenmöglich ist und zur Nachahmung anregt.

Für Jesus beginnt das „Reich Gottes“ mit einer in Frieden und Gerechtigkeit versöhnten Menschheit. Er spricht von einer Gemeinschaft der Befreiten, in der Enttäuschte lachen, Verzweifelte sich freuen und Atemlose wieder aufatmen. Nehmen wir unsere adventliche Chance an.

Zweiter Adventssonntag

Evangelium Lk 3,1–6

1 Es war im fünfzehnten Jahr der Regierung des Kaisers Tibérius; Pontius Pilatus war Statthalter von Judäa, Herodes Tetrárch von Galiläa, sein Bruder Philíppus Tetrárch von Ituräa und der Trachonítis, Lysánias Tetrárch von Abiléne; 2 Hohepriester waren Hannas und Kájaphas.
Da erging in der Wüste das Wort Gottes an Johannes, den Sohn des Zacharías. 3 Und er zog in die Gegend am Jordan und verkündete dort überall die Taufe der Umkehr zur Vergebung der Sünden, 4 wie im Buch der Reden des Propheten Jesája geschrieben steht:
Stimme eines Rufers in der Wüste:
Bereitet den Weg des Herrn!
Macht gerade seine Straßen!
5 Jede Schlucht soll aufgefüllt
und jeder Berg und Hügel abgetragen werden.
Was krumm ist, soll gerade,
was uneben ist, soll zum ebenen Weg werden.
6 Und alle Menschen werden das Heil Gottes schauen.

Umkehr und Heimkehr

Die Schrifttexte des zweiten Advents schließen lückenlos an die des ersten Advents an.
Wie könnte es auch anders sein, geht es doch in den Tagen des Advents

immer um die Frage, ob wir Gottes Entgegenkommen im Heute annehmen und mit Entgegenkommen beantworten können unter den Lebensbedingungen, wie sie halt sind.
Die Schrifttexte machen deutlich, auf welchem Boden wir stehen und welche Chancen wir heute haben, einander entgegenzukommen, um dabei unseres Lebens froh zu werden.
In der Lesung ist erneut von Gottes Gerechtigkeit die Rede, die in seiner Barmherzigkeit besteht:
Jerusalem wird gesagt: „Leg den Mantel der göttlichen Gerechtigkeit an".
Etwas später: „Friede der Gerechtigkeit und Herrlichkeit der Gottesfurcht" soll fortan sein Name sein. Und schließlich „Erbarmen und Gerechtigkeit kommen von ihm."
Dementsprechend haben wir am ersten Advent gebetet: „Hilf uns, dass wir auf dem Weg der Gerechtigkeit Christus entgegengehen und uns durch Taten der Liebe auf seine Ankunft vorbereiten."
Ein zweites machen die heutigen Schrifttexte erneut bewusst: Wenn wir vom Advent Gottes reden, dann geht es nicht um eine Fiktion oder um eine „alle Jahre wieder-Angelegenheit" mit Weihnachtsmarkt und so, sondern um eine reale Möglichkeit, eine wirkliche Chance, unserem Leben erneut Profil zu geben, ihm erneut eine Richtung zu geben im Labyrinth unserer Tage. Jeder von uns hat ja seinen ganz eigenen Platz in der Geschichte Gottes mit den Menschen.

In der heutigen Lesung ist vom Exil Israels und seiner Heimkehr die Rede. Historische Tatsachen sind es, die uns die Augen öffnen können für den Weg, den wir selbst zu gehen haben. Im Evangelium begegnen wir Johannes dem Täufer, dem Rufer in der Wüste. Die Zeit seines Auftretens wird in den Rahmen der Geschichte gestellt, wie im Weihnachtsevangelium die Geburt Jesu in den weltgeschichtlichen Kontext gestellt wird.
Was ist nun die historische Stunde des Auftretens des Täufers Johannes?
„Es war im 15. Jahr der Regierung des Kaisers Tiberius", Tiberius ist Nachfolger von Kaiser Augustus. Pontius Pilatus war Statthalter von Judäa, seine Amtszeit 26-36 nach Christus. Er hat seinerzeit die Kreuzigung Jesu angeordnet.

Dann ist von Herodes die Rede, einem Sohn Herodes des Großen, der im Jahr 4 v. Chr. elend zugrunde gegangen ist. Herodes Antipas ist Tetrarch von Galiläa, wie sein Vater König von Roms Gnaden, der wie sein Vater die

Bevölkerung mit unerträglichen Steuern belegte. Darum ist in den Evangelien immer wieder von den Armen die Rede. Neben Herodes Antipas werden auch die anderen Mitkönige genannt. Schließlich heißt es: Hohepriester waren Hannas und Kajaphas, die wir aus der Passionsgeschichte kennen, und die, wenn es um ihren Machterhalt ging, mit den Römern, also auch mit Pontius Pilatus paktierten.

Zwei inhaltliche Aspekte der heutigen Schrifttexte möchte ich hervorheben. In der Lesung: Heimkehr ist möglich. Im Evangelium: Ohne Umkehr, ohne eine neue Blickrichtung auf das Leben und Zusammenleben gibt es keine Heimkehr.
Heimkehr ist möglich. Das Exil Israels im fünften Jahrhundert v. Chr. steht exemplarisch für das, was geschieht, wenn Machthaber ihre Macht missbrauchen und die Gerechtigkeit mit Füßen treten, gerechter Lohn vorenthalten wird, Menschen unter Druck gesetzt werden, auch unter Zeitdruck, und Anerkennung ausbleibt, von der der Mensch lebt. Wenn dies geschieht, ist irgendwann Schluss. Alles bricht zusammen mitsamt den religiösen Einrichtungen, die nicht gegengesteuert haben. Der letzte König Israels wird geblendet ins Exil geschickt. Blind waren er und andere schon vorher. 586 v. Chr. wird der Tempel von den Babyloniern zerstört und auch die Priesterschaft und Oberschicht werden ins Exil geführt.
Das 50 Jahre währende Exil wird dann aber für Israel zur Chance theologischer Klärung und neuer Selbstfindung. Es muss in der Geschichte, dafür gibt es viele Beispiele, ganz eng werden, wenn sich der Blick weiten soll auf das hin, was Zukunft hat und Menschen Zukunft eröffnet. Das gilt derzeit auch für die Kirche. Es muss ganz eng werden, wenn sich der Blick weiten soll auf das, was um der Menschen willen angesagt und vordringlich ist: Kirche bei den Menschen – einladend, ermutigend, befreiend.

Wenn das Exil Israels den Grund gelegt hat für seine weitere Geschichte, für das Judentum bis auf den heutigen Tag, dann verstehen wir auch, warum in der Lesung so überschwänglich von der Heimkehr, der Heimholung die Rede ist. Die Heimkehrenden freuen sich, so lesen wir da, „dass Gott an sie gedacht hat.“ „Denn zu Fuß zogen sie fort von Jerusalem, weggetrieben von Feinden; Gott aber bringt sie heim…, ehrenvoll getragen wie in einer königlichen Sänfte.“ Er räumt im Bild der Berge und Hügel alles aus dem Weg, was die Heimkehr verhindern könnte.

Auch der Täufer Johannes ruft in der Wüste zur Umkehr auf und nach erfolgter Umkehr zur Heimkehr. Wo begegnen wir ihm? In der Wüste. Dort, wo nach dem Auszug aus dem Sklavenhaus Ägypten einmal alles anfing, wo dann aber eine Krise auf die andere folgte. Wo Mose unter Druck gerät, selbst unsicher wird, und wo sich Gott trotz allem, trotz Weigerung und Aufstand, als mitgehender Gott erweist, gnädig und barmherzig, langmütig und reich an Huld und Treue, eben so, wie er sich am Sinai zu erkennen gegeben hat.
Johannes also in der Wüste, östlich des Jordan. Erneut heißt es, wie beim Durchqueren des Schilfmeeres und des Jordan beim Einzug ins gelobte Land durchs Wasser gehen, nach Einsicht und Umkehrbereitschaft eintauchen ins Wasser des Jordan, als Zeichen innerer Reinigung und Erneuerung.
Auch hier geht es mit der Umkehr um Heimkehr dorthin, wo das Leben sich neu entfalten kann, der Blick erneut frei ist für das, was Menschen zusammenführt, wenn Gottes liebendes Entgegenkommen in Entgegenkommen übersetzt wird.
Advent, eine Chance zur Umkehr und zur Heimkehr, Heimkehr zu dem, der unser Leben trägt. Heimkehr zu denen, die uns fremd geworden sind oder die wir zu Fremden gemacht haben.
Lassen Sie mich noch auf ein großartiges Bild der Lesung zurückkommen. „Leg den Mantel der göttlichen Gerechtigkeit an", heißt es an Jerusalem gerichtet. Und dann „Setz dir die Krone der Herrlichkeit des Ewigen aufs Haupt." Marc Chagall hat dieses Bild aufgenommen, als er in den 60er Jahren des letzten Jahrhunderts die Synagoge des Hadassah Hospitals in Jerusalem konzipierte. Ein quadratischer Bau, der auf den vier Seiten in jeweils drei Fenstern die Stämme des alten Israel in großartigen Symbolen und faszinierenden Farben in Erinnerung ruft. Die Synagoge gleicht einer Krone, die mit leuchtenden Edelsteinen geschmückt ist. Die Erinnerung an meinen ersten Besuch in der Synagoge 1966 zieht mich immer wieder dorthin. Immer wieder heißt es, die Geschichte Gottes mit den Menschen zu vergegenwärtigen, erneut aufleuchten zu lassen, gerade im Advent den Boden neu zu betreten, der uns trägt, erneut das Ziel in den Blick zu nehmen, das uns im Innersten bewegt.
Was die Synagoge von Hadassah im Bild der Krone für Jerusalem ist, das ist die Liebfrauen-Basilika für Trier, wenn am Morgen von Osten und am Nachmittag von Westen durch die prächtigen Fenster Licht einfällt, das in den Fenstern vielfältig unsere Glaubensgeschichte aufleuchten lässt und zur Umkehr und Heimkehr einlädt.

Dritter Adventssonntag

Erste Lesung: Zef 3,14-17

14 Juble, Tochter Zion! Jauchze, Israel! Freu dich und frohlocke von ganzem
Herzen, Tochter Jerusalem! 15 Der HERR hat das Urteil gegen dich aufgehoben
und deine Feinde zur Umkehr gezwungen. Der König Israels, der HERR, ist in
deiner Mitte; du hast kein Unheil mehr zu fürchten. 16 An jenem Tag wird man
zu Jerusalem sagen: Fürchte dich nicht, Zion! Lass die Hände nicht sinken! 17
Der HERR, dein Gott, ist in deiner Mitte, ein Held, der Rettung bringt. Er freut
sich und jubelt über dich, er schweigt in seiner Liebe, er jubelt über dich und
frohlockt, wie man frohlockt an einem Festtag.

Glaube, der die Geister scheidet

„Tochter Zion, freue dich" beginnt ein Lied zur Advents- und Weihnachtszeit. Es geht auf den Text der heutigen Lesung zurück. Einen Grund zur Freude gab es damals, bei Licht besehen, eher nicht. Warum sonst hätte der Prophet vorher zu einer drastischen Gerichtsrede über Jerusalem und die Völker ausgeholt? Die Zeichen der Zeit stehen auf Sturm. Desaströs sind die politischen und sozialen Verhältnisse. Die Gefahr von außen nimmt zu. Wenige Jahre später werden die Babylonier dem Königtum wie dem Tempelkult in Jerusalem ein Ende machen.

Zefanja lebt und wirkt in Jerusalem zur Zeit des Königs Joschia (639-609). Er kennt das Treiben am Königshof und den meist herz- und seelenlosen Kult im Tempel. Sein prophetisches Wirken ist wohl auch mit Anlass zur Kultreform des Königs (622). Eine Wende kann es nur über eine Vertiefung des Glaubens geben, eines Glaubens, der die Geister scheidet und im politischen und sozialen Raum wirksam wird. Der auch die Ohnmacht zu überwinden vermag, der wir selbst angesichts von Terror, Krieg und tödlicher Krankheit immer wieder ausgesetzt sind, weil er den Übeln auf den Grund geht. Hass, gerade religiös begründeter Hass hat seine Gründe, denen man nachgehen muss.

Dennoch gibt es für Zefanja einen Grund zur Freude und zum Jubel: die bleibende Treue Gottes, der, auch wenn dunkle Wolken aufziehen, inmitten seines Volkes bleibt und nach erfolgter Umkehr seine Liebe zu Jerusalem erneuert. Er selbst ist es, der dann den Freudenjubel eröffnet, in den wir nicht nur am Sonntag Gaudete einstimmen dürfen.

Zweite Lesung: Phil 4,4-7

4 Freut euch im Herrn zu jeder Zeit! Noch einmal sage ich: Freut euch! 5 Eure Güte werde allen Menschen bekannt. Der Herr ist nahe. 6 Sorgt euch um nichts, sondern bringt in jeder Lage betend und flehend eure Bitten mit Dank vor Gott! 7 Und der Friede Gottes, der alles Verstehen übersteigt, wird eure Herzen und eure Gedanken in Christus Jesus bewahren.

Freut Euch

Keine Gemeinde war Paulus so ans Herz gewachsen wie die Gemeinde von Philippi, seiner ersten Gemeindegründung auf europäischem Boden. Was er hier erlebt hat, konnte kontrastreicher nicht sein: Anfeindungen und Gefangennahme auf der einen Seite, ein herzliches Willkommen und die Gastfreundschaft der Purpurhändlerin Lydia auf der anderen. Mit ihrem ganzen Haus war sie zum Glauben gekommen und wurde von Paulus wohl auch mit der Gemeindeleitung betraut. Was das heißt? Den Zusammenhalt in der jungen Gemeinde zu fördern und anderen Mut zu machen, dem „neuen Weg" treu zu blieben.

Dies spiegelt sich in seinem Brief an die Philipper, den er um 55 n. Chr. von Ephesus aus geschrieben hat. Nicht hohe Theologie bestimmt den Brief sondern persönliche Dankbarkeit und der Wunsch, den Glauben in der Freude des Herzens zu leben und so des Lebens froh zu werden. Jahrzehnte später wird das Johannesevangelium dieses Ziel christlicher Existenz mit dem Jesuswort unterstreichen: „Bleibt in meiner Liebe, damit meine Freude in euch ist und damit eure Freude vollkommen ist" (Joh 15,11).

Auch angesichts der Herausforderungen unserer Zeit gilt das Wort: Freut euch. Ihr habt allen Grund dazu. Gott kommt euch entgegen und befähigt euch zum Entgegenkommen, über alle Grenzen und Gräben religiöser und kultureller Zugehörigkeit hinweg.

Evangelium Lk 3, 10–18

10 In jener Zeit fragten die Leute Johannes den Täufer: Was sollen wir also tun? 11 Er antwortete ihnen: Wer zwei Gewänder hat, der gebe eines davon dem, der keines hat, und wer zu essen hat, der handle ebenso! 12 Es kamen auch Zöllner, um sich taufen zu lassen, und fragten ihn: Meister, was sollen wir tun? 13 Er sagte zu ihnen: Verlangt nicht mehr, als festgesetzt ist! 14 Auch Soldaten fragten ihn: Was sollen denn wir tun? Und er sagte zu ihnen: Misshandelt niemanden, erpresst niemanden, begnügt euch mit eurem Sold! 15 Das Volk war voll Erwartung und alle überlegten im Herzen, ob Johannes nicht vielleicht selbst der Christus sei. 16 Doch Johannes gab ihnen allen zur Antwort: Ich taufe euch mit Wasser. Es kommt aber einer, der stärker ist als ich, und ich bin es nicht wert, ihm die Riemen der Sandalen zu lösen. Er wird euch mit dem Heiligen Geist und mit Feuer taufen. 17 Schon hält er die Schaufel in der Hand, um seine Tenne zu reinigen und den Weizen in seine Scheune zu sammeln; die Spreu aber wird er in nie erlöschendem Feuer verbrennen. 18 Mit diesen und vielen anderen Worten ermahnte er das Volk und verkündete die frohe Botschaft.

Wüstenzeiten – Was tun?

Wie am zweiten Advent begegnen wir heute wieder Johannes dem Täufer in der Wüste, wo alles anfing, wo nach dem Auszug aus dem Sklavenhaus Ägypten Jahwe den Befreiten einen Bund anbietet: „Ich will euer Gott sein, und ihr sollt mein Volk sein", und wo er verbindlich Weisung gibt zu einem Leben, das der geschenkten Freiheit entspricht.

Johannes als Rufer in der Wüste, wo alles anfing. Einen Weg zu gehen, den man nicht kennt, auf dem selbst Moses unsicher wird, als die Seinen revoltieren, lieber zurück wollen an die Fleischtöpfe Ägyptens, als in der

Wüste zu verhungern und zu verdursten. Auf dem sich Jahwe dann als der erweist, der er ist, als mitgehender Gott, gnädig und barmherzig, langmütig und reich an Huld und Treue.

Wüste, Bewährungsfeld für gewagtes Vertrauen. Wüstenzeiten als Zeiten der Bewährung, wenn es anstrengend wird, wenn sich Berge von Sorgen und Problemen auftürmen oder sich mitunter Abgründe auftun, die einen am Weitergehen hindern. Wüstenerfahrungen, die ans Herz gehen, die den Grund des Lebens berühren, wo manches zugrunde gehen muss, damit sich eine neue Sicht auf das Leben auftun kann, erneut Bewegung möglich wird. Jahre der Wüste, die zur Umkehr aufrufen und zugleich zur Heimkehr bewegen aus den Verirrungen und Sackgassen des Lebens. Thema am letzten Sonntag.

Heute treffen wir Johannes wieder in der Wüste, jenseits des Jordan. Wie schon am Schilfmeer und beim Durchschreiten des Jordan vor der Landnahme heißt es noch einmal, nach erfolgter Umkehr durchs Wasser gehen, in eine neue Existenzweise einzutauchen. Sie besteht nicht aus mentalen Verrenkungen, sich dieses oder jenes einzureden oder vorzumachen. Es muss vielmehr sehr konkret werden, wenn Umkehr zur Heimkehr werden soll, zur Heimkehr in eine vertrauensvolle schöpferische Existenz, in der der Mensch erst zu sich selbst findet, erst bei sich selbst ankommt, um dann bei anderen ankommen zu können, Gottes Entgegenkommen in Entgegenkommen umsetzen kann. Das Thema und die Chance des Advents.
Und so kommen die Leute aus Jerusalem und der ganzen Gegend zu Johannes in die Wüste und fragen: Was soll ich denn tun? Seine Antwort – wir haben sie eben gehört: Wer zwei Gewänder hat, der gebe eines davon dem, der keines hat, und wer zu essen hat, der handle ebenso. An die Zöllner gerichtet: Verlangt nicht mehr, als festgesetzt ist. Beutet die Leute nicht aus. Und zu den Soldaten: "Misshandelt niemand, erpresst niemand, begnügt euch mit eurem Sold."
Ich stelle mir vor, Johannes der Täufer würde heute in der Wüste, jenseits des Jordan, zur Umkehr aufrufen in einer Zeit, in der die Menschen in Israel/Palästina durch eine hunderte Kilometer lange Mauer bzw. einen Zaun voneinander getrennt sind. In einer Zeit, in der auch andernorts in der Welt neue Mauern errichtet werden. Einer Zeit, in der wir medial weltweit vernetzt sind, aber die Netze der Völkergemeinschaft löchrig sind und die Löcher immer größer werden, wie die letzten Wochen und

Monate gezeigt haben. Aufruf zur Umkehr in einer Zeit, in der nicht „das Toben und Donnern des Meeres“ – ein apokalyptisches Zeichen vom ersten Advent – die Menschen bestürzt und ratlos macht, auch wenn heute immer wieder meterhohe Wellen große Zerstörung anrichten, sondern die zunehmenden Erderwärmung und das Ansteigen des Meeresspiegels, so dass es für ganze Regionen auf dieser Welt einmal „Land unter“ heißen kann.

Ich stelle mir also vor, dass heute Menschen aus aller Welt zu Johannes in die Wüste kommen und fragen: Was sollen wir tun? Ich sehe, wie Netanjahu und der Hamas-Führer in die Wüste gehen, weil alle Welt die menschenunwürdige Hinhaltetaktik durchschaut, die immer neu Ohnmacht erzeugt und sich in Gewalt und Gegengewalt entlädt. Johannes würde den beiden gründlich den Kopf waschen, bevor er sie im Wasser des Jordan untertaucht, Umkehrbereitschaft, Friedensbereitschaft vorausgesetzt. Er würde Netanjahu fragen, wo denn der „Fels“ (Dtn 32,4) geblieben ist, auf den Israel bei seiner Unabhängigkeitserklärung 1948 seinen Staat errichten wollte. Der „Fels“, eine Metapher für Gott, der wir in der Bibel immer wieder begegnen.

Dann sehe ich Staatenlenker aus der ganzen Welt anreisen, bis Amman oder Tel Aviv mit dem Flugzeug, dann mit einem Jeep in die Wüste. Die Staatenlenker u.a. aus den USA und Argentinien, aus China und Russland, aus Ägypten und Burundi. Frage: Was sollen wir tun? Und ich höre Johannes sagen: Schaut euch das an, was der ehemalige Kanzler der Trierer Universität Ignaz Bender in seinem Buch „Weltordnung – Der Weg zu einer besseren Welt“ schreibt und geht miteinander Schritte, die zu einem Ende der Gewalt und der Flucht auf dieser Erde führen, die einen Frieden in Gerechtigkeit begründen.
Und ich sehe die Außenminister der EU anreisen mit ernsten Mienen, weil kaum noch etwas geht, weil die Fundamente des Anfangs bröckeln und ein neuer Nationalismus heraufzieht. Ich höre Johannes sagen: Europa als Wirtschaftsunion ist zu wenig. Sorgt dafür, dass die Menschen in Ost und West, in Nord und Süd einander wahrnehmen, von Mensch zu Mensch begegnen und kennen lernen, mit ihrer Geschichte und ihrem je eigenen kulturellen Erbe. Sorgt für Entgegenkommen mit Herz und Verstand. Ebnet dazu Wege. Eröffnet dazu konkrete Chancen.

Und ich sehe Eltern aus aller Welt scharenweise in die Wüste kommen, die Johannes fragen: Was haben wir falsch gemacht, dass unsere Kinder nicht zum Glauben finden oder diesen bereits verloren haben und viele mit ihrem Leben nicht zurechtkommen? Antwort: Lebt das, was euch selbst wichtig geworden ist, was von eurem Glauben getragen ist, und überlasst das andere dem, der allein die Herzen der Menschen erreichen, ihnen die Augen und die Ohren öffnen kann für ein Leben, das in der Liebe gelingt.

Und dann sehe ich auf einmal auch noch Bischöfe und Verantwortliche der weltweiten Kirche, natürlich ohne Ornat, die ratlos vor einer zunehmenden Versteppung der kirchlichen Landschaft stehen und Johannes fragen, wie es weitergehen soll. Umkehren, würde er sagen, den Blick ganz neu auf die Menschen lenken und ihnen in ihren täglichen Nöten und Herausforderungen nahe sein. Es muss eng werden, wenn sich der Blick weiten soll.
Und schließlich machen wir uns heute selbst aus der Oase Robert-Schuman-Haus kommend auf den Weg in die Wüste. Denn nicht alle Tage sind Oasentage. Johannes würde sagen: Macht es doch wie an den Oasentagen: Gönnt euch Bedenkzeit und Zeiten der Begegnung. Zehn Minuten am Tag, der vierundzwanzig Stunden hat. Zeit für ein Wort aus der Schrift, in der es im Psalm 119 heißt; „Dein Wort o Herr ist eine Leuchte für meine Füße."

Allen aber, die zu ihm kommen, würde Johannes heute sagen: „Ich taufe euch nur mit Wasser. Es kommt aber einer, der euch mit dem Heiligen Geist und mit Feuer taufen wird." Er hat uns in der Taufe in seine Nähe geholt und mit pfingstlichem Geist ausgestattet, einem Geist, der die Geister scheidet, die Spreu vom Weizen trennt. Das Gericht findet bereits heute statt, weil wir weltweit die Konsequenzen eines verfehlten politischen und wirtschaftlichen Handelns zu tragen haben, aber auch die Chance haben, uns erneut auf den auszurichten, der unser Friede ist (Eph 2,14).

Darum werden wir heute am Sonntag ;Gaudete' trotz aller Dunkelheiten zur Freude aufgerufen, wenn es in der zweiten Lesung heißt: „Freut euch im Herrn zu jeder Zeit! Noch einmal sage ich: Freut euch! Eure Güte werde allen Menschen bekannt. Der Herr ist nahe. Sorgt euch um nichts, sondern bringt in jeder Lage betend und flehend eure Bitten mit Dank vor Gott. Und der Friede Gottes, der alles Verstehen übersteigt, wird eure Herzen und eure Gedanken in der Gemeinschaft mit Christus Jesus bewahren".

Vierter Adventssonntag

Erste Lesung: Mich 5,1-4a

1 Aber du, Betlehem-Efrata, bist zwar klein unter den Sippen Judas, aus dir wird mir einer hervorgehen, der über Israel herrschen soll. Seine Ursprünge liegen in ferner Vorzeit, in längst vergangenen Tagen. [1] 2 Darum gibt er sie preis, bis zu der Zeit, da die Gebärende geboren hat. Dann wird der Rest seiner Brüder zurückkehren zu den Söhnen Israels. 3 Er wird auftreten und ihr Hirt sein in der Kraft des HERRN, in der Hoheit des Namens des HERRN, seines Gottes. Sie werden in Sicherheit wohnen; denn nun wird er groß sein bis an die Grenzen der Erde. 4 Und er wird der Friede sein. Wenn Assur in unser Land einfällt und in unsere Paläste eindringt, dann stellen wir ihm sieben Hirten entgegen und acht fürstliche Männer.

Er ist unser Friede

Wie der Prophet Zefanja (3. Advent) erhebt bereits 100 Jahre vorher der Prophet Micha seine Stimme in einer krisenhaften Zeit (725-701). Im Nordreich Israel sind bereits die Lichter ausgegangen. Im Südreich versuchen Könige wie Achaz und Hiskia durch diplomatische Winkelzüge der drohenden Gefahr von außen zu entgehen. Schonungslos hält Micha seinem Volk den Spiegel vor und eröffnet zugleich einen hoffnungsvollen Horizont. Er verheißt einen Retter, der von Gott selbst kommt, der wie ein Hirt die Seinen sammeln und dorthin begleiten wird, wo das Lebensnotwendige zu finden ist, der Mut macht zu einem neuen Aufbruch. Als Sprachrohr Gottes verheißt Micha einen Retter, der weltweit Frieden und Sicherheit bringen wird und niemand mehr auf Kosten anderer lebt. Auf diesem Hintergrund ist die Geschichte von der Geburt Jesu in Betlehem zu lesen mit der Botschaft: Friede den Menschen auf Erden, die sich Gottes Wohlwollen gefallen lassen, es dankbar annehmen. Jesus wird sich einmal ausweisen als „der gute Hirt“, der den Verlorenen nachgeht und sie heimführt. „Er ist unser Friede“ (Eph 2,14).

Advent ist, wenn wir wahrnehmen, was die Stunde geschlagen hat. Advent ist, wenn wir Gottes Entgegenkommen annehmen, der Mensch wird, damit wir zu Mitmenschen werden.

Zweite Lesung: Hebr 10,5-10

5 Darum spricht er bei seinem Eintritt in die Welt: Schlacht- und Speiseopfer hast du nicht gefordert, doch einen Leib hast du mir bereitet; 6 an Brand- und Sündopfern hast du kein Gefallen. 7 Da sagte ich: Siehe, ich komme - so steht es über mich in der Schriftrolle - , um deinen Willen, Gott, zu tun. 8 Zunächst sagt er: Schlacht- und Speiseopfer, Brand- und Sündopfer forderst du nicht, du hast daran kein Gefallen, obgleich sie doch nach dem Gesetz dargebracht werden; 9 dann aber hat er gesagt: Siehe, ich komme, um deinen Willen zu tun. Er hebt das Erste auf, um das Zweite in Kraft zu setzen. 10 Aufgrund dieses Willens sind wir durch die Hingabe des Leibes Jesu Christi geheiligt - ein für alle Mal.

Im Geist der Gotteskindschaft

In eine ganz andere Welt als die der Propheten führt der Hebräerbrief. Er wurde wohl zwischen 85 und 95 n. Chr. in Rom geschrieben, setzt sich vom Alten Testament ab und hält zugleich an seiner Theologie fest. Der Opfer- und Sühnegedanke lebt fort, obwohl Jesus ihn überwunden hat. Dass „wir durch die Opfergabe des Leibes Jesu Christi" ein für allemal geheiligt sind, bedarf der theologischen Einordnung. Die Gotteskindschaft, die Jesus denen zuspricht, die ihm folgen, ist der eigentliche Grund unserer Hoffnung: hineingenommen zu sein in sein Leben, seinen Tod und seine Auferstehung.

In vielfältiger Form werden seit Menschengedenken den Göttern Opfer dargebracht, um diese gnädig zu stimmen. Der Gott und Vater Jesu bedarf aber keiner Opfer. Mit der Prüfung Abrahams gilt auch ein für allemal, dass die Zeit der Menschenopfer vorbei ist. Bleibt die adventliche Nachricht der heutigen Lesung, wenn Christus sagt: „Ja, ich komme, um deinen Willen zu tun." Sein Geist ist es, der hellhörig und empfindsam macht für jene, die im Dunkel von Gewalt und Krankheit leben oder auf der Flucht sind. Dann öffnen sich die Türen, Wärme umgibt die Frierenden, der Tisch wird gedeckt und Fremde werden zu Freunden.

Evangelium Lk 1, 39–45

39 In jenen Tagen machte sich Maria auf den Weg und eilte in eine Stadt im Bergland von Judäa. 40 Sie ging in das Haus des Zacharías und begrüßte Elisabet. 41 Und es geschah: Als Elisabet den Gruß Marias hörte, hüpfte das Kind in ihrem Leib. Da wurde Elisabet vom Heiligen Geist erfüllt
42 und rief mit lauter Stimme: Gesegnet bist du unter den Frauen und gesegnet ist die Frucht deines Leibes. 43 Wer bin ich, dass die Mutter meines Herrn zu mir kommt? 44 Denn siehe, in dem Augenblick, als ich deinen Gruß hörte, hüpfte das Kind vor Freude in meinem Leib. 45 Und selig, die geglaubt hat, dass sich erfüllt, was der Herr ihr sagen ließ.

Empfänglich werden

Mit den Schrifttexten des vierten Advents betreten wir den Vorhof des Weihnachtsfestes. Wir müssen ihn bewusst durchschreiten, dabei Elisabeth und Maria begegnen, damit uns das Licht von Weihnachten aufgehen kann.
Während im Stall von Betlehem kein Ton zu hören ist, es sei denn, das neugeborene Kind schreit, weil es Hunger hat und die Brust der Mutter sucht, geht es in Ein Kerem, wo Elisabeth und Zacharias zu Hause sind, sehr lebhaft zu. Als Maria zu Besuch kommt, ruft Elisabeth „vom heiligen Geist erfüllt" mit lauter Stimme: „Gesegnet bist du mehr als alle anderen Frauen und gesegnet ist die Frucht deines Leibes": Und es heißt, dass dabei ihr Kind in ihrem Leib hüpft. Lebhafter geht es nicht.

Zwei schwangere Frauen begegnen sich, die neues Leben „unter ihrem Herzen" tragen, wie es in einem Adventslied heißt. Sie tragen aus, was ihnen aufgetragen ist. Sie stellen sich in den Dienst des göttlichen Planes, der Mensch werden will, damit die Menschen zu Mitmenschen werden:

empfänglich für den Willen Gottes und empfänglich für die Menschen und das, was Menschen zutiefst bewegt. Er will in dieser Welt so vorkommen, dass es menschlich zugeht, liebevoll zugeht, gerecht zugeht.
Ja, wir müssen heute, am vierten Advent ganz bewusst den Vorhof von Weihnachten durchschreiten, Maria und Elisabeth begegnen, damit uns an Weihnachten ein Licht aufgehen kann, das unser Innerstes erreicht.
Noch bevor sich über den Fluren von Betlehem der Himmel öffnet und Engel den Frieden auf Erden verkünden, noch bevor sich Hirten auf den Weg machen zu sehen, was sich ereignet hat, ist das Entscheidende bereits geschehen, als ein Engel Maria die Geburt des Kindes verkündet – und Maria dazu Ja sagt. „Mir geschehe nach deinem Wort.“ Ich bin bereit.

Alles fängt mit der Empfänglichkeit Marias an, dass das Unglaubliche geschehen kann, dass Gott sich in Menschengestalt zu erkennen gibt, in einem Kind, das einmal der Welt den Frieden bringen soll, das den Weg des Friedens und der Versöhnung vorgeht.
Darum heißt es auch am Ende des heutigen Evangeliums zu recht: „Selig ist die, die geglaubt hat, dass sich erfüllt, was der Herr ihr sagen ließ.“ Sie trägt aus, was ihr aufgetragen ist. Und sie geht den Weg ihres Sohnes mit, bis unters Kreuz.
Alles fängt mit der Empfänglichkeit Marias an, mit ihrem Glauben, mit ihrer „ohne wenn und aber Bereitschaft“, ein Kind zu empfangen, das einmal sagen und zeigen wird, wie Gott in dieser Welt vorkommt, und Johannes, das Kind der Elisabeth, ihm den Weg bereitet, indem er zur Umkehr aufruft, wovon an den letzten zwei Sonntagen die Rede war.
Alles fängt damit an, dass zwei Frauen austragen, was ihnen aufgetragen ist: mit unbedingter Empfänglichkeit. Es ist die Bedingung dafür, dass wir Christen uns heute den weltweiten Herausforderungen stellen können, weil wir um das Ziel der Geschichte wissen, die Menschwerdung des Menschen. Die Bedingung dafür, dass wir selbst uns erneut aufmachen und beherzt austragen, was uns aufgetragen ist.

Dazu eine rabbinische Geschichte: Schüler des Rabbi Menachem fragen ihren Lehrer: Wann ist die Nacht vorbei, wann beginnt der Tag? Der Rabbi macht es wie ein richtiger Lehrer und sagt: Was meint ihr denn? Ein erster traut sich und sagt: Wenn man von weitem ein Schaf von einer Ziege unterscheiden kann, dann ist die Nacht vorbei, dann wird es Tag. Ein anderer: Wenn man von weitem eine Pappel von einer Weide unterscheiden kann, dann ist die Nacht vorbei, dann beginnt der Tag. Rabbi Menachem winkt ab und sagt nach einer Weile: Wenn ein Fremder auf dich zukommt und du in ihm deinen Bruder, deine Schwester erkennst, dann ist die Nacht vorbei, dann wird es Tag.

In der letzten Woche war viel vom Migrationspakt von Marrakesch die Rede. Er soll helfen, die Lasten besser zu verteilen, wenn siebzig Millionen Menschen weltweit unterwegs sind, die meisten auf der Flucht vor Armut und Gewalt. Der Pakt ist sehr vernünftig, aber nicht die Lösung. Denn auf eine neue Empfänglichkeit der Menschen weltweit wird es ankommen, wenn wir die Zukunft menschenwürdig gestalten wollen. Die Sensibilität für den Fremden ist ein zentrales Thema des Alten wie des Neuen Testamentes, ein Herzstück unseres Glaubens.
Wir sind im Jahr 2018 weltweit medial vernetzt, aber das Netz der Völkerfamilie hat große Löcher. Sie werden augenscheinlich noch größer, denken wir an die neuen Abschottungstendenzen, an die neuen Mauern, und dass Weltpolitik als Wirtschaftspolitik betrieben wird, auf Deals reduziert wird. Wie aber soll man mit jemandem einen Deal machen, der selbst nichts hat?

Kehren wir noch einmal zurück in den Vorhof von Weihnachten, wo wir Elisabeth und Maria begegnen, zu ihrer Empfänglichkeit und ihrem Gottvertrauen.
Sie haben nicht geahnt, dass sie Hoffnungsträger zur Welt bringen, in denen sich das erfüllen wird, was die Propheten an Hoffnung geäußert haben, wenn von einem Retter die Rede ist.
Wenn zum Beispiel in der heutigen Lesung der Prophet Micha der versprengten Herde vom kommenden Retter sagt: „ Er wird auftreten und ihr Hirt sein... Er wird der Friede sein". Oder wenn in der Heiligen Nacht der Prophet Jesaja vom Neugeborenen sagt: „Man nennt ihn: Wunderbarer Ratgeber, Starker Gott, Vater in Ewigkeit, Fürst des Friedens."
Ohne die darin zum Ausdruck kommende Friedenssehnsucht der Menschen gäbe es die Friedensbotschaft der Engel über Betlehems Fluren nicht.
Kurz vor Weihnachten. Nachdem in den letzten Tagen so viel zu regeln und vorzubereiten war, ist der heutige vierte Advent eine Chance, bereits den Vorhof von Weihnachten zu betreten, bereits der Friedensbotschaft zu

lauschen. Eine Chance, erneut empfänglich zu werden für die Menschen in unserer Nähe, in der Familie, um dann empfänglich zu sein für das Kind in der Krippe. Mit ihm heißt es erwachsen zu werden, selbst ganz und gar Mensch zu werden.

Weihnachten / Heilige Nacht

Evangelium Lk 2,1-14

1 Es geschah aber in jenen Tagen, dass Kaiser Augustus den Be-
fehl erließ, den ganzen Erdkreis in Steuerlisten einzutragen. 2
Diese Aufzeichnung war die erste; damals war Quirinius Statt-
halter von Syrien. 3 Da ging jeder in seine Stadt, um sich ein-
tragen zu lassen. 4 So zog auch Josef von der Stadt Nazaret in
Galiläa hinauf nach Judäa in die Stadt Davids, die Betlehem
heißt; denn er war aus dem Haus und Geschlecht Davids. 5 Er
wollte sich eintragen lassen mit Maria, seiner Verlobten, die ein
Kind erwartete. 6 Es geschah, als sie dort waren, da erfüllten
sich die Tage, dass sie gebären sollte, 7 und sie gebar ihren Sohn,
den Erstgeborenen. Sie wickelte ihn in Windeln und legte ihn
in eine Krippe, weil in der Herberge kein Platz für sie war. 8 In
dieser Gegend lagerten Hirten auf freiem Feld und hielten Nacht-
wache bei ihrer Herde. 9 Da trat ein Engel des Herrn zu ihnen
und die Herrlichkeit des Herrn umstrahlte sie und sie fürchteten
sich sehr. 10 Der Engel sagte zu ihnen: Fürchtet euch nicht, denn
siehe, ich verkünde euch eine große Freude, die dem ganzen Volk
zuteilwerden soll: 11 Heute ist euch in der Stadt Davids der Ret-
ter geboren; er ist der Christus, der Herr. 12 Und das soll euch
als Zeichen dienen: Ihr werdet ein Kind finden, das, in Windeln
gewickelt, in einer Krippe liegt. 13 Und plötzlich war bei dem
Engel ein großes himmlisches Heer, das Gott lobte und sprach:
14 Ehre sei Gott in der Höhe und Friede auf Erden den Menschen
seines Wohlgefallens.

Der Himmel geht über allen auf

„In jenen Tagen erließ Kaiser Augustus den Befehl, alle Bewohner des Reiches in Steuerlisten einzutragen." Heute, im Jahr 2018 danach, schreiben wir das Evangelium nicht um, sondern fort. Der Prozess der Menschwerdung Gottes dauert ja noch an, mit allen Hürden, die es auch damals gab.

Weihnachten 2018 nach Christus. Zu einer Zeit, da die Welt in Unordnung ist und einer Neuordnung bedarf, wenn wir nicht in das Chaos früherer Jahrhunderte zurückfallen wollen, vor allem in das Chaos des 20. Jahrhunderts, das in zwei mörderischen Weltkriegen siebzig Millionen Menschen das Leben gekostet hat.

Zu einer Zeit, in der siebzig Millionen Menschen weltweit als Migranten unterwegs sind, die meisten, um der Gewalt und der Armut zu entkommen.

Zu einer Zeit, da Frank-Walter Steinmeier Bundespräsident und Angela Merkel Bundeskanzlerin der Bundesrepublik Deutschland sind.

Zu einer Zeit, in der Papst Franziskus Hoffnungsträger ist für die Kirche und für die ganze Welt, weil er lebt, was er sagt: erst nach unten schauen, dann nach oben. Denn der Himmel fällt nicht vom Himmel. Wir müs-

Papst Franziskus empfängt Bundespräsident Frank-Walter Steinmeier in einer Privataudienz im Vatikan.

sen den Frieden auf unserer Erde mitgestalten, vor Ort und weltweit. Es ließen sich leicht weitere Zeitsignaturen nennen, die man mitdenken muss, wenn sich erneut der Himmel öffnen soll und die Botschaft der Engel

ankommen soll: „Verherrlicht ist Gott in der Höhe, und auf Erden ist Friede bei den Menschen seiner Gnade". Heißt, bei den Menschen, die sich Gottes Wohlwollen gefallen lassen, die sein Entgegenkommen gläubig annehmen und es mit Entgegenkommen beantworten über alle Grenzen der Sprache, der Hautfarbe und der kulturellen und religiösen Prägung hinweg.

Ich würde hier am liebsten aufhören und mit Ihnen nur noch Weihnachtslieder singen, in Dank und Lobpreis das Herz und die Stimme erheben. Denn auch uns ist ein Licht aufgegangen, das die Dunkelheiten unseres Lebens zu vertreiben vermag, das auch unserer Zeit neue Horizonte eröffnen kann, wenn wir es denn gläubig annehmen.
Ich möchte aber noch einmal den Blick lenken
– auf das Kind in der Krippe
– und auf die Menschenkinder, die heute in unserer Mitte aufwachsen.

Liebe Schwestern und Brüder, wem geht nicht das Herz auf, wenn er oder sie erfährt, unter welchen Umständen Jesus geboren wurde. Wo sind da die Hoheitstitel, die eben in der Lesung von Jesaja den kommenden Friedenskönig angekündigt haben: Wunderbarer Ratgeber, Starker Gott, Vater in Ewigkeit, Fürst des Friedens.
Beim Kind in der Krippe gibt es keine königlichen Anzeichen. Erst der gekreuzigte und auferweckte Christus trägt eine Königskrone. Das Kind in der Krippe ist bedürftig, wie jedes Menschenkind auf die liebevolle Zuwendung seiner Eltern angewiesen. Geboren nicht in königlichen Gemächern, sondern in einem Stall, weil nirgendwo sonst Platz war. Keiner bekommt etwas mit. Nur den Hirten geht ein Licht auf. Und sie machen sich auf den Weg. Sie nehmen das Zeichen an, das ihnen gegeben wurde: ein Kind, in Windeln gewickelt, das in einer Krippe liegt, in einem Futtertrog. Sie kommen stellvertretend für all jene zur Krippe – wenn ich die Geschichte von der Geburt Jesu richtig verstehe –, denen später am Weg Jesu ein Licht aufgegangen ist. Stellvertretend für jene Menschen, denen in seiner Nähe ein Licht aufgegangen ist, das Leben eine Wende genommen hat. Darunter Blinde und Lahme, Taube, verachtete Zöllner und Sünder, die in seiner Nähe erneut aufatmen, aufleben und aufblühen. Auch Menschen, die durch eine schwere Steuerlast gebeugt wurden.

Dennoch ist und bleibt es unfassbar, dass Gott sich in einem Menschenkind zu erkennen gibt. Dies heißt, zu Ende gedacht, dass er in dieser Welt menschlich vorkommt oder gar nicht. Warum sonst wäre er Mensch geworden?
Liebe Schwestern und Brüder, das ist es, was wir Christen heute in den Dialog mit anderen Religionen und auch in den Dialog mit den Machthabern dieser Welt einbringen müssen: dass Gott in dieser Welt menschlich vorkommt oder gar nicht. Dass die Zeit endgültig vorbei sein muss, in der seine Autorität für eigene Zwecke und Ziele missbraucht wird, jemand „allah uakbar" ruft und dann in religiöser Verirrung tötet. Gott ist Mensch geworden, damit wir zu richtigen Menschen werden, zu Mitmenschen, die zu einer weltweiten Solidarität verpflichtet sind nach der Devise: Entgegenkommen als Antwort auf Gottes geschenktes Entgegenkommen. Wir feiern heute die Menschwerdung Gottes und sind dankbar für den Weg unserer eigenen Menschwerdung, der zum Frieden befähigt und einmal zum Frieden führt.

Noch ein Blick auf die Menschenkinder heute. Wie wachsen sie auf? Wovon leben sie? Wofür leben sie? Wo können sie sich sozusagen am Glauben von Erwachsenen unterhaken, am Glauben der Eltern, der Erzieherinnen und Erzieher, der Lehrerinnen und Lehrer? Ich vermag nicht zu sagen, wie viele Kinder heute im religiösen Niemandsland aufwachsen.
Brauchen Kinder Religion, wurde kürzlich der bekannte Pädagoge Volker Ladenthin gefragt. Seine Antwort: „Ja. Denn sie erwarten Antworten auf ihre religiösen Fragen. Kinder brauchen eine existenzielle Deutung des eigenen Lebens. Dazu reichen rein innerweltliche Erklärungen nicht aus." Kinder, so sagt er, stehen neugierig vor dem, was die ältere Genration ihnen gerade hinterlässt. Nichts ist sicher, alles ist möglich. Wie soll man da die richtige Wahl treffen? Wie soll man auswählen, was gut ist? Und was ist überhaupt gut?

Wir stehen, was die religiöse Bildung und Erziehung angeht, an einer Zeitenwende, die mir große, große Sorgen macht. Denn was nicht erfahren und eingeübt wird, bedeutungslos bleibt, kann keine Deutehilfe für das Leben bekommen. Wer in der Erziehung und Begleitung von Kindern die religiöse Dimension abspaltet, halbiert den Menschen, und kann in der erzieherischen Begleitung von Kindern nur „halbe Sachen machen". Zugleich bringt er die gesellschaftliche und die soziale Wirklichkeit um ihren tragenden Grund.

Darum sage ich gern im Kyrie des Gottesdienstes mit Blick auf Jesus, dessen Geburtsfest wir heute feiern: Er ist der neue Adam, letzte Menschenmöglichkeit, auf die hin auch wir uns entfalten können: ganz offen für Gott und ganz offen für die Menschen, vor allem für jene, die sonst übersehen, überhört oder übergangen werden.

Dazu eine kleine Anekdote: Bei uns zu Hause stand der Christbaum auf einem Tisch. Unter dem Baum die Krippe mit uralten Figuren. Schon sehr früh wusste ich vom Abräumen der Krippe, dass bei einem der Hirten aus Hartwachs der untere Teil weggebrochen war. Er bekam eine Prothese, mit der er im Moos der Krippe stehen konnte. Als ich etwa fünf Jahre alt war und über die Tischkante auf die Krippe sehen konnte, fiel mir auf, dass dieser Invalide ganz im Hintergrund stand, kaum zu sehen war. Das hat mir gar nicht gefallen. Ich habe ihn dann unbemerkt jeden Tag ein paar Zentimeter vorgerückt, bis er unmittelbar vor dem Stall stand und das Kind sehen konnte.

Heute weiß ich, dass wir alle vorn an die Krippe gehören, um wahrzunehmen, als wahr anzunehmen, dass uns der Heiland geboren ist, Gott uns menschlich nah ist. Dass wir uns alle, ob groß oder klein, an ihn halten können in den Dunkelheiten des Lebens, als Menschen, die alle

- mehr oder weniger behindert sind,
- wie der Invalide in der Krippe mehr oder weniger gut auf den Beinen,
- mehr oder weniger kurzsichtig, wenn wir nur auf Gewinn und Erfolg starren,
- mehr oder weniger schwerhörig für die leisen Klagen und Seufzer in unserer Nähe,
- mehr oder weniger gebeugt, jeder weiß, warum.

Lasst uns darum mit den Hirten an die Krippe gehen und erneut das Zeichen sehen, das Gott uns gibt. Und lasst uns dann weiter dankbar einstimmen in den Jubel der Weihnachtslieder.

In diesem Sinne wünsche ich Ihnen und Ihren Lieben ein frohes, gesegnetes Weihnachtsfest.

Erster Weihnachtstag

Evangelium Joh 1,1–5.9–14

1 Im Anfang war das Wort und das Wort war bei Gott und das Wort war Gott. 2 Dieses war im Anfang bei Gott. 3 Alles ist durch das Wort geworden und ohne es wurde nichts, was geworden ist. 4 In ihm war Leben und das Leben war das Licht der Menschen. 5 Und das Licht leuchtet in der Finsternis und die Finsternis hat es nicht erfasst. 9 Das wahre Licht, das jeden Menschen erleuchtet, kam in die Welt. 10 Er war in der Welt und die Welt ist durch ihn geworden, aber die Welt erkannte ihn nicht. 11 Er kam in sein Eigentum, aber die Seinen nahmen ihn nicht auf. 12 Allen aber, die ihn aufnahmen, gab er Macht, Kinder Gottes zu werden, allen, die an seinen Namen glauben, 13 die nicht aus dem Blut, nicht aus dem Willen des Fleisches, nicht aus dem Willen des Mannes, sondern aus Gott geboren sind. 14 Und das Wort ist Fleisch geworden und hat unter uns gewohnt und wir haben seine Herrlichkeit geschaut, die Herrlichkeit des einzigen Sohnes vom Vater, voll Gnade und Wahrheit.

Gott uns menschlich nah

Die Engel über Betlehems Fluren haben sich zurückgezogen, aber der Himmel bleibt offen. Ihre Botschaft klingt nach: Friede den Menschen, die sich Gottes Entgegenkommen gefallen lassen. Auch die Hirten sind zu ihren Schafen zurückgekehrt, dankbar für das Lebenszeichen, das Gott ihnen gegeben hat: ein Kind in Windeln gewickelt, das in einer Krippe liegt. Das Zeichen, das er auch uns gegeben hat. An uns ist es, dieses Zeichen anzunehmen. Es wurde in der Geschichte der Christenheit schon früh angezweifelt. Ein Gott in Menschengestalt, das kann es doch nicht geben. Ein Schöpfer, der sich auf die Stufe seiner Geschöpfe stellt, unmöglich. So gab es schon früh – gegen Ende des ersten Jahrhunderts – Leute, die behaupteten, Jesus hätte nur einen Scheinleib gehabt, um damit dessen Gott-Sein zu retten.

Gegen diese Irrlehre wendet sich mit aller Entschiedenheit der Johannesprolog, den wir heute an Weihnachten als Evangelium gehört haben. Darin das eindeutige Bekenntnis: „Und das Wort, Gott selbst, ist Fleisch geworden und hat unter uns gewohnt und wir haben seine Herrlichkeit gesehen, die Herrlichkeit des einzigen Sohnes vom Vater, voll Gnade und Wahrheit."
Das Weihnachtsevangelium in einer anderen Begrifflichkeit. Gottes Wort nimmt Menschengestalt an. Sein Wort, er selbst, wird Fleisch. Deutlicher kann man es nicht sagen. Das Kind, das da in Betlehem geboren wurde, ist ein richtiges Menschenkind mit Fleisch und Blut.
Was dann folgt, wird hier in der Kirche von St. Agritius besonders anschaulich, wenn es heißt: Das Wort ist Fleisch geworden und hat unter uns gewohnt." Wörtlich: hat unter uns gezeltet. Die Zeltform dieser wunderschönen Kirche erinnert daran. Gebaut nach dem Zweiten Vatikanischen Konzil, als man ganz neu erkannt hat, dass die Kirche sich als pilgerndes Gottesvolk, als Kirche auf dem Weg zu begreifen hat, sich nirgendwo häuslich niederlassen und einrichten kann. Dafür steht die Zeltform. Eine Einsicht, die wir heute neu zu bedenken und umzusetzen haben, auch wenn es schwer fällt. Ich würde jetzt am liebsten aufhören und mit ihnen weiter in den Jubel der Weihnachtslieder einstimmen als Zeichen dafür, dass auch wir das Lebenszeichen von Betlehem angenommen haben. Ich darf aber noch einmal kurz den Blick auf das Kind in der Krippe lenken und auf die Menschenkinder, die heute in unserer Mitte aufwachsen.

Darum sage ich gern im Kyrie am Anfang des Gottesdienstes mit Blick auf Jesus, dessen Geburtsfest wir heute feiern: Er ist der Neue Adam, letzte Menschenmöglichkeit, auf die hin auch wir uns entfalten können: ganz offen für Gott und ganz offen für die Menschen, vor allem für jene, die sonst übersehen, überhört oder übergangen werden.

Zweiter Weihnachtstag
Hl. Stephanus

Evangelium Mt 10,17–22

In jener Zeit sprach Jesus zu seinen Jüngern: 17 Nehmt euch vor den Menschen in Acht! Denn sie werden euch an die Gerichte ausliefern und in ihren Synagogen auspeitschen. 18 Ihr werdet um meinetwillen vor Statthalter und Könige geführt werden, ihnen und den Heiden zum Zeugnis. 19 Wenn sie euch aber ausliefern, macht euch keine Sorgen, wie und was ihr reden sollt; denn es wird euch in jener Stunde eingegeben, was ihr sagen sollt. 20 Nicht ihr werdet dann reden, sondern der Geist eures Vaters wird durch euch reden. 21 Der Bruder wird den Bruder dem Tod ausliefern und der Vater das Kind und Kinder werden sich gegen die Eltern auflehnen und sie in den Tod schicken.
22 Und ihr werdet um meines Namens willen von allen gehasst werden; wer aber bis zum Ende standhaft bleibt, der wird gerettet.

Zeugen gesucht

Bei einem Verkehrsunfall werden Zeugen gesucht, Menschen, die etwas gesehen, gehört, etwas mitbekommen haben, oder auch bei einem Familiendrama gleich nebenan. Es werden immer wieder Zeugen gesucht, die etwas mitbekommen haben von Gottes Menschwerdung in Jesus Christus und sich auf seinen Weg begeben haben. Stephanus war einer von ihnen. Und er bezahlte dafür mit seinem Leben. Es muss uns zu denken ge-

ben, dass die Kirche auf den zweiten Weihnachtstag den Gedenktag eines Märtyrers gelegt hat.
Die Freude über die Geburt Jesu im Stall von Betlehem soll dadurch keineswegs getrübt werden. Wir singen auch heute Weihnachtslieder, besingen dankbar, dass uns mit der Geburt Jesu ein Licht aufgegangen ist. Auch die Botschaft der Engel ist noch zu hören: Ehre sei Gott in der Höhe und Friede den Menschen, die Gottes Entgegenkommen annehmen und in Entgegenkommen übersetzen.

Es werden heute Zeugen gesucht, die bezeugen, was damals seinen Anfang genommen hat, dass Gott in dieser Welt menschlich vorkommen will. Warum sonst wäre er Mensch geworden? Es ist ein Einschnitt in der gesamten Religionsgeschichte, sozusagen das Alleinstellungsmerkmal des Christentums.
Gott menschlich nah, undenkbar, aber wahr. Über Jahrhunderte haben sich Konzilsväter den Kopf zerbrochen, wie man dies Unsagbare sagbar machen kann: dass Jesus ganz und gar Mensch war, dass in ihm Gottes Wort Fleisch geworden ist, wie es gestern im Johannesprolog hieß, er also wirklich Menschengestalt angenommen hat, und dass er zugleich eins ist mit Gott.
Wie sagte Jesus, als Philippus ihn bat, ihm doch einmal den Vater zu zeigen? „Wer mich sieht, sieht den Vater." Überhaupt wird das Johannesevangelium nicht müde, immer wieder die Einheit Jesu mit seinem Vater zu bezeugen. Er ist damit der exklusive Zugang zum Geheimnis Gottes. Das Spekulieren über Gottes Größe und Macht wird hinfällig, wenn wir auf den Weg Jesu schauen. Es ist und bleibt der Weg, auf dem Gott zur Welt kommt, Gott in dieser Welt erfahrbar wird.

Diesen Weg ist Stephanus gegangen, und er endete wie der Weg Jesu in einem tödlichen Konflikt. Denn was nicht sein darf, was nicht in die überkommene religiöse Vorstellungswelt passt, darf auch nicht sein und wird bekämpft. Die Botschaft Jesu von Gottes bedingungslosem Entgegenkommen war für viele unerträglich und ist es für viele bis heute. Aber es ist die einzige Botschaft, die uns aus den Sackgassen der Geschichte herausführen kann. Dann nämlich, wenn wir als Christen dieses Entgegenkommen bezeugen, auf der internationalen Ebene in der Politik und in unserem Lebensfeld in die Tat umsetzen. Hier muss die Kirche Vorreiter sein. Papst

Franziskus nennt das Ziel, es ist zugleich das Motto der diesjährigen Adveniat-Aktion: „Für ein Leben in Würde. Mit ganzheitlicher Bildung den Weg aus der Armut bahnen." Dazu habe ich vor zehn Jahren ein Schulprojekt in Burundi auf den Weg gebracht. Wenn Sie wollen, können Sie sich dafür stark machen.

Es werden Zeugen der Botschaft von Weihnachten gesucht, damit wir dem Frieden auf dieser Welt ein kleines Stück näherkommen. Solange sich die Weltpolitik in Deals erschöpft – ein Wort, das ich hasse – , bleiben die hoffnungslos zurück, die in ein Geben-Nehmen-Geschäft nichts einbringen können. Dann werden wir auch weiter von einer Krise in die andere stolpern, von Entwicklung reden, aber auf der Stelle treten.
Es werden Zeugen gesucht, die nicht nur etwas gesehen und gehört, sondern selbst erfahren haben, dass der Glaube trägt, dass die Verbundenheit mit Gottes Mensch gewordener Liebe aufatmen und aufstehen lässt, frei macht. Dass die Verbundenheit mit Gottes Mensch gewordenem Entgegenkommen bewegt und belebt und zu einem schöpferischen Dasein befähigt.
Es werden Zeugen gesucht.
Ich denke da vor allem an die Kinder in unserer Mitte und an die Eltern, die Erzieherinnen und Erzieher und an die Lehrerinnen und Lehrer, keineswegs nur an die Religionslehrer. Ohne Glaubenszeugen wird die nachwachsende Generation nicht zum Glauben finden. Wer in der erzieherischen Begleitung von Kindern die religiöse Dimension des Lebens abspaltet, den Menschen halbiert, kann erzieherisch nur halbe Sachen machen.
Darum wünsche ich mir Erwachsene, in deren Glauben sich Kinder einklinken bzw. unterhaken können und so erwachsen werden.

Fest der Heiligen Familie

Evangelium Lk 2,41–52

41 Die Eltern Jesu gingen jedes Jahr zum Paschafest nach Jerusalem. 42 Als er zwölf Jahre alt geworden war, zogen sie wieder hinauf, wie es dem Festbrauch entsprach. 43 Nachdem die Festtage zu Ende waren, machten sie sich auf den Heimweg. Der Knabe Jesus aber blieb in Jerusalem, ohne dass seine Eltern es merkten. 44 Sie meinten, er sei in der Pilgergruppe, und reisten eine Tagesstrecke weit; dann suchten sie ihn bei den Verwandten und Bekannten. 45 Als sie ihn nicht fanden, kehrten sie nach Jerusalem zurück und suchten nach ihm. 46 Da geschah es, nach drei Tagen fanden sie ihn im Tempel; er saß mitten unter den Lehrern, hörte ihnen zu und stellte Fragen. 47 Alle, die ihn hörten, waren erstaunt über sein Verständnis und über seine Antworten. 48 Als seine Eltern ihn sahen, waren sie voll Staunen und seine Mutter sagte zu ihm: Kind, warum hast du uns das angetan? Siehe, dein Vater und ich haben dich mit Schmerzen gesucht. 49 Da sagte er zu ihnen: Warum habt ihr mich gesucht? Wusstet ihr nicht, dass ich in dem sein muss, was meinem Vater gehört? 50 Doch sie verstanden das Wort nicht, das er zu ihnen gesagt hatte. 51 Dann kehrte er mit ihnen nach Nazaret zurück und war ihnen gehorsam. Seine Mutter bewahrte all die Worte in ihrem Herzen. 52 Jesus aber wuchs heran und seine Weisheit nahm zu und er fand Gefallen bei Gott und den Menschen.

Glaubenszeugnis in der Familie

Jesus ist in Nazaret in einem pharisäisch geprägten Haus aufgewachsen. Pharisäisch heißt, nicht wie im üblichen Sprachgebrauch, in einer tiefen Frömmigkeit, die sich am Wort der Schrift orientiert. Weit weg vom Tempel in Jerusalem waren Familie und Synagoge Orte der Vergegenwärtigung der Geschichte Gottes mit den Menschen. Zugleich Orte dankbarer Antwort und der Erfahrung von Lebens- und Glaubensgemeinschaft.

Dann kommt irgendwann der Tag, mit der Familie zum Pessachfest hinaufzuziehen nach Jerusalem. Hochfest des Judentums bis auf den heutigen Tag. Mit auf dem Weg der zwölfjährige Jesus. In einem Alter, in dem bis heute der jüdische Junge in der Bar Mizba zum „Sohn des Gesetzes“ wird und in die Gemeinde aufgenommen wird, so dass er im Gottesdienst aus der Schrift vorlesen darf.

Etwa hundert Kilometer sind es von Nazaret nach Jerusalem. Der Weg führt durch den Jordangraben bis Jericho, dann hinauf durch die judäische Wüste auf den Ölberg. Der Zwölfjährige muss überwältigt gewesen sein vom ersten Blick auf Jerusalem, auf den Tempel mit seinen Vorhöfen. Zur Zeit des Morgenopfers sah man Rauch aufsteigen. Und wenn das Opfertier in die Glut gelegt wurde, waren Trompeten zu hören. Für die Gläubigen auf dem Tempelplatz das Zeichen, sich ehrfurchtsvoll zu Boden zu werfen.

Pessach war das Fest, an dem sich wie seinerzeit vor dem Aufbruch aus Ägypten Familien zusammentaten, ein Schaf schlachteten und miteinander verzehrten. Die Erinnerung an das Aufbruchmahl in Ägypten lebte also erlebnisstark auf, wie heute noch in der jüdischen Familie i Seder. So hatte es Jesus auch zu Hause erlebt. Aber jetzt sind Tausende zum Fest nach Jerusalem gekommen. Was bringen sie mit? Angst vor Gewalt, die an der Tagesordnung ist, und ihre Armut infolge einer unerträglichen Steuerlast. Hier in Jerusalem keimte erneut die Hoffnung auf, dass sich Gott noch einmal als Befreier erweisen würde. Das haben die jungen Leute miterlebt. Einer von ihnen war Jesus.
Und er bleibt nach dem Fest zurück. Die Eltern suchen ihn und finden ihn schließlich im Kreis von Schriftgelehrten. Er hört zu und stellt Fragen, so dass alle staunen. Ein junger Mann, der viele Fragen hat, der sich wie

jeder Mensch religiös selbst finden muss angesichts dessen, was er sieht, hört und als junger Mensch erlebt. Jesus hatte bereits als Vierjähriger zu Hause etwas mitbekommen von der Angst und Ohnmacht, als es nach dem Tod Herodes des Großen, vier vor unserer Zeitrechnung im nahen Sephoris einen Aufstand gab. Man sah eine Gelegenheit, das Joch der Römer abzuschütteln, die aber den Aufstand mit einem Massaker beendeten, bei dem wohl auch Verwandte Jesu ums Leben gekommen sind.
Jesus findet auf dem Hintergrund von Armut und Gewalt zu einer ganz eigenen Gottesbeziehung. Aber auch zu einer Skepsis gegenüber der überkommenen religiösen Praxis, die auf religiöse Leistung setzte und dem liebenden Entgegenkommen Gottes kaum noch Raum ließ.

Also – religiöse Selbstfindung, in Auseinandersetzung mit den sozialen Gegebenheiten der Zeit und mit dem Glauben der Eltern, der Nachbarn und Verwandten. Heißt – absteigen in die Tiefe des Geheimnisses Gottes und für sich selbst klären: Wer bin ich? Wo will ich hin? Was trägt mich? Was bewegt mich? Was bringt mich mit anderen voran auf dem Weg zur verheißenen Gottesherrschaft, zum eigenen Frieden und zu einem Reich des Friedens und der Versöhnung?
Fragen, die Kinder und Jugendliche auch heute haben. Wir dürfen sie damit nicht allein lassen. Der Familie kommt dabei eine besondere Bedeutung zu, genauer gesagt dem Glaubenszeugnis der Eltern, der religiösen Praxis in der Familie, vor allem der Offenheit und Sensibilität der Eltern für die Lebensfragen ihrer Kinder. Antworten gibt es nicht über das Smartphone und auch nicht über die Anpassung an die gerade herrschende Mode.

„Wusstet ihr nicht, dass ich in dem sein muss, was meinem Vater gehört", sagt Jesus im heutigen Evangelium denen, die ihn in großer Angst gesucht hatten. „Doch sie verstanden nicht, was er damit sagen wollte." Wie sollten sie auch. So kehren sie zurück nach Nazaret.
Wir hören dann von Jesus nichts mehr, bis er öffentlich auftritt und unten am See Genesaret Fischer in seine Nachfolge ruft.
Wo war er in der Zwischenzeit? Wohl in seiner Familie in Nazaret. Was machte er? Josef, so heißt es, ist von Beruf Tekton, Häuserbauer. In dem armen und abgelegenen Nazaret lebten die Menschen damals mehr unter- als übertage, in Wohnhöhlen, die nach Bedarf vergrößert wurden. Sie waren Im Sommer angenehm kühl und im Winter angenehm warm. Nach

vorn wurden sie durch eine Mauer abgeschlossen, mit einer Tür und einem Luftloch unter der Decke. Der Tekton war also mit Hammer und Meißel unterwegs. Jesus an der Seite von Josef. Da war Muskelkraft gefragt. Wir müssen uns Jesus als eine in jeder Hinsicht starke Persönlichkeit vorstellen.

In der Tradition wurde Josef zum Zimmermann. Wir kennen Bilder, auf denen Jesus mit einem Hobel in der Hand dargestellt wird. Späne sind aber erst später geflogen, als er sich kraftvoll in die Auseinandersetzung mit den religiösen Autoritäten seiner Zeit begibt. Als er so ganz anders von Gott spricht, von Gottes bedingungslosem Entgegenkommen, das allein das Herz des Menschen öffnet, im Innersten frei und zu einem Mitmenschen macht.

Sogar die nächsten Angehörigen verstanden Jesus nicht. Sie stehen eines Tages vor dem Haus, in dem er sich gerade aufhält, und wollen ihn mitnehmen, ihn sozusagen aus dem Verkehr ziehen. Deine Mutter und deine Brüder stehen draußen, sagt einer zu Jesus. Seine Antwort: Meine Mutter und meine Brüder sind die, die den Willen des Vaters tun. Ich ergänze, die aus geschenkter Liebe dem Leben und dem Frieden dienen. So viel zum Thema „Heilige Familie“.

Neujahr, Hochfest der Gottesmutter Maria

Evangelium Lk 2,16–21

In jener Zeit 16 eilten die Hirten nach Betlehem und fanden Maria und Josef und das Kind, das in der Krippe lag. 17 Als sie es sahen, erzählten sie von dem Wort, das ihnen über dieses Kind gesagt worden war. 18 Und alle, die es hörten, staunten über das, was ihnen von den Hirten erzählt wurde. 19 Maria aber bewahrte alle diese Worte und erwog sie in ihrem Herzen. 20 Die Hirten kehrten zurück, rühmten Gott und priesen ihn für alles, was sie gehört und gesehen hatten, so wie es ihnen gesagt worden war. 21 Als acht Tage vorüber waren und das Kind beschnitten werden sollte, gab man ihm den Namen Jesus, den der Engel genannt hatte, bevor das Kind im Mutterleib empfangen war.

Hellhörig und hellwach für die Zeichen der Zeit

Es gab in den letzten Tagen eine Menge Jahresrückblicke, seriöse und weniger seriöse. Rückblicke auf politische Gipfel mit mehr oder weniger Weitsicht. Erneut der Blick auf Millionen von Menschen, die auf der Flucht sind vor Hunger oder Gewalt. Bilder von Siegen und Traumhochzeiten, von Niederlagen und menschlichem Elend usw.

Mit Blick auf das neue Jahr interessierten nur Wirtschaftsdaten, wirtschaftliches Wachstum, Beschäftigungszahlen, geplante Investitionen.

Das Evangelium von heute holt uns zurück an die Krippe. Wir treffen noch einmal die Hirten, die alles vorfinden, wie es ihnen gesagt worden war: als Lebenszeichen Gottes ein Kind, das in Windeln gewickelt in einer Krippe, in einem Futtertrog liegt. Sie erzählen, was sie gehört und gesehen haben und kehren damit zurück zu ihren Herden.

Ich lade Sie ein, diesen Hirten im neuen Jahr in drei Schritten zu folgen.
Ihr Weg an die Krippe begann damit, dass sie hellhörig waren für die Botschaft der Engel, die da lautete: Heute ist euch der Heiland geboren, Christus, der Herr. Hellhörig sind Menschen, die sich noch nicht abgefunden haben mit dem, was ist. Menschen, in denen die Sehnsucht lebendig ist, dass das Entscheidende noch kommt. Hellhörig sind Menschen, die sich nicht vergraben in ihren Problemen, ihren Sorgen und Nöten, sich nicht um die eigene Achse drehen. Menschen, die empfänglich sind für das, was in ihrer Nähe passiert, empfänglich für Menschen, die allein sind und denen sonst niemand zuhört.
Diese Hellhörigkeit wünsche ich Ihnen und mir für das neue Jahr. Denn je mehr wir von außen gesteuert werden, umso schwerer fällt es, sich diese Hellhörigkeit zu bewahren. Sie ist Voraussetzung für ein gutes Miteinander und für den Glauben. Die Regel des hl. Benedikt beginnt mit dem Wort: Ausculta, höre, horche! Öffne die Ohren und das Herz!

Die Hirten erzählen, was sie gesehen und gehört haben. Sie haben das Zeichen angenommen, das die Engel ihnen genannt haben: ein Kind, in Windeln gewickelt, das in einer Krippe liegt.
Wenn wir in diesen Tagen mit großer Freude die Geburt Jesu besingen – es ist das, worauf ich mich jedes Jahr am meisten freue, – dann ist das ein Zeichen dafür, dass auch wir selbst das Zeichen angenommen haben: Gott in einem Menschenkind menschlich nah. Keine abgehobene Theorie, kein Wunschdenken, sondern die konkrete Gestalt eines Menschen, in dem Gott menschlich nah ist, auf den hin wir unser Leben ausrichten können, der unserem Leben Tiefe, Weite und Sinn gibt, der Grund unserer Freude ist und unser Friede, wie es im Epheserbrief heißt. Jesus von Nazaret, Jesus der Christus, Weg, Wahrheit und Leben, Licht der Welt, das auch unsere Wege ausleuchten kann, uns den Weg zeigen kann, auf dem wir unseres Lebens froh werden können. Zweitens also: mit den Hirten im neuen Jahr immer wieder das Zeichen annehmen, das uns gegeben ist, und ihm folgen, so gut es geht.

Schließlich heißt es, wie die Hirten in den Alltag zurückzukehren, in den Alltag des neuen Jahres. Vieles wird sich wiederholen, was uns Sorgen macht: dass oft genug die Mächtigen ohnmächtig erscheinen angesichts der globalen Herausforderungen unserer Zeit, und dass im reichsten Land der Welt einer an der Spitze steht, der ein Armutszeugnis nach dem anderen abliefert. „Ein Präsident der Leere", wie der Herausgeber der „Zeit" in der jüngsten Ausgabe titelte. Sein „Geschäft ist der Verrat von Prinzipien, Interessen und Freunden. Seine Willkür erfordert eine Gegenmacht." Diese wird es auf der politischen Bühne nicht geben. Es kann sie nur geben über das leidenschaftliche Zeugnis aller Menschen guten Willens, den globalen Herausforderungen mit einer globalen Solidarität zu begegnen. Und die fängt bekanntlich beim Denken des Einzelnen an, auch bei uns. Solange die Devise gilt, mein Vorteil zuerst, wird sich an der desolaten Situation in der Welt nichts ändern. Gehen wir ins neue Jahr mit dem Licht, das uns erneut an Weihnachten aufgegangen ist. Licht, das die dunklen Winkel der Geschichte und unseres eigenen Lebens ausleuchtet, das uns den Weg zeigt zu Gott, zu unseren Mitmenschen und zu uns selbst. Bei seiner Beschneidung erhält es den Namen Jesus, Jeschua, Gott rettet. Das gilt auch im neuen Jahr.

Zweiter Sonntag nach Weihnachten

Erste Lesung Sir 24,1–2.8–12 (1–4.12–16)

1 Die Weisheit lobt sich selbst und inmitten ihres Volkes rühmt sie sich. 2 In der Versammlung des Höchsten öffnet sie ihren Mund und in Gegenwart seiner Macht rühmt sie sich: 8 Der Schöpfer des Alls gebot mir, der mich schuf, ließ mein Zelt einen Ruheplatz finden. Er sagte: In Jakob schlag dein Zelt auf und in Israel sei dein Erbteil! 9 Vor der Ewigkeit, von Anfang an, hat er mich erschaffen und bis in Ewigkeit vergehe ich nicht. 10 Im heiligen Zelt diente ich vor ihm, so wurde ich auf dem Zion fest eingesetzt. 11 In der Stadt, die er ebenso geliebt hat, ließ er mich Ruhe finden, in Jerusalem ist mein Machtbereich, 12 ich schlug Wurzeln in einem ruhmreichen Volk, im Anteil des Herrn, seines Erbteils.

Wenn es um Sein oder Nichtsein geht
„Am Anfang war das Wort …und das Wort war Gott", hieß es an Weihnachten. „Und das Wort ist Fleisch geworden", eine Kurzformel für Gottes Menschwerdung in Jesus Christus. Das „Wort" steht in der philosophischen Tradition für den Gesamtsinn der Wirklichkeit. Die Lesungen nach Weihnachten entfalten dazu den biblischen Hintergrund. So auch der heutige Abschnitt aus dem Buch Jesus Sirach (vgl. letzter Sonntag).
Dass Gottes Wort (im griechischen „logos") Menschengestalt annimmt, ist für das religiös-heidnische Umfeld eine Ungeheuerlichkeit. Dass der Mensch gewordene am Kreuz endet „für Juden ein empörendes Ärgernis, für Heiden eine Torheit", für die Berufenen jedoch „Gottes Kraft und Gottes Weisheit" (1 Kor 1,23f). Wort und Weisheit sind austauschbare Begriffe. Sie existieren bereits vor aller Zeit. Und wie das Wort Menschengestalt annimmt, so wird auch die Weisheit personifiziert gedacht. Beide sind sie Ausdruck des Schöpferwillens und des Schöpfungs-Handelns Gottes. Sie sind in besonderer Weise dem Volk Gottes zugedacht.
Mitzudenken sind hier die politischen und kulturellen Verhältnisse zur Zeit der Abfassung des Buches Jesus Sirach: die Zwangshellenisierung

durch die syrischen Seleukiden, also die völlige Verdrängung des Judentums durch die Ideale und Lebensweise der griechischer Kultur. Es geht um Sein oder Nichtsein. Die Rede von einem „ruhmreichen Volk" ist darum ebenso unbegründet wie die Rede vom „Haus voll Glorie", wenn damit die real existierende Kirche gemeint wäre. Zeiten, in denen die Angst umgeht, auch die Angst, dass der Glaube versanden könnte, brauchen aber wirksame Worte und Bilder, die Mut machen. Weise sind dann diejenigen, die die ganze Wirklichkeit im Blick behalten, zu der Gottes unverbrüchliche Treue gehört.

Zweite Lesung Eph 1,3–6.15–18

3 Gepriesen sei Gott, der Gott und Vater unseres Herrn Jesus Christus. Er hat uns mit allem Segen seines Geistes gesegnet durch unsere Gemeinschaft mit Christus im Himmel. 4 Denn in ihm hat er uns erwählt vor der Grundlegung der Welt, damit wir heilig und untadelig leben vor ihm. 5 Er hat uns aus Liebe im Voraus dazu bestimmt, seine Söhne zu werden durch Jesus Christus und zu ihm zu gelangen nach seinem gnädigen Willen, 6 zum Lob seiner herrlichen Gnade. Er hat sie uns geschenkt in seinem geliebten Sohn. 15,16 Darum höre ich nicht auf, für euch zu danken, wenn ich in meinen Gebeten an euch denke; denn ich habe von eurem Glauben an Jesus, den Herrn, und von eurer Liebe zu allen Heiligen gehört. 17 Der Gott Jesu Christi, unseres Herrn, der Vater der Herrlichkeit, gebe euch den Geist der Weisheit und Offenbarung, damit ihr ihn erkennt. 18 Er erleuchte die Augen eures Herzens, damit ihr versteht, zu welcher Hoffnung ihr durch ihn berufen seid, welchen Reichtum die Herrlichkeit seines Erbes den Heiligen schenkt.

Modell lebensnaher Verkündigung

Der Epheserbrief ist als Rundbrief an die Christen in Kleinasien (Westen der heutigen Türkei) bzw. als feierliche Predigt zu lesen. Er nimmt wichtige Impulse der paulinischen Theologie auf, entwickelt diese weiter und übersetzt sie in katechetische und pastorale Impulse. Besondere Bedeutung haben die Aussagen über die Kirche als Weltkirche als ein organisches Gebilde, dessen Haupt Christus ist. Dass der Brief mit einem Hymnus auf Gottes Heilsplan beginnt – es ist der Beginn der heutigen Lesung – macht deutlich, welch Geistes Kind die Autoren sind. Sie kommen aus der „Paulusschule", in der Paulus selbst ihnen während seines langen Aufenthaltes in Ephesus auf seine Weise Gottes Heilsplan und Heilswirken erschlossen hat. Ephesus gehörte im 1.Jahrhundert n. Chr. zu den Zentren der geistigen Auseinandersetzung mit den Fragen und Herausforderungen der Zeit. Mitten drin das Ausbildungszentrum für die christliche Mission. Ein Modell für eine lebensnahe Verkündigung. Aber auch die folgenden Inhalte schon am Anfang des Briefes, des Pastoralschreibens, haben Modellcharakter.

Es spricht die Bestimmung des Christseins aus, das Ziel des Weges, auf den sich Gläubige gemacht haben: die Sohnschaft in Jesus Christus. Das Hineingenommenwerden in jene Lebensfülle und Lebensfreude, die Er bereits erreicht hat. Ein zweites ist der persönliche Ausdruck von Dankbarkeit, Ausdruck bleibender Verbundenheit mit denen, dic zum Glauben gekommen sind. Drittens versichert bereits der Briefanfang die Adressaten der Fürbitte. Sie mögen verstehen, zu welcher Hoffnung sie berufen sind. Nur wer den Grund christlicher Hoffnung kennt, im Klartext kennt, kann anderen darüber Auskunft geben, was letztendlich trägt und bewegt.

Epiphanie – Erscheinung des Herrn

Evangelium Mt 2,1–12

1 Als Jesus zur Zeit des Königs Herodes in Betlehem in Judäa geboren worden war, siehe, da kamen Sterndeuter aus dem Osten nach Jerusalem 2 und fragten: Wo ist der neugeborene König der Juden? Wir haben seinen Stern aufgehen sehen und sind gekommen, um ihm zu huldigen. 3 Als König Herodes das hörte, erschrak er und mit ihm ganz Jerusalem. 4 Er ließ alle Hohepriester und Schriftgelehrten des Volkes zusammenkommen und erkundigte sich bei ihnen, wo der Christus geboren werden solle. 5 Sie antworteten ihm: in Betlehem in Judäa; denn so steht es geschrieben bei dem Propheten: 6 Du, Betlehem im Gebiet von Juda, bist keineswegs die unbedeutendste unter den führenden Städten von Juda; denn aus dir wird ein Fürst hervorgehen, der Hirt meines Volkes Israel. 7 Danach rief Herodes die Sterndeuter heimlich zu sich und ließ sich von ihnen genau sagen, wann der Stern erschienen war. 8 Dann schickte er sie nach Betlehem und sagte: Geht und forscht sorgfältig nach dem Kind; und wenn ihr es gefunden habt, berichtet mir, damit auch ich hingehe und ihm huldige! 9 Nach diesen Worten des Königs machten sie sich auf den Weg. Und siehe, der Stern, den sie hatten aufgehen sehen, zog vor ihnen her bis zu dem Ort, wo das Kind war; dort blieb er stehen. 10 Als sie den Stern sahen, wurden sie von sehr großer Freude erfüllt. 11 Sie gingen in das Haus und sahen das Kind und Maria, seine Mutter; da fielen sie nieder und huldigten ihm. Dann holten sie ihre Schätze hervor und brachten ihm Gold, Weihrauch und Myrrhe als Gaben dar. 12 Weil ihnen aber im Traum geboten wurde, nicht zu Herodes zurückzukehren, zogen sie auf einem anderen Weg heim in ihr Land.

Sich aufmachen

„Auf, werde licht, Jerusalem, denn es kommt dein Licht."
Würde das doch für das heutige Jerusalem gelten! Aber nein! Das Dunkel dauert an. Die Siedlungspolitik der Regierung lässt es noch dunkler werden. Besetztes Land wird angeeignet. Palästinenser, Muslime und Christen erleben einmal mehr ihre Ohnmacht, und die ganze Welt schaut zu.

Unsere Lesung aus dem Propheten Jesaja hat aber einen anderen Hintergrund. Das Exil in Babylon geht zu Ende. Die Heimkehr steht bevor. Im Alten Testament wird der syrische König Kyros gefeiert, dessen sich Gott bedient, die Heimkehr zu ermöglichen. Gott selbst ist es aber, dessen Licht erneut über Jerusalem erstrahlt. Heimkehren dürfen nach fünfzig Jahren in fremder Umgebung, ohne Tempel, ohne König, ohne eigenes Land.
Aber nicht nur dem heimkehrenden Israel geht Gottes Herrlichkeit auf. Sie durchbricht die Finsternis der ganzen Erde. Sie durchbricht das Dunkel der Völker, die sich auf den Weg nach Jerusalem machen, um teilzuhaben an dem Licht, das über Jerusalem erstrahlt, und teilzuhaben an der Freude derer, die heimkehren dürfen. Jesaja entwirft ein grandioses Bild der Heimkehr, die allen Menschen ermöglicht wird. Fest gemacht am Ort der Völkerwallfahrt am Ende der Tage, wenn es da heißt – ich muss es noch einmal wiederholen – : „Der Reichtum des Meeres strömt dir zu, die Schätze der Völker kommen zu dir. Zahllose Kamele bedecken dein Land, Dromedare aus Midian und Efa. Sie alle kommen von Saba, bringen Weihrauch und Gold und verkünden die ruhmreichen Taten des Herrn." Die ganze Welt bricht in dankbaren Jubel aus. Mehr geht nicht.

Es versteht sich von selbst, dass der Evangelist Matthäus bei der Abfassung seiner Kindheitsgeschichte Jesu, die so ganz anders ist als die von Lukas, an diesem Jesaja-Text nicht vorbeikommt. Am Anfang seines Evangeliums steht der Stammbaum Jesu. Es folgt, ganz kurz, die Verkündigung an Maria. Zur Geburt Jesu nur ein Satz. Dann folgt schon die Huldigung der Sterndeuter – unser heutiges Evangelium – auf dem Hintergrund des Jesaja-Textes. Immer wieder zitiert Matthäus das Alte Testament, meist eingeleitet mit den Worten „wie beim Propheten… geschrieben steht. Matthäus erleichtert damit seinen judenchristlichen Adressaten die Annahme des Evangeliums von Gottes Menschwerdung in Jesus Christus. Er schlägt aber auch für uns immer wieder die Brücke vom Alten zum Neuen Testament, zu einem tieferen Verständnis der ganzen Bibel.

50 Ich will der Sterndeutergeschichte nicht weiter nachgehen. Es gibt Leute genug, die sich nur mit dem Stern beschäftigen und den besonderen astronomischen bzw. astrologischen Gegebenheiten zur Zeit der Geburt Jesu.
Zwei Dinge sind mir am heutigen Evangelium wichtig. Erstens: Die da zur Krippe kommen, die Sterndeuter aus dem Morgenland, fragen sich durch. Zweitens: Mit ihnen kommt sozusagen das ganze heidnische Ausland an die Krippe und huldigt dem Kind. Sie nehmen das Zeichen an, das Gott uns Menschen als Lebenszeichen gegeben hat, das Zeichen dafür, dass er in dieser Welt menschlich vorkommen will. Dies ist die Voraussetzung für eine umfassende weltweite Gerechtigkeit, einen umfassenden Frieden auf unserer Welt, über der auch am Beginn des neuen Jahres dunkle Wolken hängen.

Zum Ersten: Da gibt es also Menschen, die sich, von einer tiefen Friedenssehnsucht erfüllt, auf den Weg machen, das Friedenszeichen Gottes zu sehen und die sich durchfragen. König Herodes weiß nichts von einem solchen Zeichen, schon gar nicht von einem verheißenen Friedenskönig. Als die Schriftgelehrten meinen, so etwas gefunden zu haben, bekommt er es mit der Angst zu tun. Wie es dann weitergeht, wissen wir. Offenbar suchen die Magier vergebens nach einem Menschen, der Auskunft geben könnte. So halten sie sich an den Stern, der ihnen den Weg zeigt. Sie finden das Kind in der Krippe, huldigen ihm und bringen ihre Gaben dar: Gold, Weihrauch und Myrrhe.
Und wo findet heute unsere Hoffnung auf eine gerechtere und friedvollere Welt einen Rückhalt? Wir sind zwar auf dem Weg zu den Sternen, aber es geht den Menschen außer dem technischen Erfolg kein Stern auf, an den man sich halten könnte. Stattdessen gibt es verwirrende Sternschnuppen, die als Bedrohung des Friedens wahrgenommen werden und möglichst bald verglühen sollten.
In diesem Zusammenhang darf ich auf einen Artikel in der vorletzten Ausgabe der „Zeit“ hinweisen unter dem Titel: „Ein Präsident der Leere – Trumps Geschäft ist der Verrat: Von Prinzipien, Interessen und Freunden. Seine Willkür erfordert eine Gegenmacht.“

Wo aber ist diese zu finden? Ganz sicher nicht auf der politischen Bühne. Wir müssen uns schon selbst wie die Sterndeuter im Evangelium auf den

Weg machen und uns durchfragen. Denn was dem amerikanischen Präsidenten zu seiner Macht verholfen hat, das findet sich überall auf der Welt, auch in Europa, auch in Deutschland: Zuerst die eigenen Interessen, zuerst der eigene Vorteil. Darum erleben wir immer häufiger Gipfeltreffen ohne Weitsicht, ohne Ertrag. Von einem Durchbruch keine Spur. Auch Europa tritt auf der Stelle. War zu erwarten, wenn es um nichts anderes als eine Wirtschaftsunion geht.

Die eben angesprochene Gegenmacht kann es nur geben über das leidenschaftliche Zeugnis aller Menschen guten Willens, den globalen Herausforderungen mit einer globalen Solidarität zu begegnen. Und die fängt bekanntlich beim Denken des Einzelnen an, also auch bei uns. Solange die Devise gilt: Mein Vorteil zuerst,– wird sich an der desolaten Situation der Welt nichts ändern.

Darum dürfen wir dankbar sein für das Licht, das uns an Weihnachten aufgegangen ist bzw. uns heute am Fest der Erscheinung des Herrn aufgeht, wenn wir denn mit den Sterndeutern bis an ihr Ziel gehen, bis zur Krippe, um das Lebenszeichen Gottes zu sehen, das auch uns gilt: Das Kind in der Krippe, ein Menschenkind, bedürftig wie alle Menschenkinder und wie wir selbst.

Der Weg zum Frieden geht über die Menschwerdung des Menschen, über unsere eigene Menschwerdung, geht über die letzte Menschenmöglichkeit, die uns in Jesus dem Christus aufgegangen ist.

Lassen sie es Tag werden in unserer Mitte. In diesem Sinne wünsche ich ein gesegnetes neues Jahr.

Fest der Taufe des Herrn

Erste Lesung Jes 42,5a.1–4.6–7

1 Die Weisheit lobt sich selbst und inmitten ihres Volkes rühmt sie sich. 2 In der Versammlung des Höchsten öffnet sie ihren Mund und in Gegenwart seiner Macht rühmt sie sich: 8 Der Schöpfer des Alls gebot mir, der mich schuf, ließ mein Zelt einen Ruheplatz finden. Er sagte: In Jakob schlag dein Zelt auf und in Israel sei dein Erbteil! 9 Vor der Ewigkeit, von Anfang an, hat er mich erschaffen und bis in Ewigkeit vergehe ich nicht. 10 Im heiligen Zelt diente ich vor ihm, so wurde ich auf dem Zion fest eingesetzt. 11 In der Stadt, die er ebenso geliebt hat, ließ er mich Ruhe finden, in Jerusalem ist mein Machtbereich, 12 ich schlug Wurzeln in einem ruhmreichen Volk, im Anteil des Herrn, seines Erbteils.

Göttliche Alternative

Die Erwählung des Gottesknechtes beim Propheten Jesaja lenkt unwillkürlich den Blick auf Jesus, auf den bei der Taufe ebenfalls der Geist herabkommt, und den eine Stimme von oben als Gottes geliebten Sohn ausweist. Die vier sogenannten Gottesknecht-Lieder bei Jesaja werden im Neuen Testament zur Deutehilfe für das heilbringende, erlösende Leben Jesu und seinen Heil bringenden Tod. Sie haben aber wie das ganze Alte Testament nicht nur einen Hinweis- und Verheißungscharakter. In erster Linie sind sie eine erlösende Botschaft für die zeitweise von Machtmissbrauch, Gewalt und Unrecht geprägte Geschichte Israels. Jesaja entwirft eine Rettergestalt, die den Teufelskreis der Gewalt aufbricht, die Schwachen aufleben lässt und dem Recht Geltung verschafft. Eine Rettergestalt, die andere nicht in den Tod schickt, sondern selbst für die Vielen in den Tod geht (Lesung an Karfreitag). Ein Retter, an dem Gott Gefallen hat, den er bestätigt, dem er recht gibt. Dass da einer freiwillig in den Tod geht und damit andere aufleben lässt, ist die göttliche Alternative zu dem, was Menschen bis heute in Angst und Schrecken versetzt. Wenn etwa schon wieder von Aufrüstung die Rede ist, die nationalen Egoismen zunehmen und der Kampf darüber andauert, wer sich durchsetzen wird. Wie anders der Auftrag des erwählten Gottesknechtes. Er ist dazu bestimmt, „Licht für die Völker zu sein". Die zionistische Bewegung hat sich in den Anfängen diesen Auftrag zu eigen gemacht. Ein neues Israel sollte entstehen, dazu berufen, „Licht für die Völker zu sein". Modellcharakter sollte es bekommen für ein gerechtes und friedliches Miteinander auf einem und demselben Stück Land. Leider kam es nicht dazu. Im Konzils-Dokument „Lumen gentium" (Licht für die Völker) hat sich auch die Kirche diesen Auftrag zu eigen gemacht, dem sie oft nicht gerecht wird.

Zweite Lesung Apg 10,34–38

In jenen Tagen 34 begann Petrus zu reden und sagte: Wahrhaftig, jetzt begreife ich, dass Gott nicht auf die Person sieht, 35 sondern dass ihm in jedem Volk willkommen ist, wer ihn fürchtet und tut, was recht ist. 36 Er hat das Wort den Israeliten gesandt, indem er den Frieden verkündete durch Jesus Christus: Dieser ist der Herr aller. 37 Ihr wisst, was im ganzen Land der Juden geschehen ist, angefangen in Galiläa, nach der Taufe, die Johannes verkündet hat: 38 wie Gott Jesus von Nazaret gesalbt hat mit dem Heiligen Geist und mit Kraft, wie dieser umherzog, Gutes tat und alle heilte, die in der Gewalt des Teufels waren; denn Gott war mit ihm.

Universale Bedeutung

Unser Text steht in Zusammenhang mit der Taufe des Hauptmanns Cornelius und seiner Familie. Es ist der Anfang einer Taufkatechese (geht bis Vers 43), in der Petrus zunächst bekennt, was ihm selbst aufgegangen ist. Einmal über die Vision, die er in Joppe hatte – nichts für unrein zu erklären, was Gott für rein erklärt – und vor allem durch die überwältigende Erwartung und Offenheit, die er bei seiner Ankunft in Cäsarea erlebt hat, dass Gottes Geist auf alle herabkommt, die dafür empfänglich sind, und dass ihm „in jedem Volk willkommen ist, wer ihn fürchtet – ihm in Ehrfurcht begegnet – und tut, was recht ist." Der Text handelt von den Anfängen der frühen Kirche. Noch gibt es für Petrus den Heiden gegenüber Berührungsängste. Noch hat er den Glauben nicht ganz aufgegeben, dass man erst ein rechter Jude werden müsse, um dann Christ werden zu können. Es fehlt ihm die Erfahrung, die Paulus vor den Toren von Damaskus gemacht hat, eine tiefgreifende innere Verwandlung (im vorausgehenden Kapitel,

Apg 9) Dass Paulus in seinen Briefen mehrfach darüber klagt, dass Juden und Judenchristen ihm das Leben schwer machen, seine Missionstätigkeit erschweren, macht deutlich, dass es dauerte, bis der „neue Weg“ auch als „neuer Weg“ erkannt und gegangen wurde. Für Lukas Grund genug, die Apostelgeschichte als ein Abrücken vom jüdischen Zentrum Jerusalem hin nach Rom, dem Zentrum der Völkerwelt, zu konzipieren, vom Ort der Ablehnung zum Ort neuer Offenheit. Er wird geleitet von der Überzeugung, dass das Christusereignis von universaler Bedeutung ist. Es ist die Einladung zu einem Leben, das auf Christus, den neuen Adam, hin geordnet ist: offen und empfänglich zu sein für Gott und die Menschen. Auf seinen Namen getauft zu werden bedeutet, in ein Milieu „einzutauchen“, in dem der Geist Jesu lebendig ist, der Geist des Entgegenkommens.

Erster Fastensonntag

Evangelium Lk 4,1–13

In jener Zeit 1 kehrte Jesus, erfüllt vom Heiligen Geist, vom Jordan zurück. Er wurde vom Geist in der Wüste umhergeführt, 2 vierzig Tage lang, und er wurde vom Teufel versucht. In jenen Tagen aß er nichts; als sie aber vorüber waren, hungerte ihn. 3 Da sagte der Teufel zu ihm: Wenn du Gottes Sohn bist, so befiehl diesem Stein, zu Brot zu werden. 4 Jesus antwortete ihm: Es steht geschrieben: Der Mensch lebt nicht vom Brot allein. 5 Da führte ihn der Teufel hinauf und zeigte ihm in einem Augenblick alle Reiche des Erdkreises. 6 Und er sagte zu ihm: All die Macht und Herrlichkeit dieser Reiche will ich dir geben; denn sie sind mir überlassen und ich gebe sie, wem ich will.
7 Wenn du dich vor mir niederwirfst und mich anbetest, wird dir alles gehören. 8 Jesus antwortete ihm: Es steht geschrieben: Vor dem Herrn, deinem Gott, sollst du dich niederwerfen und ihm allein dienen. 9 Darauf führte ihn der Teufel nach Jerusalem, stellte ihn oben auf den Tempel und sagte zu ihm: Wenn du Gottes Sohn bist, so stürz dich von hier hinab; 10 denn es steht geschrieben: Seinen Engeln befiehlt er deinetwegen, dich zu behüten; 11 und: Sie werden dich auf ihren Händen tragen, damit dein Fuß nicht an einen Stein stößt. 12 Da antwortete ihm Jesus: Es ist gesagt: Du sollst den Herrn, deinen Gott, nicht auf die Probe stellen. 13 Nach diesen Versuchungen ließ der Teufel bis zur bestimmten Zeit von ihm ab.

Zeit der Bewährung

Das Evangelium von der Versuchung Jesu nimmt uns mit in die judäische Wüste, just dahin, wo am Weg von Jericho nach Jerusalem auch das Gleichnis vom Barmherzigen Samariter verortet ist, das wir bereits bedacht haben. Judäische Wüste – viele haben sie jetzt vor Augen, mit weichen Hügelformen und einer furchterregenden Zerklüftung. Angst und Spannung kann aufkommen, wenn es auf dem Weg von Jericho nach Jerusalem auf einmal für die Gruppe heißt: Wüstenaufenthalt im Alleingang. Eine oder eineinhalb Stunden. Schweigend in die Wüste gehen. Nur den Wind hören, ohne Orientierungshilfe. Dann wieder zum Ausgangspunkt zurück finden. Eine nachhaltige Erfahrung!

Jedoch nicht so nachhaltig wie die Versuchung Jesu in der Wüste, von der heute die Rede ist, nicht so nachhaltig wie das Gleichnis vom barmherzigen Samariter, wenn man es denn an sich heranlässt. Versuchen wir die beiden Texte miteinander zu verbinden und auch mit dem, was ihnen jeweils vorausgeht.

Bei der der Versuchungs-Geschichte geht voraus die Taufe im Jordan. Beim Gleichnis vom barmherzigen Samariter die Frage eines Schriftgelehrten: „ Meister, was muss ich tun, um das ewige Leben zu erben?“ Jesus verweist ihn an die Schrift. Dort steht doch die Antwort. Welche? „Gott zu lieben mit ganzem Herzen, mit ganzer Kraft und den Nächsten zu lieben wie sich selbst.“ Frage: Und wer ist mein Nächster? Jesus antwortet mit einem Gleichnis.

Bei der Taufe Jesu eine Stimme von oben. Gottes Geist weist ihn aus als „Gottes geliebten Sohn“. Derselbe Geist, der ihn dann in die Wüste führt, wo er sich als „der Sohn“ erweisen muss, wo er zeigen muss, wofür er steht, was von Gott her in dieser Welt gelten soll.

Wird er diesem Auftrag gewachsen sein? Wird er sich dem widersetzen, was ihn davon abbringen will in einer Zeit, die von einem politischen Messianismus geprägt ist? Ein Befreier wird erwartet, einer, der das Land vom Joch der Römer befreit. Jesus erfüllt diese Hoffnung nicht. Er geht seinen Weg. Er sagt und tut, was von Gott her gesagt und getan werden muss, so dass sich der Horizont des Reiches Gottes auftut, die ganze Wahrheit um Gott und den Menschen ans Licht kommt, der Mensch ganz und gar

Mensch werden kann. Ein Horizont, in dem Gerechtigkeit und Frieden zur Herzenssache werden, zu einer Frucht gelebter Barmherzigkeit. Robert Schuman würde sagen, ein Horizont, in dem Rache der Vergebung weicht, Konfrontation durch Kooperation überwunden wird und Einheit in gelebter Vielfalt möglich wird. Eine Hoffnung, die zur Zeit dramatisch verdunkelt wird. Europa vor einer Spaltung. „Wird Europa hasserfüllt"? Eine Schlagzeile in „Die Zeit". Zutreffend ist die jüngste Diagnose von Emanuel Macron: „Europa, ein seelenloser Markt".

Zurück in die Zeit Jesu. Mit einem politischen Messianismus hat Jesus nichts im Sinn. Mit ein Grund dafür, dass er am Ende seines Weges keine Königskrone, sondern eine Dornenkrone trägt.
Aber er hat recht behalten und wird auch in Zukunft recht behalten. Denn zur Botschaft von Gottes unbedingtem Entgegenkommen und dem Weg gelebter Zuwendung gibt es auf Zukunft hin keine Alternative. Nichts, was zu einem solidarischen Miteinander führen würde, im privaten wie im globalen politischen Raum.
Nun ein paar Schlaglichter auf die Versuchungen Jesu im heutigen Evangelium: Aus Steinen Brot machen. Das muss der Sohn Gottes doch wohl können. Jesus lässt sich auf kein Brotspektakel ein. Er wird sich erst um Brot kümmern, wenn Menschen in seiner Nähe Hunger haben, der dann über ein gesegnetes Brotbrechen gestillt wird.
Zweite Versuchung, ohne Ortswechsel. Jesus bleibt in der Wüste. Auch kein leibhaftiger Versucher. Die Szenerie ist der Tempel in Jerusalem. Hier die Aufforderung an Jesus: Stürz dich von der Zinne des Tempels in die Tiefe. Es wird dir nichts geschehen. Engel werden dich auffangen. Schließlich bist du ja Gottes Sohn. Eine Gotteslästerung. Jesus weist den Versucher von sich.
Und es geht teuflisch weiter, jetzt mit einem globalen Blick: „Alle Reiche dieser Erde werde ich dir geben, wenn du vor mir niederfällst und mich anbetest." Ein Weltenherrscher von Satans Gnaden? Das Letzte! Entsprechend ist die Antwort.

In der 2000-jährigen Geschichte des Christentums sah das jedoch anders aus. Wie viele getaufte Herrscher haben den Glauben hinter sich gelassen, sind der Versuchung der Macht erlegen, sind in Satans Klauen geraten und haben in ihrem Größenwahn Millionen von Menschen in den Tod geschickt.

Angesichts der globalen Machtkämpfe mit unabsehbaren Folgen sehe ich heute nicht einen Gesetzeslehrer vor Jesus stehen mit der Frage nach ewigem Leben, sondern eine Gruppe von Jugendlichen, die ihn ernsthaft fragen: Wie soll es weitergehen? Worauf sollen wir unser Leben ausrichten, so dass es zu einem erfüllten Leben wird und unsere Hoffnung auf eine gerechtere Welt nicht ins Leere geht? Jesus würde wie damals mit dem Gebot der Gottes- und Nächstenliebe antworten. Er würde aber nicht vom ewigen Leben, sondern vom Heute Gottes sprechen, von einem Leben, das in ihm, dem neuen Adam, bereits Gestalt angenommen hat.
Versuchungen lauern heute allüberall, auf den realen Wegen des Lebens wie im World Wide Web. Weil wir als Christen an Jesu Sohnschaft teilhaben, müssen wir uns ihnen stellen.
Wir können das Teuflische im Leben und in der Geschichte nicht ausblenden. Wir müssen ihm mit einem geschärften Gewissen widerstehen, indem wir sagen und tun, was Menschen auf die Beine hilft, die halbtot am Weg liegen geblieben sind oder in den Wüsten dieser Welt umherirren. Nur so machen wir für andere erfahrbar, dass Gott auch in den dunkelsten Stunden der Geschichte an unserer Seite und in Jesus Christus uns voraus ist.

Was sind Versuchungen unserer Tage?
- Satt sein und doch unersättlich zu bleiben.
- Dem teuflischen Deal-Denken verfallen, bei dem immer die abgehängt werden, die bei einem Deal nichts beisteuern können.
- Einer teuflischen Verbraucher-Mentalität anhängen, die auch beim Menschen nicht Halt macht.
- Die Versuchung, das Herz an Götzen zu hängen, die einen aber, wenn es um Leben und Tod geht, hängen lassen.
- Schließlich: Den Hunger nach einem Mehr an Leben verdrängen und sich mit allen möglichen Sattmachern abspeisen lassen.

Allmachtsfantasien und Sicherheitswahn können den Menschen verzaubern und für eine gewisse Zeit um den Verstand bringen.
Die österliche Bußzeit kann zu einer Zeit der Wiederbelebung werden, wenn wir sie und auch die Zeit danach als Wüstenzeit begreifen, in der vertraute Wege von den Herbststürmen der Kirche verweht und neue noch nicht gefunden sind. In der die Orientierung schwer fällt, weil noch kein gelobtes Land in Sicht ist. Als eine Zeit der Bewährung, in der die einen neue Schrit-

te wagen, während andere auf der Stelle treten oder zurück wollen. Aber wohin? Als Zeit der Neuorientierung, in der das Wort der Schrift uns wie an den Oasentagen leiten soll. Es sind immer wieder Orte und Felder aufzutun, an denen Gottes Wort, die gute Nachricht von Gottes unbedingtem Entgegenkommen, nicht an der Oberfläche liegen bleibt und verkommt, sondern Wurzeln schlagen kann, zu Herzen gehen kann, wo es den Hunger nach Beheimatung und begründeter Hoffnung zu stillen vermag.

Zweiter Fastensonntag

Evangelium Lk 9,28b–36

In jener Zeit 28b nahm Jesus Petrus, Johannes und Jakobus mit sich und stieg auf einen Berg, um zu beten. 29 Und während er betete, veränderte sich das Aussehen seines Gesichtes und sein Gewand wurde leuchtend weiß. 30 Und siehe, es redeten zwei Männer mit ihm. Es waren Mose und Elíja; 31 sie erschienen in Herrlichkeit und sprachen von seinem Ende, das er in Jerusalem erfüllen sollte. 32 Petrus und seine Begleiter aber waren eingeschlafen, wurden jedoch wach und sahen Jesus in strahlendem Licht und die zwei Männer, die bei ihm standen. 33 Und es geschah: Als diese sich von ihm trennen wollten, sagte Petrus zu Jesus: Meister, es ist gut, dass wir hier sind. Wir wollen drei Hütten bauen, eine für dich, eine für Mose und eine für Elíja. Er wusste aber nicht, was er sagte.

34 Während er noch redete, kam eine Wolke und überschattete sie. Sie aber fürchteten sich, als sie in die Wolke hineingerieten. 35 Da erscholl eine Stimme aus der Wolke: Dieser ist mein auserwählter Sohn, auf ihn sollt ihr hören. 36 Während die Stimme erscholl, fanden sie Jesus allein. Und sie schwiegen und erzählten in jenen Tagen niemandem von dem, was sie gesehen hatten.

Nur Güte richtet auf

Merkwürdige Dinge haben wir am Ende der Lesung gehört. Wir können daran nicht einfach vorbeigehen. Der letzte Satz der Lesung hilft uns weiter. Da steht: „An diesem Tag schloss der Herr mit Abraham folgenden Bund: Deinen Nachkommen gebe ich dieses Land vom Grenzbach Ägyptens bis zum großen Strom, dem Eufrat.“
Gott hatte Abraham nicht nur das Land verheißen, sondern auch Nachkommen so zahlreich wie die Sterne am Himmel. Abraham, der sich auf Vertrauen hin auf den Weg gemacht hatte, fragt nun dennoch nach: Ist das dein Ernst? Willst du, Gott, das wirklich wahrmachen?
Und dann kommt diese merkwürdige Szenerie: Tiere werden zerteilt und ein rauchender Ofen und eine lodernde Fackel fahren zwischen den Hälften hindurch. Ein uraltes Selbstverpflichtungsritual. Es wird von jemand vollzogen, der, indem er zwischen Tierhälften hindurchgeht, damit sagen will: Was mit den Tieren geschehen ist, wird mit mir geschehen, wenn ich mein Versprechen nicht einlöse. In unserer Lesung sieht Abraham in einer Vision Gott selbst in Gestalt von Feuer und Rauch, Zeichen seiner Unnahbarkeit, durch die Tierhälften hindurchgehen. Er verpflichtet sich damit, seine Zusage an Abraham zu erfüllen. Gott bleibt denen treu, die sich im Vertrauen auf ihn auf den Weg machen, das Wagnis des Lebens vertrauend annehmen.

Zum Evangelium: Jesus steigt mit Petrus, Jakobus und Johannes auf einen Berg um zu beten. Der Tradition nach ist es der Tabor, der sich aus der Jesreel-Ebene erhebt. Dann geschieht es, dass er vor den Augen seiner Jünger verwandelt erscheint, sozusagen schon in österlichem Licht. Die Taborgeschichte ist eine vorgezogene Ostergeschichte. Was einmal mit Ostern letzte Bestätigung und Geltung erfährt, scheint bereits auf dem Weg Jesu auf.

Dann ein überraschender Hinweis: Mit Jesus reden zwei Männer, die ebenfalls in strahlendes Licht getaucht sind, Mose und Elija. Mose, der Prophet, das Sprachrohr Gottes am Anfang der Geschichte Israels. Elija, der Prophet der Endzeit, von dem es am Ende des Buches Maleachi heißt, dass er kommen wird, „das Herz der Väter wieder den Söhnen zuzuwenden und das Herz der Söhne den Vätern“. Er wird so die Katastrophe abwenden, in die sich die Menschen hineinmanövriert haben. Mose und Elija, Jesus in ihrer Mitte, bereits in österlichem Licht, während Mose und Elija noch vom seinem Ende

in Jerusalem, von seinem gewaltsamen Tod sprechen.
Jesus in ihrer Mitte mit dem, was er sagt und tut, sozusagen im Zentrum der Geschichte, von zentraler Bedeutung für die Menschwerdung jedes einzelnen Menschen wie für die Geschichte der Menschheit überhaupt.
Dies ist immer wieder neu zu begründen und zu belegen, so dass es auch dem kritischen, aber suchenden Menschen von heute plausibel erscheint. Der Glaube muss ja auch vor der Vernunft bestehen. Wenn wir Jesus den Christus als das A und O der Geschichte bekennen – Alpha und Omega sind zentrale Symbole auf der Osterkerze –, dann muss es auch Vernunftgründe dafür geben. Was aber ist an der Botschaft Jesu und in seinem Handeln so neu und so zentral für unseren eigenen Weg und den Fortgang der Geschichte?

Dazu zwei Beispiele: In Kafarnaum bringt man einen Gelähmten zu Jesus und wir hören ihn sagen: Deine Sünden sind dir vergeben. Der Gelähmte steht auf. Alles Lähmende und Blockierende ist aufgehoben, nachdem die vollmächtige Zusage von Vergebung den Gelähmten – wie auch immer gelähmt – im Innersten getroffen und geheilt hat. Aber unter denen, die mithören, sagen einige: Das ist eine Gotteslästerung. Niemand kann Sünden vergeben außer Gott allein. Und sie reden bereits darüber, wie sie Jesus aus dem Weg schaffen können. In der Ferne wird bereits das Kreuz aufgerichtet.
Ein zweites Beispiel, das kennzeichnend für Jesus ist und womit er ebenfalls Anstoß erregt. Er setzt sich mit Zöllnern und Sündern an einen Tisch. Beim Zöllner Zachäus kehrt er sogar auf eigenen Wunsch ein. Nicht weil er das gutheißt, was Zöllner und Sünder tun. Aber was kann sie gut machen, ihnen aufhelfen, wenn nicht Güte, Zuwendung und Wohlwollen? Haben Sie schon einmal anders einen Menschen von einem falschen Weg abgebracht, oder ihn aus einer Sackgasse geholt und zu einem neuen Leben befähigt, als mit Güte und spürbarem Entgegenkommen?

Auf dem Tabor hören wir heute mit den Jüngern eine Stimme, die sagt: „Dieser ist mein auserwählter Sohn. Auf ihn sollt ihr hören.“ Er ist der Weg zu letzter Menschenmöglichkeit und der Weg zu einer versöhnten und solidarischen Welt.
Warum? Weil seine Art von Gott zu reden uns davon befreit, den Sinn unseres Lebens selbst stiften zu müssen, sondern wir eingeladen sind, Gottes liebevolles und bedingungsloses Entgegenkommen glaubend anzunehmen, und es, so gut es geht, mit Entgegenkommen zu beantworten, über alle Grenzen und Gräben der Hautfarbe, der Sprache und der kulturellen Prägung hinweg. Der

Krampf trotziger Selbstbehauptung ist überwunden, lässt Menschwerdung gelingen, aber auch das Zusammenwachsen der Menschen weltweit zu einer großen Familie.

Mit der Verwandlung Jesu auf dem Tabor steht fest, dass auch wir auf Verwandlung angelegt sind, aus Enge und Angst zu neuem Gottvertrauen und Vertrauen untereinander. Damit geht aber auch die Hoffnung einher, dass die ganze Welt auf Verwandlung angelegt ist, auf einen neuen Himmel und eine neue Erde, in denen Gerechtigkeit wohnt und die Schöpfung mit Respekt behandelt wird, wovon derzeit in Nairobi die Rede ist. Das kann jeder nachvollziehen, auch der Skeptiker.
Wenn man auf dem Tabor steht, schaut man hinunter auf die Jesreelebene, durch die einmal die bedeutendste Handels- und Heerestrasse der frühen Zeit verlief, die Via maris. Die Verbindung zwischen den alten Kulturräumen Ägypten und Mesopotamien. Eine fruchtbare Ebene, deren Boden aber mit Eisen und Blut durchsetzt ist, die an frühere Schlachten in dieser Ebene erinnern. Der Stadthügel von Megiddo ist unter dem Namen Harmagedon in der Offenbarung des Johannes zum Inbegriff von Gewalt und Krieg geworden.
Und die Gewalt dauert an, nicht nur in Nahost, sondern weltweit. Vom Tabor aus ergeht die Botschaft: Diese Welt kann nicht so bleiben wie sie ist. Der Kampf um Vorherrschaft auf dem Weltmarkt muss sich verwandeln in eine globale Verantwortung, die allen Menschen auf unserer Erde gerecht wird. Die neue Völkerwanderung aus Armut und Not muss so bald als möglich ein Ende nehmen. Politik muss zur Herzenssache werden, so wie das Miteinander in der Familie zur Herzenssache werden muss. Sich nicht diesem oder jenem zuwenden, sondern das Herz, sich selbst.
Lassen wir uns in der österlichen Bußzeit auf den Prozess der Verwandlung ein, in dem wir ja mehr, als wir meinen, gefordert sind, zum Beispiel auch bei den bevorstehenden Wahlen zum Europaparlament. Oder um es mit dem Motto der diesjährigen Misereor-Aktion zu sagen: „Mach was draus, sei Zukunft“. Dazu erbitten wir den Geist des Entgegenkommens.

Dritter Fastensonntag

Evangelium Lk 13,1–9

*1 Zu jener Zeit kamen einige Leute und berichteten Jesus von
den Galiläern, deren Blut Pilatus mit dem ihrer Opfertiere ver-
mischt hatte. 2 Und er antwortete ihnen: Meint ihr, dass diese
Galiläer größere Sünder waren als alle anderen Galiläer, weil
das mit ihnen geschehen ist? 3 Nein, sage ich euch, vielmehr
werdet ihr alle genauso umkommen, wenn ihr nicht umkehrt.
4 Oder jene achtzehn Menschen, die beim Einsturz des Turms
am Schilóach erschlagen wurden – meint ihr, dass sie größe-
re Schuld auf sich geladen hatten als alle anderen Einwohner
von Jerusalem? 5 Nein, sage ich euch, vielmehr werdet ihr alle
ebenso umkommen, wenn ihr nicht umkehrt. 6 Und er erzähl-
te ihnen dieses Gleichnis: Ein Mann hatte in seinem Weinberg
einen Feigenbaum gepflanzt; und als er kam und nachsah, ob
er Früchte trug, fand er keine. 7 Da sagte er zu seinem Winzer:
Siehe, jetzt komme ich schon drei Jahre und sehe nach, ob dieser
Feigenbaum Früchte trägt, und finde nichts. Hau ihn um! Was
soll er weiter dem Boden seine Kraft nehmen? 8 Der Winzer
erwiderte: Herr, lass ihn dieses Jahr noch stehen; ich will den
Boden um ihn herum aufgraben und düngen. 9 Vielleicht trägt
er in Zukunft Früchte; wenn nicht, dann lass ihn umhauen!*

Ich bin da

Ein Tsunami verwüstet eine Küstenregion und fordert Hunderte, wenn nicht Tausende Opfer. Das Erschrecken ist groß. Aber man hört dann auch, wie geschehen, Menschen hinter vorgehaltener Hand sagen: War das nicht vielleicht eine Strafe?
Ein Mann, der keinen guten Ruf hat, erleidet einen schweren Verkehrsunfall. Auch hier ist hinter vorgehaltener Hand zu hören: War das nicht vielleicht eine Strafe, die Quittung für sein Leben?

Im heutigen Evangelium ist von Galiläern die Rede, die unter Pilatus hingerichtet wurden.
Und am Schiloachteich in Jerusalem stürzt ein Turm ein und begräbt 18 Menschen unter sich. In beiden Fällen wird dies mit vorausgehender Schuld in Verbindung gebracht. Dies, um dem Ruf in die Umkehr Nachdruck zu verleihen. Bedenklich, sehr bedenklich! Wird damit nicht ein Gottesbild vermittelt, das so gar nicht dem Evangelium Jesu entspricht? Gemildert wird es durch das abschließende Gleichnis vom Feigenbaum, der drei Jahre keine Frucht getragen hat. Umhauen? Nein! Dem Feigenbaum eine Chance geben, aber so, dass er wirklich noch einmal Früchte ansetzen kann.

Die Frage nach unserem Gottesbild ist die Herausforderung heute für die Theologie, den Religionsunterricht und die Predigt, die Herausforderung für die Kirche der Zukunft, nicht zuletzt in der Beziehung zu anderen Religionen. Der Klärungsbedarf ist groß, wenn man an die anfangs genannten Beispiele denkt. Die Rede von Lohn und Strafe wird der Kernbotschaft Jesu nicht gerecht. Sehen wir ihn doch am Tisch mit Zöllnern und Sündern, nicht um ihnen Strafe anzudrohen, sondern um ihnen zu einem neuen Leben zu verhelfen. Denn nur Entgegenkommen öffnet, nur Güte macht gut. Oder haben Sie es schon mal anders versucht?

Wie sagt er? „Ich bin nicht gekommen, Gerechte zu berufen, sondern Sünder.“ Und: „Nicht die Gesunden bedürfen des Arztes, sondern die Kranken.“ Oder um es mit dem Gleichnis vom Feigenbaum zu sagen: Nur wenn man um ihn herum aufgräbt und den Boden düngt, besteht die Chance, dass er noch einmal aufblüht und Früchte bringt. Jesu Blick geht auf den Schwachen, den Elenden, keineswegs nur im materiellen Sinne.

Dies wird von der heutigen Lesung gestützt. Die Gottesoffenbarung an Moses am brennenden Dornbusch ist der Schlüssel zum Gottesbild der ganzen Bibel, das Zentrum des jüdischen und christlichen Glaubens, Zen-

trum der Kirche, wenn sie Zukunft haben soll.

Ich greife aus der Lesung zwei Stellen heraus. Die erste: Gott sagt zu Moses: "Ich habe das Elend meines Volkes in Ägypten gesehen. Ich kenne ihr Leid.“ Mose, geh‘, hol sie heraus.
Heißt: Der Gott der Bibel ist ein Gott, der das Elend sieht und es nicht länger mit ansehen kann. Der Gott der Bibel ist einer, der in die Freiheit führt, dem an einem menschenwürdigen Leben der Seinen gelegen ist.
An diesen Gott glauben heißt, mit dessen Augen die Wirklichkeit anschauen, einen Blick haben für jene, die überhört, übersehen, übergangen und an den Rand gedrängt werden.

Aber wir sehen in der Regel nur das, was wir sehen wollen, hören das, was wir hören wollen. Das zeigt sich zum Beispiel, wenn wir Nachrichten schauen oder die Zeitung aufschlagen. Was kommt bei uns wirklich an, was trifft uns? Was bewegt uns?

Der Glaube hat immer eine politische und soziale Dimension. Wir können nicht singen „Großer Gott wir loben dich“, wenn wir die Augen verschließen und verstummen vor dem, was Menschen kaputt macht und ihr Leben verdunkelt, auch wenn wir meist nicht direkt helfen können.
Die Stimme vom Sinai: „Ich habe das Elend meines Volkes gesehen.“ Die österliche Bußzeit will uns erneut die Augen öffnen für Menschen, die elend dran sind, ganz in unserer Nähe und weltweit.
Die zweite Stelle der Lesung: Moses fragt die Stimme aus dem Feuer nach ihrem Namen.

Er fragt nach dem Namen Gottes. Anders als bei den ägyptischen Gottheiten gibt es weder einen Namen, noch ein Bild, eine Darstellung, zum Beispiel ein Tierbild. Die Antwortet lautet: „Ich bin der ich bin da!“ Ich erweise mich denen gegenüber als belebend und befreiend, die hinter mir her selbst gnädig und barmherzig sind. Ich bin da als der, der treu ist, auf den du dich verlassen kannst, an guten und an schweren Tagen. Ich bin da als der, der dich in die Arme nimmt, wenn du einsam und verzweifelt bist. Ich bin da, wenn du in den Wüsten des Lebens die Orientierung verloren hast.

Der sich da am Sinai als „der ich bin da“ geoffenbart hat, hat dies im Leben und Wirken Jesu leibhaftig eingelöst. Daran dürfen wir uns halten. Gott sei Dank.

Peter Wust, Christlicher Existenzphilosoph (1884-1940)
„Weisheit ist die ehrfurchtsvolle Bejahung des beständigen Unterwegsseinmüssens.“

Vierter Fastensonntag

Evangelium Lk 15,1–3.11–32

In jener Zeit 1 kamen alle Zöllner und Sünder zu Jesus, um ihn zu hören. 2 Die Pharisäer und die Schriftgelehrten empörten sich darüber und sagten: Dieser nimmt Sünder auf und isst mit ihnen. 3 Da erzählte er ihnen dieses Gleichnis 11 und sagte: Ein Mann hatte zwei Söhne. 12 Der jüngere von ihnen sagte zu seinem Vater: Vater, gib mir das Erbteil, das mir zusteht! Da teilte der Vater das Vermögen unter sie auf. 13 Nach wenigen Tagen packte der jüngere Sohn alles zusammen und zog in ein fernes Land. Dort führte er ein zügelloses Leben und verschleuderte sein Vermögen. 14 Als er alles durchgebracht hatte, kam eine große Hungersnot über jenes Land und er begann Not zu leiden. 15 Da ging er zu einem Bürger des Landes und drängte sich ihm auf; der schickte ihn aufs Feld zum Schweinehüten. 16 Er hätte gern seinen Hunger mit den Futterschoten gestillt, die die Schweine fraßen; aber niemand gab ihm davon. 17 Da ging er in sich und sagte: Wie viele Tagelöhner meines Vaters haben Brot im Überfluss, ich aber komme hier vor Hunger um. 18 Ich will aufbrechen und zu meinem Vater gehen und zu ihm sagen: Vater, ich habe mich gegen den Himmel und gegen dich versündigt. 19 Ich bin nicht mehr wert, dein Sohn zu sein; mach mich zu einem deiner Tagelöhner! 20 Dann brach er auf und ging zu seinem Vater. Der Vater sah ihn schon von Weitem kommen und er hatte Mitleid mit ihm. Er lief dem Sohn entgegen, fiel ihm um den Hals und küsste ihn. 21 Da sagte der Sohn zu ihm: Vater, ich habe mich gegen den Himmel und gegen dich versündigt; ich bin nicht mehr wert, dein Sohn zu sein. 22 Der Vater aber sagte zu seinen Knechten: Holt schnell das beste Gewand und zieht es ihm an, steckt einen Ring an seine Hand und gebt ihm Sandalen an die Füße! 23 Bringt das Mastkalb her und schlachtet es; wir wollen essen und fröhlich sein. 24 Denn dieser, mein Sohn, war tot und lebt wieder; er war verloren und ist wiedergefunden worden. Und sie begannen, ein Fest zu feiern. 25 Sein älterer Sohn aber war auf dem Feld. Als er heimging und in die Nähe des Hauses kam, hörte er Musik und Tanz. 26 Da rief er einen der Knechte und fragte, was das bedeuten solle. 27 Der Knecht antwortete ihm: Dein Bruder ist gekommen und dein Vater hat das Mastkalb schlachten lassen, weil er ihn gesund wiederbekommen hat. 28 Da wurde er zornig und wollte nicht hineingehen. Sein Vater aber kam heraus und redete ihm gut zu. 29 Doch er erwiderte seinem Vater: Siehe, so viele Jahre schon diene ich dir und nie habe ich dein Gebot übertreten; mir aber hast du nie einen Ziegenbock geschenkt, damit ich mit meinen Freunden ein Fest feiern konnte. 30 Kaum aber ist der hier gekommen, dein Sohn, der dein Vermögen mit Dirnen durchgebracht hat, da hast du für ihn das Mastkalb geschlachtet. 31 Der Vater antwortete ihm: Mein Kind, du bist immer bei mir und alles, was mein ist, ist auch dein. 32 Aber man muss doch ein Fest feiern und sich freuen; denn dieser, dein Bruder, war tot und lebt wieder; er war verloren und ist wiedergefunden worden.

Barmherzigkeit – Schlüssel für eine menschenwürdige Zukunft

Der aus Rissenthal bei Losheim stammende Philosoph Peter Wust beginnt sein Hauptwerk „Ungewissheit und Wagnis“ mit einem Hinweis auf unser heutiges Evangelium, das Gleichnis von den beiden ungleichen Söhnen. Warum? Dazu ein paar Schlaglichter auf seinen Lebensweg.

Er wird 1884 in Rissenthal geboren, kommt 1900 als Schüler nach Trier, wohnt im Bischöflichen Konvikt und macht 1907 am Friedrich Wilhelm Gymnasium Abitur. Dann beginnt ein bewegtes Leben. Schon bald lässt er den Glauben, in dem er aufgewachsen ist, hinter sich. Nach der Katastrophe des Ersten Weltkrieges findet er schrittweise zum Glauben zurück. Er war Gymnasiallehrer und ab 1930 Professor für Philosophie an der Universität Münster. Dort stirbt er 56-jährig an Gaumenkrebs.

Peter Wust erkennt sich in dem jüngsten der beiden Brüder in unserem Gleichnis wieder. Auch er verlässt sein Elternhaus und kehrt erst gegen Ende seines Lebens nach seiner Autobiografie „Gestalten und Gedanken“ in sein Elternhaus und sein geliebtes Rissenthal zurück.
Er nimmt aber auch eines Tages Abschied von einem anderen Vaterhaus, in dem seine Kindheit geborgen war. Er verliert seinen Glauben. Nach seiner „Heimkehr“ spricht er immer wieder vom Menschen als dem „homo viator“, dessen Bestimmung es ist, ein Leben lang unterwegs zu sein und zu bleiben, bis er schließlich, wie Augustinus sagt, Ruhe findet in Gott. Das haben seine Studenten in einer turbulenten, düsteren Zeit verstanden. Schon in aller Herrgottsfrühe füllten sie den größten Hörsaal der Uni Münster.
Wust hat eine Erfahrung gemacht, die viele Menschen gemacht haben und noch machen, dass der Glaube der Kindheit zugrunde geht, der Vater aus dem Blick gerät, nicht aber die Frage, wozu das Leben gut ist und was das Leben gut macht. Dann kann es geschehen, dass sich der Glaube von Grund auf erneuert. Wust sieht sich so als Heimkehrer, der im Leben gereift ist und wieder Aufnahme gefunden hat in den Armen eines barmherzigen Vaters.
Dies ist die Szene, die immer wieder auch in der Kunst dargestellt wurde, zum Beispiel bei Rembrandt. Der Saarbrücker Künstler Ernst Alt hat vor genau 50 Jahren dazu ein Bild gemalt unter dem Titel „Der wiedergefundene Vater“. Ein Titel, der mehr überzeugt als die Rede vom „Verlorenen Sohn“, weil darin das Entscheidende fehlt. Alles kommt doch darauf an, dass der Sohn sich seines Vaters erinnert, der Vater erneut in den Blick kommt, der Vater wiedergefunden wird.
Kein Gleichnis der Bibel ist für unsere heutige Situation so bedeutsam wie das Gleichnis vom heimkehrenden Sohn bzw. vom wiedergefundenen Vater, auch wenn wir uns zur Zeit in der Kirche mehr mit Immobilien

als mit dem Vaterhaus beschäftigen, das aus dem Blick geraten ist. Die Hoffnung auf eine bleibende Beheimatung schwindet. Das Interesse an einer Rundum-sorglos-Versicherung nimmt zu. Und doch bleiben Umkehr und Heimkehr möglich, auch heute.

Was immer in der Welt geschieht, der Vater ist und bleibt der Vater. Die väterliche Geduld Gottes besteht fort, grenzenlos. Der Sohn ist und bleibt der Sohn, auch wenn er, bzw. die Tochter, Umwege und Irrwege gegangen sind. Der Sohn, die Tochter ist und bleibt Gottes geliebtes Kind, für das im Falle der Heimkehr ins Vaterhaus ein Fest gefeiert wird. Irrwege können zu einem vertieften Selbstverständnis führen. Und doch ist, was den Glauben betrifft, nichts so wichtig als zurückzufinden ins Vaterhaus. Denn wie sagt der Vater im Gleichnis: „Mein Sohn war tot und lebt wieder; er war verloren und ist wiedergefunden worden.“ An einer anderen Stelle heißt es, dass im Himmel mehr Freude ist über einen Sünder, der umkehrt, der Buße tut, ins Leben zurückfindet, als über 99 Gerechte.

Ich freue mich, dass wir an den Sonntagen der Fastenzeit immer wieder Schrifttexte hören, die das Gottesbild unseres Glaubens in neuem Licht erstrahlen lassen und es neu zur Geltung bringen, wenn wir uns darauf einlassen.
So spricht die Lesung vom Dritten Fastensonntag von der Gottesoffenbarung an Mose am brennenden Dornbusch. Die Stimme aus dem Feuer, die da sagt: „Ich habe das Elend meines Volkes in Ägypten gesehen. Ich kenne ihr Leid“, hat die Jahrtausende überdauert. „Mose, hol sie heraus.“ Dieser Gott, der „Ich bin da“, gibt sich uns zu erkennen, wenn wir uns seinen Blickwinkel zu eigen machen, Elend sehen, wahrnehmen, ganz in der Nähe und weltweit, und wenn wir das Menschenmögliche tun, es zu überwinden.
Im Evangelium des letzten Sonntags dann das Gleichnis vom Feigenbaum, der schon drei Jahre nicht mehr trägt. Umhauen? Nein, erneut um den Baum aufgraben und den Boden düngen, so dass er aufblühen und Frucht ansetzen kann.
Göttliche Geduld. Das ist kein passives Zuwarten. Für mich ist in unserem heutigen Evangelium besonders beeindruckend, dass der Vater dem heimkehrenden Sohn entgegenläuft, wie es heißt. Göttliches

Entgegenkommen befähigt, wenn es dankbar angenommen wird, zum Entgegenkommen über alle Gräben der Schuld und der Entfremdung hinweg, ein Entgegenkommen, das zum Gehen bringt, wo scheinbar nichts mehr geht.

Ein letzter Gedanke. Wann hat der Glaube Israels sein eigentliches Profil, seine eigentliche Tiefe und Weite bekommen? Im Exil, in der Fremde, fern von der Heimat, fern vom Tempel, fern von der überkommenen religiösen Praxis, die, wie die Propheten anklagen, oft weit weg war von den Nöten der Menschen. Die Situation der Kirche heute hat viel gemeinsam mit der Situation Israels im Exil.

Ohne unser Land zu verlassen befinden wir uns im Exil, umgeben von allen möglichen Göttern und Götzen. Könnte es nicht sein, dass so, wie Israel in der Fremde zu einem vertieften Glauben gefunden hat, auch wir die Chance ergreifen, den Glauben neu zu entdecken und zu vertiefen, uns neu zu besinnen auf die Gottesvorstellung des heutigen Evangeliums.

Vielleicht hilft die Klärung unserer Gottesvorstellung, die Kirche erneut zu dem werden zu lassen, was sie ist: Licht der Welt. Denn wer so von der unverlierbaren Würde des Menschen spricht, wie unser Glaube, und Gott bezeugt als den, der auf der Seite der Elenden steht, hat den Schlüssel für eine menschenwürdige Zukunft in der Hand.

Beten wir darum, dass der Glaube an einen barmherzigen Gott erneut aufleuchte und uns zu barmherzigen Weggefährten mache.

Palmsonntag

Evangelium Lk 19,28–40

28 In jener Zeit ging Jesus nach Jerusalem hinauf. 29 Und es geschah: Er kam in die Nähe von Bétfage und Betánien, an den Berg, der Ölberg heißt, da schickte er zwei seiner Jünger aus 30 und sagte: Geht in das Dorf, das vor uns liegt! Wenn ihr hineinkommt, werdet ihr dort ein Fohlen angebunden finden, auf dem noch nie ein Mensch gesessen hat. Bindet es los und bringt es her! 31 Und wenn euch jemand fragt: Warum bindet ihr es los?, dann antwortet: Der Herr braucht es. 32 Die Ausgesandten machten sich auf den Weg und fanden alles so, wie er es ihnen gesagt hatte. 33 Als sie das Fohlen losbanden, sagten die Leute, denen es gehörte: Warum bindet ihr das Fohlen los? 34 Sie antworteten: Weil der Herr es braucht. 35 Dann führten sie es zu Jesus, legten ihre Kleider auf das Fohlen und halfen Jesus hinauf. 36 Während er dahinritt, breiteten die Jünger ihre Kleider auf dem Weg aus. 37 Als er sich schon dem Abhang des Ölbergs näherte, begann die Schar der Jünger freudig und mit lauter Stimme Gott zu loben wegen all der Machttaten, die sie gesehen hatten. 38 Sie riefen: Gesegnet sei der König, der kommt im Namen des Herrn. Im Himmel Friede und Ehre in der Höhe! 39 Da riefen ihm einige Pharisäer aus der Menge zu: Meister, weise deine Jünger zurecht! 40 Er erwiderte: Ich sage euch: Wenn sie schweigen, werden die Steine schreien.

Kreuzweg – Ohnmacht und Hoffnung

Nachdem wir den zweiten Teil der Passionsgeschichte gehört haben, lade ich Sie ein, für ein paar Minuten mit mir den Palmsonntagsweg von damals zu gehen, nicht mit Palmen in den Händen, sondern mit offenen Augen für das, was heute am Rande dieses Weges geschieht. Denn die Passion Jesu dauert an. Menschen werden verraten, gedemütigt, ihrer Freiheit beraubt, verhöhnt und auf´s Kreuz gelegt.

Wir gehen los in Betfage, wo nach der Tradition Jesus einen Esel besteigt und als Friedenskönig in Jerusalem einzieht. Wir werden unterwegs dreimal anhalten.

Ein paar Meter von der kleinen Betfage-Kirche entfernt sehen wir ein zerstörtes Haus, einen zerstörten Neubau. Das Haus gehörte einer palästinensischen Familie. Es wurde von israelischem Militär mit schwerem Gerät niedergerissen. Angebliche Begründung: keine Baugenehmigung. Und dies auf eigenem Territorium. Ganz in der Nähe sehen wir die Mauer mit Wachttürmen, die Israel von der palästinensischen Westbank trennt. Ein gespenstisches Bild. Von Frieden und Gerechtigkeit keine Spur. Die neue Regierung denkt an Enteignung. Und die Welt schweigt.

Wir steigen auf zur Ölberghöhe und dann hinab ins Kidrontal. Unterwegs biegen wir nach rechts ab zu einem Ort, der Dominus flevit genannt wird. Er erinnert daran, dass Jesus hier mit Blick auf die Stadt Jerusalem weint, weil sie ihre Chance nicht angenommen hat zu werden, was sie dem Namen nach ist: Stadt des Friedens. Im Namen Jerusalem-Jeruschalaim steckt doch das Wort Schalom, Frieden. Jesus weint über Jerusalem. Wenige Jahrzehnte später wird die Stadt samt Tempel zerstört.

Bis heute ist es zum Heulen, dass nach Jahrzehnten der Konfrontation Israel keinen Frieden findet und die Palästinenser noch weniger. Stattdessen fliegen Raketen und werden Bomben geworfen.

Kaum 100 Meter weiter auf dem Weg ins Kidrontal biegen wir nach links ab in den Garten Getsemani, wo die Passion Jesu begann, wo Jesus Blut schwitzte, während die Jünger einschliefen. Heute sind es Menschen vor Ort und weltweit, die die Augen verschließen vor dem, was Menschen erdulden, die für Gerechtigkeit und Versöhnung eintreten, die mundtot gemacht oder aus dem Weg geräumt werden. Tag für Tag. Das ist blutige Realität. Zum Heulen.

Schließlich kommen wird durch das Stephans-Tor in die Altstadt von Jerusalem. Vor uns eine Gruppe von Pilgern, von denen einer ein großes Holzkreuz trägt. Pilger gehen und meditieren auf dem Weg zur Grabeskirche, via dolorosa, Schmerzensweg genannt, den Kreuzweg Jesu. Trotz Unrecht, Gewalt, Angst und Ohnmacht geben gläubige Menschen die Hoffnung nicht auf, dass nur in der Spur Jesu Frieden und Versöhnung möglich ist. Vor uns gehen Menschen, die ihr eigenes Kreuz mit dem Kreuz Jesu verbinden und mit dem Kreuz der vielen, die gebückt und niedergedrückt ihren Lebens-Weg gehen müssen.

Aber auch das gehört zur Wahrheit des Palmsonntags heute, dass gläubige Menschen in Jerusalem und in aller Welt die Aufforderung des Psalm 122 aufnehmen, die da heißt:
„Erbittet Frieden für Jerusalem! Geborgen seien, die dich lieben.
Friede sei in deinen Mauern, Geborgenheit in deinen Häusern".
Und indem auch wir Frieden erbitten, allen, die unter Angst leben, die weltweit gebückt ihren Weg gehen oder bereits am Weg liegen geblieben sind, werden alle Kreuzwege bereits in österliches Licht getaucht, weil Jesus Recht bekommen hat und Recht behalten wird. Es ist der Grund unserer Hoffnung.

Osternacht

Evangelium Lk 24,1–12

1 Am ersten Tag der Woche gingen die Frauen mit den wohlriechenden Salben, die sie zubereitet hatten, in aller Frühe zum Grab. 2 Da sahen sie, dass der Stein vom Grab weggewälzt war; 3 sie gingen hinein, aber den Leichnam Jesu, des Herrn, fanden sie nicht. 4 Und es geschah: Während sie darüber ratlos waren, siehe, da traten zwei Männer in leuchtenden Gewändern zu ihnen. 5 Die Frauen erschraken und blickten zu Boden. Die Männer aber sagten zu ihnen: Was sucht ihr den Lebenden bei den Toten? 6 Er ist nicht hier, sondern er ist auferstanden. Erinnert euch an das, was er euch gesagt hat, als er noch in Galiläa war: 7 Der Menschensohn muss in die Hände sündiger Menschen ausgeliefert und gekreuzigt werden und am dritten Tag auferstehen. 8 Da erinnerten sie sich an seine Worte. 9 Und sie kehrten vom Grab zurück und berichteten das alles den Elf und allen Übrigen. 10 Es waren Maria von Mágdala, Johanna und Maria, die Mutter des Jakobus, und die übrigen Frauen mit ihnen. Sie erzählten es den Aposteln. 11 Doch die Apostel hielten diese Reden für Geschwätz und glaubten ihnen nicht. 12 Petrus aber stand auf und lief zum Grab. Er beugte sich vor, sah aber nur die Leinenbinden. Dann ging er nach Hause, voll Verwunderung über das, was geschehen war.

Er geht euch voraus

Hunderte stehen an, um in den Grabbau unter der großen Kuppel der Grabeskirche zu kommen. Um was zu sehen? Eine leere Grabbank. Wurde den Frauen seinerzeit nicht gesagt: „Was sucht ihr den Lebenden bei den Toten? Er geht euch voraus nach Galiläa.“(Mt 28,7)
Nur im Nachgehen erweist sich der Auferweckte als der Lebende. Nur in der Nachfolge erschließt sich seine Auferstehung.

Wir müssen erneut die Spur Jesu aufnehmen, wenn wir in Zeiten andauernder Gewalt und Flucht aus Armut und Unterentwicklung der österlichen Botschaft Geltung verschaffen wollen. In einer Zeit, in der in Europa die christlichen Wurzeln abzusterben drohen – die Nichtaufnahme von Flüchtlingen belegt es –, während sie in den USA unheilvolle Blüten treiben und Spaltpilze hervorbringen. In einer Zeit, in der das Friedensprojekt Europa zu scheitern droht, weil die so oft beschworene Wertegemeinschaft von exklusiven wirtschaftlichen Interessen überlagert wird. Der am 25. März, dem 60. Jahrestag der Römischen Verträge gefundene „kleinste gemeinsame Nenner“ hilft nicht weiter, wenn nicht die unmittelbare Begegnung der Bürgerinnen und Bürger Europas mit Nachdruck gefördert wird, Vertrauen und wechselseitige Wertschätzung wachsen, die Voraussetzung für ernsthaften Entwicklungswillen auf der einen Seite und wirksamer Solidarität auf der anderen, – das Herzstück aller Friedensprojekte weltweit. Erneut gilt es die Spur Jesu aufzunehmen in einer Zeit, in der wieder ein dumpfer Nationalismus heraufzieht, aber bereits einen Dämpfer bekommen hat. In der das Gespenst einer Islamisierung Europas umgeht, während die Versteppung der kirchlichen Landschaft andauert, sich aber an den Quellen neues Leben regt, vertieftes Leben. In einer Zeit, in der die sozialen Medien oft genug zu asozialen Medien werden, wenn sie Falschnachrichten verbreiten oder Menschen kaputt machen.
Angesichts der zunehmenden Vermarktung aller Lebensbereiche tut sich ein Sinnvakuum auf, in das blinder Wachstumsglaube und Sicherheitswahn Einzug halten; aber auch religiöse oder quasi-religiöse Orientierungen, die nicht orientieren, sondern in eine Sackgasse führen, wenn sie zum Beispiel mit der Zugehörigkeit zum Islamischen Staat Sinn versprechen, die Irregeleiteten aber früher oder später sich selbst überlassen.

Vor diesem Hintergrund steht die österliche Botschaft, dass Gott Jesus Recht gegeben hat, seiner Botschaft und seinem Weg bis zur Hingabe am Kreuz den Stempel des Endgültigen aufgedrückt hat. Er ist auferstanden in die Lebensfülle Gottes und in die Herzen derer, die an ihn glauben und ihm folgen. Grund genug, die Geschichte in eine Zeit vor und nach Christus einzuteilen. Letztere ist als „Endzeit" zu begreifen ist, weil mit der Botschaft und dem Weg Jesu bereits Endgültiges geschehen ist, was wir an Ostern dankbar feiern: Gott hat sich in Jesus von Nazaret endgültig zu erkennen gegeben. Er kommt demnach in unserer Welt menschlich vor oder gar nicht. Jesus ist der Neue Adam, letzte Menschenmöglichkeit, auf die hin auch wir uns entfalten dürfen. Er ist der Durchbruch im Horizont der Geschichte, Beginn der neuen Schöpfung, Zugang zum verheißenen endzeitlichen Schalom.

„Was sucht ihr den Lebenden bei den Toten?"
Er geht euch voraus nach Galiläa,
in das Gebiet der Dekapolis diesseits und jenseits des Jordan, sein bevorzugtes Wirkungsfeld, mit einer jüdischen Minderheit. Wo sich über Jahrhunderte Traditionen vermischt hatten, ein heidnischer Lebensstil mit Dämonenglauben einherging. Wo Menschen ihm in Scharen gefolgt waren wie Schafe, die keinen Hirten haben, empfänglich für seine Botschaft und seine Lebens-Zeichen.
Uns voraus in die Mischkultur diesseits und jenseits des Rheins und aller Ströme dieser Welt. Hinein in die geistigen Strömungen und Wertorientierungen unserer Zeit unter der Frage, wozu das Leben gut ist und was das Leben gut macht. Uns voraus als das Licht, das die dunklen Winkel ausleuchtet und den Weg weist, auf dem Gerechtigkeit und Frieden eine Chance bekommen, Menschen zu Mitmenschen werden, über alle Kulturgräben hinweg.

Er geht euch voraus nach Galiläa,
an den See, wo die Seinen nach vergeblicher Mühe auf sein Wort hin noch einmal hinausfahren und mit vollen Netzen zurückkommen, am helllichten Tag.
Uns voraus in die pastoralen Felder zwischen Westerwald und französischer Grenze, wo vergeblicher Einsatz oft nur schwer zu ertragen ist. Voraus auch zu den politisch Verantwortlichen, die sich oft über Jahre mit großem persönlichen Einsatz um die Lösung von Konflikten mühen,

ohne Erfolg, zum Beispiel im Nahen Osten und Osteuropa, und unsere Unterstützung brauchen. Wenn Jesus, der Christus Recht bekommen hat, unser Friede ist (Eph 2,14), dann wird er auch in Zukunft Recht behalten, während die Machtsüchtigen und Habsüchtigen an sich selbst scheitern werden, was die Geschichte belegt. Uns voraus auch dorthin, wo Länder in der Unterentwicklung verharren, und die fast leeren Töpfe und Teller zur Fluchtursache werden, vor allem in Afrika.

Er geht euch voraus nach Galiläa,
wo er den Mann mit der verdorrter Hand aus dem toten Winkel einer Synagoge herausgeholt und in die Mitte gestellt hatte, weil der Mensch als Geschöpf Gottes niemals zur Randexistenz werden darf, übersehen, überhört und übergangen.
Uns voraus zu denen, die zu reinen Marktteilnehmern verkommen sind, deren Leben abstirbt, weil Lebensfreude nicht durch Geld, Gaudi und Konsum ersetzt werden kann. Heißt also auch heute: den Menschen in die Mitte stellen, hellhörig für das, was ihn bewegt oder lähmt, was ihm Mut macht oder ihm die Kraft nimmt. Es ist der Weg der Kirche, des endzeitlichen Gottesvolkes.

Er geht euch voraus nach Galiläa,
dorthin, wo er immer wieder die Einsamkeit suchte, um mit dem Vater Zwiesprache zu halten, um Klarheit zu gewinnen über seinen Weg und seine Botschaft, bereit, Seinen Willen zu tun und dabei bis zum Äußersten zu gehen.
Uns voraus dorthin, wo wir zur Ruhe kommen und unser Leben mit den Augen Jesu anschauen können. Voraus in die Kindertagesstätten, die Schulen und Gemeindezentren, wo in Zeiten der Dauerbeschallung Räume der Stille zu eröffnen sind: Horchräume, in denen der Anruf Gottes und seine liebende Zusage ebenso ankommen können wie der lautlose Hilferuf so vieler Menschen, auch ganz in der Nähe. Wo Brunnenstuben einzurichten sind, die dazu einladen, dem Leben und dem Glauben auf den Grund zu gehen. Räume dankbarer Resonanz im Lobpreis Gottes. Uns voraus in jene Felder, in denen zu säen ist, was einmal in erfüllter Existenz Frucht tragen soll.

Er geht euch voraus nach Galiläa,
dorthin, wo einmal ein Sturm tobte, hohe Wellen ins Boot schlugen und die Jünger schrien: „Herr, rette uns, wir gehen zugrunde“ und zur Antwort bekamen: „Warum habt ihr solche Angst, ihr Kleingläubigen.“ Das Echo ist bis heute zu hören.
Uns voraus dorthin, wo heute Menschen das Wasser bis zum Hals steht, auf sinkenden Booten und vor neuen Mauern, in unlösbaren Konflikten und bei schwerer Krankheit. Uns voraus, wenn es gilt, Menschen anderer Hautfarbe, anderer Nationalität, Sprache und Religion auf Augenhöhe zu begegnen, den Ursachen des „Weltbebens“ auf den Grund zu gehen in dem Vertrauen, dass ER mit uns im Boot ist.

Er geht euch voraus nach Galiläa,
wo er bereits auf seinem irdischen Weg in österliches Licht getaucht war, verwandelt. Hinweis darauf, dass der einzelne Mensch wie die Erde als ganze auf Verwandlung angelegt ist.
Uns voraus dorthin, wo immer wieder in seinem Geist Angst in Vertrauen und Trauer in Freude verwandelt werden. Wo bereits heute Ordensfrauen und Ordensmänner, die ihr Leben Gott geweiht haben, österliche Freude und Gelassenheit ausstrahlen. Und dorthin, wo Menschen dem Gesetz des Weizenkorns folgend sich im Dienst an Hilfebedürftigen „aufzehren“ und dabei ihres Lebens froh werden.

Uns voraus. – Das Ziel der Geschichte ist nicht die Globalisierung der Märkte, nicht die perfekte weltweite mediale Vernetzung, nicht die Umma als Weltgemeinschaft der Muslime, sondern „der Neue Himmel und die Neue Erde, in denen Gerechtigkeit wohnt.“ Weil Jesus, der Christus das A und O der Geschichte ist, der als der Auferweckte auch heute Menschen zum Leben erweckt, sie aufleben und aufblühen lässt. Grund für österlichen Jubel.

Ostern Tag

Evangelium Joh 20,1–9

1 Am ersten Tag der Woche kam Maria von Mágdala frühmorgens, als es noch dunkel war, zum Grab und sah, dass der Stein vom Grab weggenommen war. 2 Da lief sie schnell zu Simon Petrus und dem anderen Jünger, den Jesus liebte, und sagte zu ihnen: Sie haben den Herrn aus dem Grab weggenommen und wir wissen nicht, wohin sie ihn gelegt haben. 3 Da gingen Petrus und der andere Jünger hinaus und kamen zum Grab; 4 sie liefen beide zusammen, aber weil der andere Jünger schneller war als Petrus, kam er als Erster ans Grab. 5 Er beugte sich vor und sah die Leinenbinden liegen, ging jedoch nicht hinein. 6 Da kam auch Simon Petrus, der ihm gefolgt war, und ging in das Grab hinein. Er sah die Leinenbinden liegen 7 und das Schweißtuch, das auf dem Haupt Jesu gelegen hatte; es lag aber nicht bei den Leinenbinden, sondern zusammengebunden daneben an einer besonderen Stelle. 8 Da ging auch der andere Jünger, der als Erster an das Grab gekommen war, hinein; er sah und glaubte. 9 Denn sie hatten noch nicht die Schrift verstanden, dass er von den Toten auferstehen müsse.

In den Osterspuren weitergehen

Im Credo bekennen wir mit Blick auf Jesus: „Gelitten unter Pontius Pilatus, gekreuzigt, gestorben und begraben. Hinabgestiegen in das Reich des Todes, am dritten Tage auferstanden von den Toten.“

Das Erste ist zu fassen, das andere nicht, nicht so handgreiflich zu fassen wie das Kreuz, an dem Jesus auf Golgota hingerichtet wurde. Aber auch dies ist unfassbar, dass ein Unschuldiger die grausamste Hinrichtungsart erleidet: Tod am Kreuz durch Ersticken.
Ich kann verstehen, dass die Jünger zunächst die Flucht ergriffen haben. Aber dann geschieht es, dass denen, die ihn suchten, gesagt wird: Was sucht ihr den Lebenden bei den Toten? Er geht euch voraus nach Galiläa.

Ich war in den letzten 30 Jahren während der Osterferien in der Regel mit einer Gruppe unterwegs in der Exodusspur im Sinai und in Israel. Immer habe ich es so eingerichtet, dass wir aus der Wüste kommend an der Schwelle zum Kulturland bei Sonnenaufgang die Auferstehung Jesu gefeiert haben. Und wenn es dann im Evangelium hieß: Der Auferstandene geht euch voraus nach Galiläa, dann war klar: Ihm nach. Immer wieder ging am Ostersonntag der Weg am Toten Meer entlang durch den Jordangraben hinauf nach Galiläa, wo alles angefangen hatte.

Darum lade ich Sie heute am Osterfest für ein paar Minuten ein, mir nach Galiläa zu folgen, damit auch Ostern für uns fassbar wird, die Osterbotschaft Hand und Fuß bekommt. Denn wenn dem nicht so ist, dann ist unser Glaube leer, wie Paulus zu Recht sagt.
Einen Zugang zum Osterglauben gibt es nur, wenn wir erneut die Spur Jesu in Galiläa aufnehmen, **hinhören,** was er gesagt hat und was schon sehr früh zum Konflikt führte, **hinsehen,** was in seiner Nähe, unter seiner Hand geschehen ist, **die Welt erkunden,** in der Jesus aufgewachsen ist und **die Frommen** im Land **anschauen,** die an ihm Anstoß nehmen.

Ich höre Jesus sagen: Das Reich Gottes, Gerechtigkeit und Frieden in der Welt stellen sich nicht über Nacht ein. Sie brauchen einen Nährboden, auf dem sie sich entwickeln können, wachsen können vor und hinter unserer Haustür und weltweit. Er verdeutlicht dies in seinen Wachstumsgleichnissen vom Senfkorn, vom Sauerteig und von der selbst-wachsenden Saat.
Und ich höre ihn sagen: Wer immer noch meint, er müsse sich den Himmel verdienen, hat meine Botschaft nicht verstanden. Der Himmel ist gratis. Wann immer wir Gottes geschenktes Entgegenkommen annehmen, gewinnen wir eine unglaubliche Freiheit, eine, die zum Entgegenkommen befähigt über alle Grenzen der Hautfarbe, der Sprache und der Religion

hinweg. Das hat die braune Zunft mit ihren religiösen Sprüchen in unserem Land immer noch nicht verstanden.
Und ich höre, wie er den blinden Bartimäus zu sich ruft und zu ihm sagt: Was kann ich für dich tun? Antwort: Ich möchte sehen können. Und wie er Zachäus vom Baum holt und zu ihm sagt: „Heute will ich bei dir zu Gast sein." Jesus zu Gast bei einem Zöllner. Die Jünger halten den Atem an.

Und wir sehen, wenn wir erneut seine Spur in Galiläa aufnehmen, ganz neu, was unter seiner Hand geschehen ist: wie er denen eine neue Lebensperspektive eröffnet, denen bereits das Hören und das Sehen vergangen ist, und wie er Aussätzige, wie auch immer aussätzig, aus ihrer Isolation befreit. Und wir sehen und hören ganz neu, was geschieht, als man ihm in Karfanaum einen Gelähmten vor die Füße legt, wie er ihn aufrichtet mit den Worten: Deine Sünden sind dir vergeben. Heilung, die im Innersten ansetzt, darum wirksam und nachhaltig ist.

Was sucht ihr den Lebenden bei den Toten? Er geht euch voraus nach Galiläa. Wer dort keine Osterspuren entdeckt, der geht, was seinen Glauben betrifft, leer aus.
Ostern ist die endgültige Bestätigung für das, was Jesus auf seinem Weg gewirkt und in Treue durchgehalten hat bis in den Tod, gegen alle Widerstände.
So wird das Kreuz auf Golgota zum Lebensbaum, zum Zeichen einer Liebe und Hingabe, die keine Grenzen kennt und niemand vom Leben ausschließt. Das besagt auch der Satz im Glaubensbekenntnis: " Hinabgestiegen in das Reich des Todes."
Dahinter steht die Dreistock-Vorstellung der hebräischen Bibel : Himmel-Erde-Unterwelt. Letztere wird als Totenreich gedacht. Wenn Jesus aber für alle Menschen gelebt hat und gestorben ist, dann muss er auch allen, die vor ihm gelebt haben, das Tor des Totenreiches öffnen, sie mitnehmen in die Welt des grenzenlos liebenden, barmherzigen Gottes.

Das ist es, was wir voll Freude an Ostern feiern, was wir besingen und zeichenhaft darstellen. Es ist und bleibt der Grund unserer Hoffnung, dass unsere Welt und auch wir selbst auf Verwandlung angelegt sind, dass uns in Jesus, dem Christus letzte Menschenmöglichkeit eröffnet ist, auf die hin wir uns entfalten dürfen.

Folgen Sie mir nun noch kurz in die Grabeskirche nach Jerusalem. Dort habe ich vor ein paar Jahren am Karsamstag der orthodoxen Kirche miterlebt, wie schwarz gekleidete Männer, orthodoxe Mönche, den Grabbau in der Kirche umschritten und dabei mit einem Stock auf den Boden stampften. Die Grabkammer verschlossen, der Zugang bewacht, wie es auch in der Bibel steht.
Plötzlich geschieht Folgendes. Aus der Grabkammer reicht jemand durch ein Luftloch eine brennende Fackel. Vier junge Männer nehmen das Feuer auf und bringen es in einem Wettlauf über Treppen und Galerien bis unter die Kuppel. Sie halten ihre brennenden Fackeln über die unten wartende Menge und rufen: Christos anesti! Christus ist auferstanden. Die Antwort von unten: Ja, er ist wahrhaft auferstanden. Dann ein unvorstellbarer Jubel. Die Leute entzünden mitgebrachte Kerzenbündel am Osterlicht und verlassen eilig die Grabeskirche, besser gesagt, die Auferstehungskirche. Ein wahres Lauffeuer verbreitet sich in den engen Gassen der Altstadt. Ostern beginnt mit dem Osterlicht, das besonders hell erstrahlt an einem Ort, der seit Jahrhunderten so viel Armut und Gewalt gesehen hat.

Die Osterkerze der Leute besteht aus einem Bündel von 33 dünnen Kerzen, die wie eine Fackel aufflammen. Will sagen: Alles, was im Leben Jesu, am Weg Jesu, in seiner Spur an Licht aufgestrahlt ist, verdichtet sich im Osterlicht. Alles, was sich oben in Galiläa am Weg Jesu an Heilung, an Versöhnung, an Wiederbelebung ereignet hat, verdichtet sich in der österlichen Botschaft: Jesus lebt. Er ist auferstanden in die Lebensfülle Gottes Und er ist auferstanden in die Herzen derer, die sein gnädiges Entgegenkommen annehmen und weitergeben. Er lebt in denen, die ihren Kindern österliches Feuer weitergeben, Hoffnung, die trägt und bewegt. Er lebt in denen, die sich ihr Willkommen gegenüber Flüchtlingen und Fremden von niemand ausreden lassen und weiterhin für sie da sind.

Ostern ereignet sich, wenn wir erneut die Spur Jesu aufnehmen, seine befreiende und entlastende Botschaft weitersagen, und denen Entlastung bringen, die schwer zu tragen haben, vor und hinter unserer Haustür. In diesem Sinne wünsche ich Ihnen und Ihren Lieben noch einmal ein frohes, belebendes Osterfest.

Ostermontag

Evangelium Lk 24,13–35

13 Am ersten Tag der Woche waren zwei von den Jüngern Jesu auf dem Weg in ein Dorf namens Emmaus, das sechzig Stadien von Jerusalem entfernt ist. 14 Sie sprachen miteinander über all das, was sich ereignet hatte. 15 Und es geschah: Während sie redeten und ihre Gedanken austauschten, kam Jesus selbst hinzu und ging mit ihnen. 16 Doch ihre Augen waren gehalten, sodass sie ihn nicht erkannten. 17 Er fragte sie: Was sind das für Dinge, über die ihr auf eurem Weg miteinander redet? Da blieben sie traurig stehen 18 und der eine von ihnen – er hieß Kléopas – antwortete ihm: Bist du so fremd in Jerusalem, dass du als Einziger nicht weißt, was in diesen Tagen dort geschehen ist?
19 Er fragte sie: Was denn? Sie antworteten ihm: Das mit Jesus aus Nazaret. Er war ein Prophet, mächtig in Tat und Wort vor Gott und dem ganzen Volk. 20 Doch unsere Hohepriester und Führer haben ihn zum Tod verurteilen und ans Kreuz schlagen lassen. 21 Wir aber hatten gehofft, dass er der sei, der Israel erlösen werde. Und dazu ist heute schon der dritte Tag, seitdem das alles geschehen ist. 22 Doch auch einige Frauen aus unserem Kreis haben uns in große Aufregung versetzt. Sie waren in der Frühe beim Grab, 23 fanden aber seinen Leichnam nicht. Als sie zurückkamen, erzählten sie, es seien ihnen Engel erschienen und hätten gesagt, er lebe. 24 Einige von uns gingen dann zum Grab und fanden alles so, wie die Frauen gesagt hatten; ihn selbst aber sahen sie nicht. 25 Da sagte er zu ihnen: Ihr Unverständigen, deren Herz zu träge ist, um alles zu glauben, was

die Propheten gesagt haben. 26 Musste nicht der Christus das erleiden und so in seine Herrlichkeit gelangen? 27 Und er legte ihnen dar, ausgehend von Mose und allen Propheten, was in der gesamten Schrift über ihn geschrieben steht. 28 So erreichten sie das Dorf, zu dem sie unterwegs waren. Jesus tat, als wolle er weitergehen, 29 aber sie drängten ihn und sagten: Bleibe bei uns; denn es wird Abend, der Tag hat sich schon geneigt! Da ging er mit hinein, um bei ihnen zu bleiben. 30 Und es geschah: Als er mit ihnen bei Tisch war, nahm er das Brot, sprach den Lobpreis, brach es und gab es ihnen. 31 Da wurden ihre Augen aufgetan und sie erkannten ihn; und er entschwand ihren Blicken. 32 Und sie sagten zueinander: Brannte nicht unser Herz in uns, als er unterwegs mit uns redete und uns den Sinn der Schriften eröffnete? 33 Noch in derselben Stunde brachen sie auf und kehrten nach Jerusalem zurück und sie fanden die Elf und die mit ihnen versammelt waren. 34 Diese sagten: Der Herr ist wirklich auferstanden und ist dem Simon erschienen. 35 Da erzählten auch sie, was sie unterwegs erlebt und wie sie ihn erkannt hatten, als er das Brot brach.

Er gibt sich zu erkennen

Ich habe ein Bild vor Augen, einen Holzschnitt des Künstlers Karl Schmidt-Rottluff. Darauf die beiden Emmausjünger, die buchstäblich am Stock gehen, verstört, tief gebeugt.
In ihrer Mitte eine aufrechte Gestalt mit Fernblick und erhobener rechter Hand. Sie wird sich erst auf dem weiteren Weg und am Ziel Emmaus zu erkennen geben.
Am Wegrand bizarre, scharfkantige Gebilde. Es sollen wohl Bäume sein entlang des Weges, den die beiden bereits gegangen sind, weg vom Ort des Grauens. Und ich höre ihre Klage: Und wir hatten gehofft, dass er es sei, der Israel erlösen werde. Er, dem wir gefolgt sind, er, mit dessen Botschaft und Lebenszeugnis etwas ganz Neues begonnen hat, in dessen

Nähe Menschen aufatmen, aufstehen und aufblühen konnten, in dessen Nähe Menschen zu neuem Leben erweckt wurden.
Den haben nun die religiösen und politischen Autoritäten verurteilt und ans Kreuz schlagen lassen, weil er ihnen nicht in ihr Konzept passte. Wie kann man schon denken wie er, so glauben wie er, so reden und handeln wie er? Die beiden Männer, die ihre ganze Hoffnung auf Jesus gesetzt hatten, stehen vor dem Nichts, trostlos und hoffnungslos.

Wie der Fremde in ihrer Mitte darauf reagiert, haben wir eben gehört: „Musste nicht der Messias all das erleiden, um so in seine Herrlichkeit zu gelangen?“ Musste er das wirklich, frage ich mich schon seit vielen Jahren? Im Hintergrund dieser Aussage steht die Gestalt des „leidenden Gottesknechtes“ beim Propheten Jesaja, von dem es heißt, dass er wie ein Lamm zur Schlachtbank geführt wurde, obwohl er kein Unrecht getan hat und kein trügerisches Wort in seinem Mund war. An dem aber der Herr, der Gott Jahwe, „Gefallen gefunden hat“, ihn sozusagen rehabilitiert hat. „Nachdem er vieles ertrug, erblickte er das Licht“, heißt es. Ein Vorzeichen für die Osterbotschaft im Neuen Testament. Und auch das haben wir Christen vom Propheten Jesaja übernommen, der sagt: „Mein Knecht, der Gerechte, macht die Vielen gerecht; er lädt ihre Schuld auf sich.“
Das ist gemeint, wenn der Fremde in unserem Evangelium daran erinnert, was alles nach der Schrift auf den gewaltsamen Tod Jesu und seine Auferstehung hingedeutet hat.

Dennoch bleibt mir die Frage: Musste der Messias, musste Jesus wirklich all das erleiden, um so in seine Herrlichkeit zu gelangen? Musste er wirklich den Weg des Leidens gehen, um der Messias zu sein, der eine neue Ära eröffnet? Ist Jesus nicht schon durch seine neue Art von Gott zu reden, von Gottes grenzenloser Barmherzigkeit, und wie er sie gelebt hat, zum A und O der Geschichte geworden? Wäre das nicht schon genug gewesen?

Treten wir heute nicht deshalb weltweit auf der Stelle, weil wir das Neue, das Jesus gebracht hat, nicht wahrhaben wollen, Machterhalt um jeden Preis die Devise ist? Wir reden nicht mehr so vollmundig vom Fortschritt wie früher, weil die Sicherung des Wohlstandes auf weiten Strecken das A und O des politischen Handelns ist, auch auf Kosten anderer. Darum bleibt es dabei: Jesu Tod am Kreuz, das Zeichen letzter Hingabe, ist unsere Hoff-

nung, das A und O unseres eigenen Weges wie der gesamten Geschichte.
Der Konflikt um Jesus setzt bereits am Anfang des Evangeliums ein, als er einen Gelähmten aufrichtet, indem er zu ihm sagt „Deine Sünden sind dir vergeben". Heilung, Wiederbelebung von innen her. Helles Entsetzen bei den Schriftgelehrten. Eine Gotteslästerung, sagen sie. Sünden vergeben kann nur er. Und sie denken bereits darüber nach, wie sie ihn aus dem Weg räumen können. Was Jesus sagt und tut, steht von Anfang an im Widerspruch zur überkommenen Theologie und religiösen Tradition.
Dass er der Botschaft von Gottes unbedingtem Entgegenkommen treu geblieben ist bis in den Tod und dieses Entgegenkommen lebte, würde also als Inhalt der Osterbotschaft bereits reichen. Darin ist er und bleibt er das Licht der Welt, der Weg, die Wahrheit und das Leben für unseren persönlichen Weg und zugleich das Alpha und Omega der gesamten Geschichte, was die Osterkerze in ihren Symbolen so eindrucksvoll vermittelt.

Zurück zum Bild der Emmausjünger auf dem Weg und dem, der ihnen aufhilft und sich Schritt um Schritt und dann beim gemeinsamen Mahl zu erkennen gibt in der Art, wie er Dank sagt und das Brot mit ihnen bricht. Das müssen sie umgehend weitersagen. Es heißt: „Noch in derselben Stunde brachen sie auf und kehrten nach Jerusalem zurück", wo die Elf und die anderen Jünger versammelt waren, vereint in der Überzeugung und dem Glauben: „Der Herr ist wirklich auferstanden". Er lebt.
Auch wir schließen uns dankbar dieser Botschaft an, weil auch wir hin und wieder am Stock gehen und es auch an unserem Weg scharfkantige Gebilde gibt, Dinge, die wehtun, Enttäuschungen und Verletzungen aller Art. Wie bei den Emmausjüngern heißt es dann auch für uns: zunächst Distanz gewinnen, ohne vor uns selbst davonzulaufen. Dann gilt es, den bewusst in unsere Mitte zu nehmen, der uns aufhelfen kann, der uns den Sinn dessen erschließen hilft, was geschehen ist, zum Beispiel bei einem Schicksalsschlag oder dem Tod eines geliebten Menschen. Was nicht erschlossen wird, bringt den Menschen buchstäblich ums Leben. Der Glaube aber belebt.
Und hier ist der Ort, wo dies immer wieder geschehen kann. Das Emmausevangelium spiegelt das, was auch jetzt in dieser Stunde hier geschieht: Erschließung der wegweisenden Botschaft im Wortgottesdienst und eucharistisches Mahl, bei dem der auferstandene Herr der Gastgeber und die Speise ist.

Holzschnitt zum Gang nach Emmaus

Zweiter Sonntag der Osterzeit

Erste Lesung Apg 5,12–16

12 Durch die Hände der Apostel geschahen viele Zeichen und Wunder im Volk. Alle kamen einmütig in der Halle Sálomos zusammen. 13 Von den Übrigen wagte niemand, sich ihnen anzuschließen; aber das Volk schätzte sie hoch. 14 Immer mehr wurden im Glauben zum Herrn geführt, Scharen von Männern und Frauen. 15 Selbst die Kranken trug man auf die Straßen hinaus und legte sie auf Betten und Liegen, damit, wenn Petrus vorüberkam, wenigstens sein Schatten auf einen von ihnen fiel. 16 Auch aus den Städten rings um Jerusalem strömten die Leute zusammen und brachten Kranke und von unreinen Geistern Geplagte mit. Und alle wurden geheilt.

Ein Herz und eine Seele
Die Lesungen aus der Apostelgeschichte wurden an den beiden Ostertagen mit Reden des Petrus eröffnet. Die heutige Lesung gibt Einblick in das Leben der Jerusalemer Gemeinde, ein Ort wunderbarer Zuwendung im Geiste Jesu. Die Apostelgeschichte nimmt damit die Spur Jesu auf, wie sie uns u.a. der Evangelist Lukas vermittelt, der auch Autor der Apostelgeschichte ist. So wie im Evangelium die Jünger ausgesandt werden, die Botschaft von Gottes Entgegenkommen zu verkünden, zu heilen und die Dämonen zu entmachten, so bringt die frühe Gemeinde Heilung und Entlastung. Es entsteht ein Milieu, in dem Menschen aufatmen, aufstehen und aufblühen. Einmütig kommen sie zusammen, sind ein Herz und eine Seele, heißt es, von anderen hoch geschätzt. Die Reden kommen nur an, wenn die Glaubenden beieinander ankommen, Gottes Entgegenkommen mit Entgegenkommen beantworten. Mit der Menschwerdung Gottes in Jesus Christus steht ein für allemal fest:
Entweder kommt Gott in dieser Welt menschlich vor oder gar nicht. Christliche Gemeinde/Gemeinschaft, ein Milieu, das heilt und Halt gibt, offen für alle, die kommen oder herbei getragen werden.

Zweite Lesung Offb 1,9–11a.12–13.17–19

9 Ich, Johannes, euer Bruder und Gefährte in der Bedrängnis, in der Königs-
herrschaft und im standhaften Ausharren in Jesus, war auf der Insel, die
Patmos heißt, um des Wortes Gottes willen und des Zeugnisses für Jesus. 10
Am Tag des Herrn wurde ich vom Geist ergriffen und hörte hinter mir eine
Stimme, laut wie eine Posaune. 11a Sie sprach: Schreib das, was du siehst, in
ein Buch und schick es an die sieben Gemeinden in Kleinasien. 12 Da wandte
ich mich um, weil ich die Stimme erblicken wollte, die zu mir sprach. Als ich
mich umwandte, sah ich sieben goldene Leuchter 13 und mitten unter den
Leuchtern einen gleich einem Menschensohn; er war bekleidet mit einem Ge-
wand bis auf die Füße und um die Brust trug er einen Gürtel aus Gold. 17 Als
ich ihn sah, fiel ich wie tot vor seinen Füßen nieder. Er aber legte seine rechte
Hand auf mich und sagte: Fürchte dich nicht! Ich bin der Erste und der Letzte
18 und der Lebendige. Ich war tot, doch siehe, ich lebe in alle Ewigkeit und
ich habe die Schlüssel zum Tod und zur Unterwelt. 19 Schreib auf, was du
gesehen hast: was ist und was danach geschehen wird.

Entscheidung dauert an

Die frühe Kirche gerät zur Zeit des römischen Kaisers Domitian (81-96 n. Chr.) unter Druck.

„Dominus et Deus“ (Herr und Gott) will er genannt werden. Für Christen unannehmbar, die nur Jesus, den Christus als ihren Herrn (Kyrios) anerkennen. Wer aber den Götter- und Kaiserkult verweigert, muss mit Nachteilen, ja sogar mit Verfolgung rechnen. Wie viel Staatsreligion und Teilnahme an Festen und Kultmählern darf es denn noch sein, ohne damit den christlichen Glauben zu verraten? Es kommt zu heftigen Auseinandersetzungen, denen ein Wanderprediger namens Johannes auf die Insel Patmos (vor der Westküste der Türkei) ausweicht. Dort wird er zum Propheten beauftragt. Er soll aufschreiben, was Gott ihn durch Christus sehen lässt, „was ist und was danach geschehen wird.“ Es entsteht nach Worten der Anerkennung, der Kritik und des Trostes auf die Zukunft hin ein „Bilderbuch“, das einen Entscheidungskampf zur Sprache bringt, in dem Gott das letzte Wort behalten wird. Es ist ein eindringlicher Appell, dem Glauben treu zu bleiben, dem Anpassungsdruck von außen und von innen nicht nachzugeben. Denn in Jesus, dem Christus ist das Ziel der Geschichte bereits ansichtig geworden.

Dritter Sonntag der Osterzeit

Erste Lesung Apg 5,12–16

In jenen Tagen 27 führte man die Apostel herbei und stellte sie vor den Hohen Rat. Der Hohepriester verhörte sie 28 und sagte: Wir haben euch streng verboten, in diesem Namen zu lehren; und siehe, ihr habt Jerusalem mit eurer Lehre erfüllt; ihr wollt das Blut dieses Menschen über uns bringen. 29 Petrus und die Apostel antworteten: Man muss Gott mehr gehorchen als den Menschen. 30 Der Gott unserer Väter hat Jesus auferweckt, den ihr ans Holz gehängt und ermordet habt. 31 Ihn hat Gott als Anführer und Retter an seine rechte Seite erhoben, um Israel die Umkehr und Vergebung der Sünden zu schenken. 32 Zeugen dieser Ereignisse sind wir und der Heilige Geist, den Gott allen verliehen hat, die ihm gehorchen. 40bc Darauf ließen sie die Apostel auspeitschen; dann verboten sie ihnen, im Namen Jesu zu predigen, und ließen sie frei. 41 Die Apostel aber gingen weg vom Hohen Rat und freuten sich, dass sie gewürdigt worden waren, für seinen Namen Schmach zu erleiden.

Der Wahrheit verpflichtet

Erneut wird der Zusammenhang zwischen den Evangelien und der Apostelgeschichte deutlich. Schon sehr früh entzündet sich der Konflikt zwischen Jesus und den religiösen Autoritäten seiner Zeit daran, dass Jesus anders von Gott redet als sie, dass er den Menschen über das Gesetz stellt, sich mit Zöllnern und Sündern an einen Tisch setzt und vollmächtig Vergebung zusagt. Schon sehr früh beraten sie darüber, ihn aus dem Weg zu räumen.

Und dies erleben auch die Apostel, die freimütig bezeugen, dass Gott Jesus in all dem Recht gegeben hat, ihn von den Toten auferweckt hat. Die Hohenpriester, die an der Hinrichtung Jesu beteiligt waren, sehen sich ins Unrecht gesetzt und fürchten für sich Konsequenzen.

Darum verbieten sie den Aposteln, im Namen Jesu zu predigen. Was sich aber auch bereits abzeichnet ist die Tatsache, dass dem zeitgenössischen Judentum mit der geisterfüllten jungen Kirche eine Konkurrenz erwächst, die schließlich zu einer fast zweitausendjährigen Entfremdung zwischen Juden und Christen geführt hat. Aber wer könnte den Aposteln verbieten, das zu sagen und zu tun, was den Menschen in seiner Größe und in seiner Bedürftigkeit ernst nimmt.

Zweite Lesung Offb 5,11–14

11 Ich, Johannes, sah und ich hörte die Stimme von vielen Engeln rings um den Thron und um die Lebewesen und die Ältesten; die Zahl der Engel war zehntausend mal zehntausend und tausend mal tausend. 12 Sie riefen mit lauter Stimme: Würdig ist das Lamm, das geschlachtet ist, Macht zu empfangen, Reichtum und Weisheit, Kraft und Ehre, Lob und Herrlichkeit. 13 Und alle Geschöpfe im Himmel und auf der Erde, unter der Erde und auf dem Meer, alles, was darin ist, hörte ich sprechen: Ihm, der auf dem Thron sitzt, und dem Lamm gebühren Lob und Ehre und Herrlichkeit und Kraft in alle Ewigkeit. 14 Und die vier Lebewesen sprachen: Amen. Und die vierundzwanzig Ältesten fielen nieder und beteten an.

Hoffnung in der Bedrängnis

In einer weiteren Vision erhält der Seher von Patmos Einblick in den himmlischen Thronsaal.

Auch hier bedeutungsvolle Bilder und Symbole, die das Unsagbare zum Ausdruck bringen wollen. Auf dem Thron sitzt der Herr des Himmels und der Erde, umgeben von vierundzwanzig Ältesten, die, wie am Ende des Buches der Offenbarung, für die zwölf Stämme Israels und die zwölf Apostel stehen. Umgeben ist der Thron ferner von vier Lebewesen, die für die gesamte Schöpfung stehen, und von zahllosen Engeln, einem himmlischen Hofstaat gleich. Unter den Ältesten sieht der Seher Johannes ein Lamm, „das wie geschlachtet aussieht“. Miteinander huldigen sie dem, der auf dem Thron sitzt und dem Lamm. Im Zentrum der himmlischen Liturgie wie im Zentrum der irdischen Heils- und Unheilsgeschichte steht also der, der sein Leben hingegeben hat für die alle. Alternativlos ist ER das A und O der Geschichte, der Hoffnungsanker in Zeiten der Bedrängnis und im Angesicht des Todes, damals wie heute. Erlösung im christlichen Sinne durch Tod und Auferweckung Jesu wird gedacht und geglaubt in Anlehnung an den leidenden Gottesknecht (Jes 53), der wie ein Lamm alle Last auf sich genommen und dessen Hingabe Gott angenommen hat.

Vierter Sonntag der Osterzeit

Erste Lesung Apg 13,14.43b–52

In jenen Tagen 14 wanderten Paulus und Bárnabas von Perge weiter und kamen nach Antióchia in Pisídien. Dort gingen sie am Sabbat in die Synagoge und setzten sich. 43b Es schlossen sich viele Juden und fromme Proselýten Paulus und Bárnabas an. Diese redeten ihnen zu und ermahnten sie, der Gnade Gottes treu zu bleiben. 44 Am folgenden Sabbat versammelte sich fast die ganze Stadt, um das Wort des Herrn zu hören. 45 Als die Juden die Scharen sahen, wurden sie eifersüchtig, widersprachen den Worten des Paulus und stießen Lästerungen aus. 46 Paulus und Bárnabas aber erklärten freimütig: Euch musste das Wort Gottes zuerst verkündet werden. Da ihr es aber zurückstoßt und euch selbst des ewigen Lebens für unwürdig erachtet, siehe, so wenden wir uns jetzt an die Heiden. 47 Denn so hat uns der Herr aufgetragen: Ich habe dich zum Licht für die Völker gemacht, bis an das Ende der Erde sollst du das Heil sein. 48 Als die Heiden das hörten, freuten sie sich und priesen das Wort des Herrn; und alle wurden gläubig, die für das ewige Leben bestimmt waren. 49 Das Wort des Herrn aber verbreitete sich in der ganzen Gegend. 50 Die Juden jedoch hetzten die vornehmen gottesfürchtigen Frauen und die Ersten der Stadt auf, veranlassten eine Verfolgung gegen Paulus und Bárnabas und vertrieben sie aus ihrem Gebiet. 51 Diese aber schüttelten gegen sie den Staub von ihren Füßen und zogen nach Ikónion. 52 Und die Jünger wurden mit Freude und Heiligem Geist erfüllt.

Der neue Weg

Wir schreiben das Jahr 45 n. Chr. und begleiten Paulus auf seiner ersten Missionsreise von Antiochia in Syrien über Zypern nach Antiochia in Pisidien (heutige Türkei).Unaufhaltsam verbreitet sich die Botschaft vom „Neuen Weg“, der Jesus Christus selbst ist. Die folgenden Stationen lassen die Gesamtkonzeption der Apostelgeschichte erkennen. Es geht um eine Bewegung, die in Jerusalem einsetzt und auf die Metropole Rom zielt, wo schließlich das Missionswerk von Petrus und Paulus besiegelt wird. Gleichzeitig vollzieht sich die Öffnung für die Heiden hin, wobei das Judentum mehr und mehr in den Hintergrund gerät, obwohl Paulus, wo immer er hinkommt, zuerst in der Synagoge seine Glaubensbrüder und Glaubensschwestern aufsucht, so auch in Antiochia. Bei ihm sind Barnabas und für kurze Zeit ein gewisser Johannes „als Helfer" Nie ist Paulus allein unterwegs. Was er sagt und tut, erwächst aus dem Kontakt mit seinen Begleitern, natürlich auf dem Hintergrund seiner Berufung vor den Toren von Damaskus. Das Echo ist überwältigend. Paulus stößt in geistliches Vakuum vor, gibt mit dem Verweis auf den Gekreuzigten und Auferstandenen und seine persönliche Bindung an ihn eine Antwort auf das, was Menschen zu allen Zeiten bewegt. Dass dies zum Konflikt mit denen führt, die auf dem Status quo beharren, liegt auf der Hand.

Zweite Lesung Offb 7, 9.14b–17

9 Ich, Johannes, sah: eine große Schar aus allen Nationen und Stämmen, Völkern und Sprachen; niemand konnte sie zählen. Sie standen vor dem Thron und vor dem Lamm, gekleidet in weiße Gewänder, und trugen Palmzweige in den Händen. 14b Und einer der Ältesten sagte zu mir: Dies sind jene, die aus der großen Bedrängnis kommen; sie haben ihre Gewänder gewaschen und im Blut des Lammes weiß gemacht. 15 Sie stehen vor dem Thron Gottes und dienen ihm bei Tag und Nacht in seinem Tempel; und der, der auf dem Thron sitzt, wird sein Zelt über ihnen aufschlagen. 16 Sie werden keinen Hunger und keinen Durst mehr leiden und weder Sonnenglut noch irgendeine sengende Hitze wird auf ihnen lasten. 17 Denn das Lamm in der Mitte vor dem Thron wird sie weiden und zu den Quellen führen, aus denen das Wasser des Lebens strömt, und Gott wird alle Tränen von ihren Augen abwischen.

Am Ziel angekommen

Erneut nimmt uns Johannes mit in den himmlischen Thronsaal. Denn dort sind inzwischen die angekommen, die dem Anpassungsdruck an Götter- und Kaiserkult standgehalten haben, die für ihren kompromisslosen Glauben in den Tod gegangen sind. Sie tragen weiße Gewänder und Palmzweige in Händen, Zeichen des Sieges über den Tod. Hier erhalten sie eine neue und ewige Heimstatt unter dem Zelt, das Gott selbst über ihnen aufschlägt. Sie sind am Ziel des Weges angekommen. Es wird denen vor Augen geführt, die noch in der Bewährung stehen. Am Ende des Buches

der Offenbarung wird es so gefasst: Hunger und Durst, Hitze und Tränen gehören für immer der Vergangenheit an. Eine Ermutigung für die Bedrängten, nicht aufzugeben, wenn es teuer wird, ein Christ zu sein. Hinzu kommt das Trost- und Hoffnungsbild, das in den Kirchen und Basiliken Roms auffällig oft zu sehen ist, in Mosaik oder gemalt:
Das Lamm, Christus der gute Hirt, der die Seinen an die Quellen des Lebens führt.

Evangelium Joh 10, 27–30

In jener Zeit sprach Jesus: 27 Meine Schafe hören auf meine Stimme; ich kenne sie und sie folgen mir. 28 Ich gebe ihnen ewiges Leben. Sie werden niemals zugrunde gehen und niemand wird sie meiner Hand entreißen. 29 Mein Vater, der sie mir gab, ist größer als alle und niemand kann sie der Hand meines Vaters entreißen. 30 Ich und der Vater sind eins.

Auf dem neuen Weg

Gut zu wissen, gut zu glauben, dass es einen Hirten für uns gibt, einen, der uns den Weg zum Lebensnotwendigen zeigt, oder – um es mit einem Bild des Evangeliums zu sagen – der das Tor zum Leben ist. Es ist der auferstandene Herr, der uns auf gute Weide führt, uns den Zugang zu Gott und zugleich zu den Menschen eröffnet.

Hirte ist, wer dorthin führt, wo das Lebensnotwendige zu finden ist. Das beobachte ich auch immer wieder im wörtlichen Sinne, wenn ich in einem Seitental von Olewig an einer blökenden Schafherde vorbeikomme, in der die Kleinen die Oberstimme blöken. Üppiges Grün stillt den Hunger der Schafe, während viele Menschen bei vollen Kühlschränken nicht wissen, wovon sie leben sollen, was den Hunger nach einem erfüllten Leben stillt.

Jesus sagt im heutigen Evangelium als guter Hirt: Ich kenne die Meinen. Sie folgen mir und ich gebe ihnen ewiges Leben. Dies besteht darin, dass er die Seinen teilhaben lässt an seiner Beziehung zu Gott, an seinem Einssein mit dem Vater, wie es immer wieder im Johannesevangelium heißt. In ihm wird Gott selbst erfahrbar, der in den Psalmen und bei den Propheten als Hirt seines Volkes gesehen wird, der auf gute Weide führt, wenn es etwa im Psalm 23 heißt: „Der Herr ist mein Hirt, nichts wird mir fehlen. Er lässt mich rasten auf grüner Au."
Wir wären nicht hier, wenn dieser Hirt nicht auch uns Orientierung und Leben geben würde. Dies gilt für eine zunehmende Zahl von Menschen in unserem Land nicht mehr. Wie reagieren wir darauf? Wir halten es statistisch fest und bedauern es, so auch, dass die Zahl der Christen in unserer Region in den nächsten Jahrzehnten um die Hälfte schrumpfen wird, wie vor ein paar Tagen im Trierer Volksfreund zu lesen war.

Gleichzeitig spüren wir, wie die Fundamente Europas bröckeln, auch wenn in unserem Land immer häufiger auf den Gottesbezug unserer Verfassung hingewiesen wird, die am 23.Mai 70 Jahre in Geltung ist. Eine Antwort auf die Gottesfinsternis der vorausgehenden Ära. Aber in der gegenwärtigen Situation nur den Gottesbezug im Grundgesetz zu beschwören reicht nicht. Wir müssen im multireligiösen und zum Teil areligiösen Europa die wegweisende und Frieden stiftende Botschaft Jesu neu zur Sprache bringen und beherzt dafür werben: in der familiären Erziehung, in der Bildung, im Gottesdienst, in den Begegnungen des Alltags. Die französischen Bischöfe haben diesbezüglich vor gut 20 Jahren ein bedeutendes Dokument vorgelegt unter dem Titel: „Proposer la foie", den Glauben vorschlagen, zum Glauben einladen. Aber das geht nur, wenn der Einladende selbst in diesem Glauben lebt und bezeugen kann, welche Kraft von ihm ausgeht, in guten und in schweren Zeiten.

Paulus hat dies dazu bewogen, in eine religiös plurale Völkerwelt auf Missionsreise zu gehen und zu bezeugen, was ihm persönlich vor den Toren von Damaskus aufgegangen ist. Was war das? Dass der Mensch restlos überfordert ist, wenn er glaubt, den Sinn seines Lebens selbst stiften zu müssen, etwa durch eine perfekte Erfüllung des Gesetzes, also durch eigene moralische Leistung. Dass man sich den Himmel nicht verdienen kann und auch nicht zu verdienen braucht, weil er gratis ist, Geschenk aus Gottes Huld. Dass aber die Offenheit des Menschen für dieses Geschenk zu einer unglaublichen schöpferischen Freiheit befähigt, Gottes Entgegenkommen über alle Grenzen und Gräben hinweg mit Entgegenkommen zu beantworten. Das ist es, woran es gegenwärtig hakt. Das Europa der bloßen Macher und des Marktes hat jedenfalls keine Zukunft. Entgegenkommen muss die Devise sein, Entgegenkommen aus geschenktem Entgegenkommen. Dies ist mir an der Gestalt von Robert Schuman aufgegangen, einem tiefgläubigen Christen, der mit Konrad Adenauer und Alcide de Gaspari den Grundstein zu einem neuen Europa gelegt hat, für das wir am 26. Mai ein neues Parlament wählen.

Zurück zu Paulus. Er kommt auf seiner ersten Missionsreise nach Antiochia in Pisidien, in die Nähe des heutigen Konja. Es kommt zum Konflikt. Er wird verjagt. Was war geschehen? Paulus stößt wie so oft auf seinen Missionsreisen auf zwei unterschiedliche Gruppen von Menschen, auf solche, die empfänglich sind für sein werbendes Glaubenszeugnis, und auf solche, die ihm entgegentreten und ihm das Leben schwer machen.
Es sind Juden, die um jeden Preis bei dem bleiben wollen, was sie gelernt haben, was sozusagen ihre jüdische Identität ausmacht. Paulus stellt diese, wie sie gelebt wird, aus eigener Glaubens- und Lebenserfahrung infrage. Aber er knickt beim Widerstand nicht ein, sondern provoziert sogar seine Gegner, wenn er sagt:
„Euch musste das Wort Gottes zuerst verkündet werden. Da ihr es aber zurückstoßt und euch des ewigen Lebens unwürdig zeigt, wenden wir uns jetzt an die Heiden."

Diese freuen sich über das, was sie da hören. Freuen sich nicht über eine neue Lehre, sondern über den neuen Weg, den Paulus ihnen zu einem neuen Leben zeigt.
Ein Weg heraus aus der Enge und Angst einer heidnischen Existenz, in der es keine Verbindung „nach oben" gibt und keine Wurzeln nach unten. Ein Weg, auf dem Christus erfahrbar wird als das Licht der Welt, als das A und O des Lebens und der ganzen Geschichte, woran uns die Osterkerze eindrucksvoll erinnert.
Mit wem hätten wir es heute zu tun, wenn wir in unserem Land und in Europa auf Missionsreise gehen würden, zu bezeugen, was uns selbst aufgegangen ist, auch im Sinne des Leitwortes der diesjährigen Heilig-Rock-Tage, die in dieser Stunde zu Ende gehen: „Herausgerufen – Du schaffst

unseren Schritten weiten Raum." Auf wen würden wir treffen? Ich nenne mal vier Gruppen:

Wir würden erstens auf Menschen treffen, die an religiösen Traditionen festhalten, die ihnen offenbar guttun, die aber nicht zugänglich sind für eine Glaubens-Vergewisserung mit Blick auf die nächste Generation. Die sich sperren gegen jede neue Vermittlung des Evangeliums in unsere Zeit und Situation.
Wir hätten es zweitens mit Menschen zu tun, die, rundum versichert, zufrieden sind mit dem, was sie besitzen und auf dem sie festsitzen. Die erst dann Fragen an das Leben stellen, wenn sie aus der Routine des Alltags aufgeschreckt werden oder gar an der Schwelle des Todes stehen.
Und da wären drittens die vielen Menschen, nicht nur junge, denen es nicht reicht, genug zu essen und zu trinken zu haben und abgesichert zu sein, sondern hellwach und offen sind für die globalen Herausforderungen unserer Tage, offen auch für den Hoffnungshorizont, den Jesus von Gott her sehr konkret eröffnet hat, wovon wir in den Evangelien hören.
Und da wären viertens die Menschen, die einer anderen Religion angehören, zum Beispiel. die vier bis fünf Millionen Muslime in unserem Land, die sich derzeit im Fastenmonat Ramadan befinden. Mit ihnen müssten wir über das sprechen, was uns verbindet und über den Weg in die Zukunft, eine gute Zukunft, wobei jeder das Seine einbringt und das des Anderen wertschätzt.
Aber wer spricht die einen wie die anderen an? Wo? Wann? Wenn Jesus, der Christus mit dem, was wir Ostern nennen, Recht bekommen hat, worauf warten wir dann noch?

Fünfter Sonntag der Osterzeit

Erste Lesung Apg 14,21b–27

In jenen Tagen 21b kehrten Paulus und Bárnabas nach Lystra, Ikónion und Antióchia zurück. 22 Sie stärkten die Seelen der Jünger und ermahnten sie, treu am Glauben festzuhalten; sie sagten: Durch viele Drangsale müssen wir in das Reich Gottes gelangen. 23 Sie setzten für sie in jeder Gemeinde Älteste ein und empfahlen sie unter Gebet und Fasten dem Herrn, an den sie nun glaubten. 24 Nachdem sie durch Pisídien gezogen waren, kamen sie nach Pamphýlien, 25 verkündeten in Perge das Wort und gingen dann nach Attália hinab. 26 Von dort segelten sie nach Antióchia, wo man sie für das Werk, das sie nun vollbracht hatten, der Gnade Gottes übereignet hatte. 27 Als sie dort angekommen waren, riefen sie die Gemeinde zusammen und berichteten alles, was Gott mit ihnen zusammen getan und dass er den Heiden die Tür zum Glauben geöffnet hatte.

Gemeindeleitung

Die erste Missionsreise des Paulus neigt sich dem Ende zu. Wie geht es weiter? Er setzt in den Gemeinden, in denen er für den Glauben an Jesus Christus geworben hat, in denen viele zum Glauben gekommen sind, Älteste, (Presbyter) als Gemeindeleiter ein. Es sind Männer, die von Christus, vom Neuen Weg begeistert und von ihrer Gemeinde anerkannt sind. Später werden auch Frauen Leitung übernehmen, zum Beispiel die Purpurhändlerin Lydia in Philippi. Ihr Haus wird nach der Apostelgeschichte zum ersten Versammlungsort von Christen auf europäischem Boden. Die Beauftragung erfolgt durch Handauflegung, begleitet von Gebet und Fasten. Ein erstes Gemeindemodell zeichnet sich ab. Die Verantwortung für die Übersetzung der Botschaft Jesu in den Alltag der Menschen und für den Zusammenhalt in der Gemeinde wird überzeugten und überzeugenden Gemeindemitgliedern übertragen. Von Personalmangel ist nirgendwo die Rede, wohl immer wieder vom Mangel an Zusammenhalt, an wechselseitiger Unterstützung, an Glaubensfreude. Bald wird das Apostelkonzil in Jerusalem (49 n. Chr.)

auch von unnötigen Auflagen und überzogenen Zulassungsbedingungen gesprochen. Im Sinne Jesu setzt sich die Vernunft durch.

Zweite Lesung Offb 21,1–5a

1 Ich, Johannes, sah einen neuen Himmel und eine neue Erde; denn der erste Himmel und die erste Erde sind vergangen, auch das Meer ist nicht mehr. 2 Ich sah die heilige Stadt, das neue Jerusalem, von Gott her aus dem Himmel herabkommen; sie war bereit wie eine Braut, die sich für ihren Mann geschmückt hat. 3 Da hörte ich eine laute Stimme vom Thron her rufen: Seht, die Wohnung Gottes unter den Menschen! Er wird in ihrer Mitte wohnen und sie werden sein Volk sein; und er, Gott, wird bei ihnen sein. 4 Er wird alle Tränen von ihren Augen abwischen: Der Tod wird nicht mehr sein, keine Trauer, keine Klage, keine Mühsal. Denn was früher war, ist vergangen. 5a Er, der auf dem Thron saß, sprach: Seht, ich mache alles neu.

Unter den Menschen

Das große Finale: die Vision eines neuen Himmels und einer neuen Erde. Der Entscheidungskampf der Geschichte ist zu Ende. Bloße Anpassung und Anbiederung führen nicht zum Ziel. Die Hure Babylon (Offb 17,1ff) steht für die religiös verbrämte Macht des römischen Imperiums. Alles und Jedes ist zur Ware geworden, käuflich und verkäuflich. Im Kontrast dazu steht das Neue Jerusalem. Nicht die Rekonstruktion der 70 n. Chr. samt Tempel zerstörten Stadt, sondern eine Neugründung vom Himmel her. Die Kirche ist als Braut geschmückt für den Allherrscher, den Christus Pantokrator. Dieser regiert nicht „von oben“ sondern kommt inmitten der Menschen vor, als Trost der Trauernden, als Entlastung von aller Mühsal. Auf dieses Ziel hin sind nicht nur die sieben Gemeinden Kleinasiens unterwegs, sondern der Symbolzahl „sieben“ entsprechend die ganze Kirche, letztlich die ganze Menschheit. Jesus der Christus unter den Menschen, als der Neue Adam, als letzte Menschenmöglichkeit, und darin das A und O der Geschichte.

Evangelium Joh 13,31–33a.34–35

Als Judas vom Mahl hinausgegangen war, sagte Jesus: 31 Jetzt ist der Menschensohn verherrlicht und Gott ist in ihm verherrlicht. 32 Wenn Gott in ihm verherrlicht ist, wird auch Gott ihn in sich verherrlichen und er wird ihn bald verherrlichen. 33a Meine Kinder, ich bin nur noch kurze Zeit bei euch. 34 Ein neues Gebot gebe ich euch: Liebt einander! Wie ich euch geliebt habe, so sollt auch ihr einander lieben. 35 Daran werden alle erkennen, dass ihr meine Jünger seid: wenn ihr einander liebt.

Glaube, der in der Liebe wirksam wird

Kein Evangelist hat so sehr das Einssein Jesu mit Gott betont wie der Evangelist Johannes. Bis hin zur Antwort Jesu auf die Bitte des Philippus: „Wer mich sieht, sieht den Vater." Wenig später heißt es, so haben wir am letzten Sonntag gehört: „Ich und der Vater sind eins"(Joh 10,30). Heute sagt Jesus, nachdem Judas hinausgegangen ist, die Stunde des Verrats schlägt: „Jetzt ist der Menschensohn verherrlicht" – er spricht von sich selbst – „und Gott ist in ihm verherrlicht".

Was ist damit gemeint? Jesus hat seinen ganzen Weg unter den Willen des Vaters gestellt. „Dein Wille geschehe", lehrt er die Jünger beten und wiederholt es im Garten Getsemani. Jesus hat Gott als den Herrn über Leben und Tod bezeugt, ihn so verherrlicht. Andererseits hat Gott, das ist unser Glaube, Jesus am Ende seines Weges verherrlicht, ihn als den Herrn, den Kyrios ausgewiesen, indem er ihn mit all dem, was er gesagt und getan hat und bis zur letzten Konsequenz durchgehalten hat, bestätigt hat, ihn auferweckt hat. So bekennt ihn die Osterkerze als Licht der Welt, als den Herrn von Zeit und Ewigkeit, und als A und O unseres Lebens und der gesamten Geschichte.

Das ist zu Ende gedacht der Dreh- und Angelpunkt der Geschichte. Und das müsste uns heute wie nie zuvor einleuchten, wenn wir rund um die Uhr in Sekundenschnelle mitbekommen, was in der Welt geschieht. Da schlägt Wettbewerb in Feindseligkeit um, Korruption steigert sich ins Unermessliche, Drohungen verbreiten Angst – weltweit, Machtmissbrauch lässt einen Teil der Menschheit in Ohnmacht verharren. Noch vor wenigen Tagen erreichte mich eine Mail aus Burundi mit dem Hinweis, dass das Land wieder am Rand eines Bürgerkriegs steht. Machtmissbrauch erzeugt Gewalt.

Wenn wir in dieser Situation, wie gerade angedeutet, als Christen an Jesus, dem Christus festhalten, dem neuen Adam, dem „guten Hirten", wie es am letzten Sonntag hieß, dem von Gott bestätigten, verherrlichten, auferstandenen Herrn, dann müssen wir dies auch vor anderen vernünftig und nachvollziehbar begründen können.
Jesus der Christus verkörpert in dem, was er gesagt, getan und in Treue durchgehalten hat bis in den Tod, letzte Menschenmöglichkeit. Er ist der Beginn einer neuen Schöpfung, unser Friede, der uns von ihm her in jedem Gottesdienst zugesprochen wird.

Dazu heute im Evangelium sein Vermächtnis: „Liebt einander! Wie ich euch geliebt habe, so sollt auch ihr einander lieben. Daran werden alle erkennen, dass ihr meine Jünger seid: wenn ihr einander liebt."
Jeder von uns muss für sich klären, was das für ihn/für sie bedeutet. Ich versuche einmal, das Liebesgebot Jesu etwas konkreter zu fassen, indem ich das Lebenszeugnis von zwei Menschen ins Spiel bringe, von denen Sie einen sicher auch persönlich kennengelernt haben.
Die Rede soll sein von Paulus, dessen Spur wir eben noch einmal in der Lesung aufgenommen haben. Paulus auf seiner ersten Missionsreise in den 40er Jahren des ersten Jahrhunderts.
Und Leo Schwarz, der im November letzten Jahres mit 87 Jahren als Trierer Weihbischof gestorben ist. Auch wenn fast 2000 Jahre die beiden trennen, haben sie viel gemeinsam, was uns hilft, das Liebesgebot Jesu ins Heute zu übersetzen.

Für Paulus war entscheidend seine Christusbegegnung vor den Toren von Damaskus, die ihn buchstäblich vom Pferd gehauen hat und ihm die Au-

gen geöffnet hat für die ganze Wahrheit um den Menschen. Worin besteht sie? Dass der Mensch nicht durch eigene Leistung den Sinn seines Lebens stiften kann, sondern sich öffnen muss für Gottes Entgegenkommen, für seine belebende und befreiende Nähe. Was Paulus aufgegangen ist, muss er weitersagen. Er tut es mit dem gleichen Elan, mit dem er vorher Christen als Sektierer verfolgt hat. Denn jetzt geht es nicht mehr um dieses oder jenes, sondern um alles, wenn der Mensch zu sich selbst, zu seinen Mitmenschen und letztendlich zu Gott finden soll, seinem Schöpfer.
Dass dies bei Menschen mit einem ausgeprägten, auch religiösen Leistungsdenken auf Unverständnis oder Widerspruch stößt, versteht sich von selbst. Das heißt nicht, dass Liebe nicht immer auch nach dem Beispiel Jesu aktive Hinwendung zum Menschen ist. Aber diese verkommt zum Aktionismus, wenn sie nicht von einer tiefen Empfänglichkeit für Gottes belebende Nähe getragen ist, was wir Glauben nennen.

Immer wieder kam es darum auf den Missionsreisen des Paulus zum Konflikt. Er musste um der Wahrheit Gottes und der Menschen willen vieles erdulden. So hören wir ihn und Barnabas in der heutigen Lesung beim Abschied sagen: „Durch viele Drangsale müssen wir in das Reich Gottes gelangen und sie setzen ihren Weg fort, nicht ohne in den neu gegründeten Gemeinden einen Verantwortlichen einzusetzen. Bewährte Männer, Presbyter, und auch Frauen, wie die Purpurhändlerin Lydia in Philippi.
Paulus kommt es darauf an, in Christus zu sein, „Christus anzuziehen wie ein Kleid“ – was immer wieder ein Motiv der Heilig-Rock-Tage ist – und unermüdlich zu bezeugen, worin der „neue Weg“ besteht, der Weg zu einem erfüllten Leben, und welche Schritte dorthin zu tun sind.

All dies gilt auch für Leo Schwarz, der bis ins hohe Alter von einem großen missionarischen Eifer beseelt war. Er wurde 1960 in Trier zum Priester geweiht, ging dann nicht auf Missionsreisen wie Paulus, sondern von 1962 bis 1970 nach Bolivien. Ich erinnere mich, wie wir als Seminaristen und auch später auf seine Briefe und spannenden Berichte gewartet haben.
Ein junger Priester verlässt seine Diözese, um in einer ganz anderen Welt seinen Glauben zu bezeugen und diesen in konkretem Tun fruchtbar zu machen, einer, der die Sprache der Leute lernt und was sich darin verbirgt, der unter bitterarmen Verhältnissen mit den Leuten lebt, der oft genug mit dem Pferd unterwegs ist, weil es keine befahrbare Straße gibt, der Genos-

senschaften gründet und damit Bauern auf die Beine hilft, ihnen zur Selbständigkeit verhilft und zur Weiterentwicklung ihrer Lebensbedingungen.

1982 wurde er in Trier zum Bischof geweiht. Er blieb Bolivien verbunden und war dann über Jahrzehnte überall da unmittelbar beteiligt, wo es darum ging, den Glauben weltweit in tätige Liebe zu übersetzen im Eintreten für die Armen und Schwachen. Er war Mitbegründer von Misereor und Renovabis und über viele Jahre Präsident der Europäischen Kommission Justitia et Pax, Gerechtigkeit und Frieden. Wie sagte Jesus: „Daran werden alle erkennen, dass ihr meine Jünger seid: wenn ihr einander liebt."
Daran wird man auch die sogenannten „Pfarreien der Zukunft" erkennen, oder sie haben keine Zukunft. Beten wir um den Geist des liebenden Entgegenkommens vor Ort und weltweit.

Sechster Sonntag der Osterzeit

Erste Lesung Apg 15,1–2.22–29

In jenen Tagen 1 kamen einige Leute von Judäa herab und lehrten die Brüder: Wenn ihr euch nicht nach dem Brauch des Mose beschneiden lasst, könnt ihr nicht gerettet werden. 2 Da nun nicht geringer Zwist und Streit zwischen ihnen und Paulus und Bárnabas entstand, beschloss man, Paulus und Bárnabas und einige andere von ihnen sollten wegen dieser Streitfrage zu den Aposteln und den Ältesten nach Jerusalem hinaufgehen. 22 Da beschlossen die Apostel und die Ältesten zusammen mit der ganzen Gemeinde, Männer aus ihrer Mitte auszuwählen und sie zusammen mit Paulus und Bárnabas nach Antióchia zu senden, nämlich Judas, genannt Barsábbas, und Silas, führende Männer unter den Brüdern. 23 Sie gaben ihnen folgendes Schreiben mit: Die Apostel und die Ältesten, eure Brüder, grüßen die Brüder aus dem Heidentum in Antióchia, in Syrien und Kilíkien. 24 Wir haben gehört, dass einige von uns, denen wir keinen Auftrag erteilt haben, euch mit ihren Reden beunruhigt und eure Gemüter erregt haben. 25 Deshalb haben wir einmütig beschlossen, Männer auszuwählen und zusammen mit unseren geliebten Brüdern Bárnabas und Paulus zu euch zu schicken, 26 die beide für den Namen Jesu Christi, unseres Herrn, ihr Leben eingesetzt haben. 27 Wir haben Judas und Silas abgesandt, die euch das Gleiche auch mündlich mitteilen sollen. 28 Denn der Heilige Geist und wir haben beschlossen, euch keine weitere Last aufzuerlegen als diese notwendigen Dinge: 29 Götzenopferfleisch, Blut, Ersticktes und Unzucht zu meiden. Wenn ihr euch davor hütet, handelt ihr richtig. Lebt wohl!

Nur wer sich tragen lässt, wird tragfähig

Ganz so einmütig, wie in der Apostelgeschichte berichtet, ist es wohl beim Apostelkonzil in Jerusalem im Jahre 48/49 n. Chr. nicht zugegangen. Dass die Apostel und die Ältesten gleich auf die Erfahrungen und Wünsche eingehen, die Paulus und Barnabas aus der Heidenmission mitbringen. Spricht Paulus doch im Brief an die Galater von einem heftigen Konflikt, auch mit

Petrus. Der Brief stammt aus den Jahren 53/54, ist also gut 40 Jahre älter als die Apostelgeschichte des Lukas und damit näher an den Anfängen der Mission. Konflikte werden immer dann besonders heftig, wenn theologische Einsicht und pastorale Erfahrung nicht mehr mit dem Wortlaut der Schrift in Einklang zu bringen sind. Wird damit die eigene Gottesvorstellung in Frage gestellt, tritt der Ernstfall ein. Was Paulus in seiner Christusbegegnung und in der Heidenmission aufgegangen ist, musste traditionsverhaftete Juden schockieren, wenn er in Galater 2,13 sogar vom „Fluch des Gesetzes“ (der Tora) spricht. Es ist seine Antwort auf das Schriftwort: „Verflucht ist jeder, der sich nicht an alles hält, was zu tun das Buch des Gesetzes vorschreibt“(Dtn 27,26). An alles? Für Paulus ein Fluch, weil es den Menschen überfordert und fortwährend ins Unrecht setzt. Nur eine vertrauensvolle Beziehung zu Gott bringt den Menschen zu sich selbst und lässt ihn zum Mitmenschen werden. Nur wer sich im Glauben bindet, wird frei. Nur wer sich tragen lässt wird tragfähig. Alle Selbsterlösungsversuche, Gott auf Grund eigener Anstrengung und Leistung recht zu sein, müssen dagegen scheitern. Wie weit dies inzwischen bei den Christen angekommen ist, steht dahin. Unzweifelhaft ist dagegen, dass Papst Franziskus wie Paulus von Jesu Gottesrede und Hirtensorge geprägt sind. Keine unnötigen Lasten auferlegen, sondern in gelebter Barmherzigkeit Entlastung bringen. Der Versöhnung dienen und dem Frieden ist das Gebot der Stunde. Eines weiteren Konzils bedarf es dazu nicht, weil sich die Ortskirchen weltweit ihren eigenen pastoralen Reim machen müssen.

Zweite Lesung Offb 21,10–14.22–23

10 Ein Engel entrückte mich im Geist auf einen großen, hohen Berg und zeigte mir die heilige Stadt Jerusalem, wie sie von Gott her aus dem Himmel herabkam, 11 erfüllt von der Herrlichkeit Gottes. Sie glänzte wie ein kostbarer Edelstein, wie ein kristallklarer Jaspis. 12 Die Stadt hat eine große und hohe Mauer mit zwölf Toren und zwölf Engeln darauf. Auf die Tore sind Namen geschrieben: die Namen der zwölf Stämme der Söhne Israels. 13 Im Osten hat die Stadt drei Tore und im Norden drei Tore und im Süden drei Tore und im Westen drei Tore. 14 Die Mauer der Stadt hat zwölf Grundsteine; auf ihnen stehen die zwölf Namen der zwölf Apostel des Lammes. 22 Einen Tempel sah ich nicht in der Stadt. Denn der Herr, ihr Gott, der Herrscher über die ganze Schöpfung, ist ihr Tempel, er und das Lamm. 23 Die Stadt braucht weder Sonne noch Mond, die ihr leuchten. Denn die Herrlichkeit Gottes erleuchtet sie und ihre Leuchte ist das Lamm.

Vision vom himmlischen Jerusalem

Hatte das Apostelkonzil des Jahres 48/49 noch zwischen zwei Wegen unterschieden, auf denen Juden und Christen unterwegs sind, dem Gesetzesgehorsam einerseits und dem Leben in Christus andererseits, rückt die Offenbarung des Johannes in der Vision des himmlischen Jerusalem das Ziel der Geschichte in den Blick, eine Stadt, die allen gemeinsam ist: Die 12 Stämme Israels in den 12 Toren der Stadt vereint; die Mauern erbaut auf dem Fundament der Apostel. Eine Stadt, die an Schönheit und Glanz nicht zu übertreffen ist. „Sie glänzt wie ein kostbarer Edelstein." Für die Bewohner dieser Stadt bedarf es keines eigenen Tempels, keines besonderen Ortes der Vergegenwärtigung der Großtaten Gottes und des Dankes dafür. Denn hier ist Gott gegenwärtig in der Art, wie die Menschen miteinander leben, in wechselseitiger Achtung und dankbarem Entgegenkommen.
Aber noch ist es nicht so weit. Die Offenbarung des Johannes unterscheidet durchgängig zwischen der irdischen Geschichte, in der es weiterhin „tierisch" zugeht, veranschaulicht in schrecklichen Bildern, und dem himmlischen Thronsaal (Offb 4ff.) in dem bereits der Sieg über alles Böse in der Welt gefeiert wird. Auf dem Thron das österliche Lamm, Christus, an der Seite des Vaters, umgeben von Menschen in weißen Gewändern, die sich auf Erden im Glauben bewährt haben.
Je mehr sich heute die Kluft zwischen Nord und Süd auftut, Angst und Gewalt zunehmen, die Mächtigen eher ohnmächtig erscheinen, umso mehr sind wir auf Zielvorstellungen, auf Utopien angewiesen, die es zu verorten gilt. Es muss morgen noch nicht das himmlische Jerusalem sein. Aber es muss Städte geben, die Menschen unterschiedlicher Herkunft und Tradition zur Heimstatt werden. Sie sind gemeinsam zu errichten, wenn über die Fundamente Einigkeit besteht. Himmlisch wäre dies.

Evangelium Joh 14, 23–29

In jener Zeit sprach Jesus zu seinen Jüngern: 23 Wenn jemand mich liebt, wird er mein Wort halten; mein Vater wird ihn lieben und wir werden zu ihm kommen und bei ihm Wohnung nehmen. 24 Wer mich nicht liebt, hält meine Worte nicht. Und das Wort, das ihr hört, stammt nicht von mir, sondern vom Vater, der mich gesandt hat. 25 Das habe ich zu euch gesagt, während ich noch bei euch bin. 26 Der Beistand aber, der Heilige Geist, den der Vater in meinem Namen senden wird, der wird euch alles lehren und euch an alles erinnern, was ich euch gesagt habe. 27 Frieden hinterlasse ich euch, meinen Frieden gebe ich euch; nicht, wie die Welt ihn gibt, gebe ich ihn euch. Euer Herz beunruhige sich nicht und verzage nicht. 28 Ihr habt gehört, dass ich zu euch sagte: Ich gehe fort und komme wieder zu euch. Wenn ihr mich liebtet, würdet ihr euch freuen, dass ich zum Vater gehe; denn der Vater ist größer als ich. 29 Jetzt schon habe ich es euch gesagt, bevor es geschieht, damit ihr, wenn es geschieht, zum Glauben kommt.

Interreligiöse Verständigung ermöglichen

Vor ein paar Tagen sagte mir jemand, dass ein erwachsener Mann sich taufen lassen wollte, aber gleich erklärte: Dass Jesus Gottes Sohn ist, glaube ich nicht. Aus der Taufe wurde nichts.
Das sagen auch Muslime: Gott kann doch keinen Sohn haben. Und doch gibt es einen Austausch zwischen christlichen und islamischen Theologen. Mit dem Taufbewerber gab es ihn bedauerlicherweise wohl nicht. Ein gutes Miteinander oder zumindest Nebeneinander der Religionen ist Voraussetzung dafür, dass sie ihren je eigenen Beitrag in der Gestaltung einer guten Zukunft einbringen können.

Wovon reden Muslime, wenn sie von Gott reden? Der Koran beginnt mit den Worten:
„Im Namen des barmherzigen und gnädigen Gottes.
Lob sei Gott, dem Herrn der Menschen in aller Welt,
dem Barmherzigen und Gnädigen, der am Tag des Gerichts regiert!
Dir dienen wir, und dich bitten wir um Hilfe.
Führe uns den geraden Weg, den Weg derer, denen du Gnade erwiesen hast,
nicht den Weg derer, die deinem Zorn verfallen sind und irregehen."
Zu denen, die irre gehen, gehören auch jene, die den Islam missbrauchen um gewaltsam nach der Macht zu greifen. Ein trauriges Kapitel der letzten Jahre.
Aber selbst die islamischen Theologen an der Al Azar Universität in Kairo wissen nicht, wie man aus Irregeleiteten Rechtgeleitete machen kann.

Sie fragen sich natürlich, liebe Schwestern und Brüder, wieso hier in einem christlichen Gottesdienst vom Islam die Rede ist und vom Klärungsbedarf zwischen dem Christentum und dem Islam. Weil es im Christentum selbst am Ende des ersten Jahrhunderts Klärungsbedarf gab: wie die Beziehung Jesu zu Gott zu denken ist, ohne den Eingott-Glauben zu gefährden. Darauf antwortet das Johannesevangelium an den Sonntagen der Osterzeit, auch heute. Es betont wie kein anderes Evangelium das Einssein von Vater und Sohn.
So sagt Jesus zu Beginn des heutigen Evangeliums zu den Jüngern: „Wenn jemand mich liebt, wird er an meinem Wort festhalten; mein Vater wird ihn lieben, und wir werden zu ihm kommen und bei ihm wohnen". Weiter heißt es: „Das Wort, das ihr hört, stammt nicht von mir, sondern vom Vater, der mich gesandt hat." Am letzten Sonntag hieß es: „Jetzt ist der Menschensohn verherrlicht, gemeint ist Jesus selbst – und Gott ist in ihm verherrlicht."
Noch deutlicher ist die Antwort Jesu auf die Bitte des Philippus, ihm doch den Vater zu zeigen. Jesus antwortet: „Wer mich sieht, sieht den Vater."
Damit sagt er: Wer sieht, was sich in meiner Nähe, unter meiner Hand, an Heilung und Wiederbelebung ereignet, der sieht Gott selbst am Werk. Wer mich mit Zöllnern und Sündern an einem Tisch sitzen sieht, erfährt etwas von Gottes unbedingten Entgegenkommen. Wer miterlebt hat, wie oben in Kafarnaum ein Gelähmter wieder auf die Beine kam, als ich ihm Vergebung zugesprochen habe, und Besessene ihre Fesseln loswurden, der

hat den Befreier-Gott erlebt, der immer wieder Menschen aufatmen, aufstehen und aufblühen lässt.
Als man Jesus dann einmal fragt, wann Gottes Reich denn anbrechen werde, sagt er: Es ist schon mitten unter euch. Lebt aus Gottes Entgegenkommen und folgt mir nach. Gottes Reich wird bereits Wirklichkeit, wenn Menschen sich einander nicht dieses oder jenes, sondern ihr Herz zuwenden, sich selbst. Jesus lehrt uns von Gott als dem tragenden Grund des Lebens zu sprechen, nicht erst, wenn die Erde unter unseren Füßen zu wanken beginnt.

Es gab, wie gesagt, bereits in der frühen Kirche Klärungsbedarf, von wem Christen sprechen, wenn sie von Gott sprechen und von Jesus sprechen. Dieser Klärungsbedarf zeigt sich bis heute immer wieder, wenn wir fragenden und suchenden Menschen Auskunft geben sollen über den Grund unserer Hoffnung und die Zulassungsbedingungen zur Kirche. Um diese ging es bereits beim Apostelkonzil des Jahres 49. In der heutigen Lesung wird nur das Ergebnis genannt. Wichtiger wäre zu hören, was dem an Begründung vorausgeht.

Hätte man mit dem eben erwähnten Taufbewerber über das gesprochen, was das Johannesevangelium über die Beziehung Jesu zum Vater-Gott sagt, es wäre ein Glaubensweg eröffnet worden. Ganz sicher wäre auch der Zugang zur Taufe und zur Kirchenmitgliedschaft frei gewesen.
Und würden wir mit Muslimen vernünftig und eindeutig über Gottes Menschwerdung in Jesus sprechen, so mancher würde sehr schnell Abschied nehmen von wirren Vorstellungen über das Christentum, denen man immer wieder begegnet. Der Weg wäre frei zu einer wechselseitigen Wertschätzung, zu einem fruchtbaren interreligiösen Dialog zum Wohl der Menschen weltweit.
Warum ich das heute sage: Weil wir heute ein europäisches Parlament gewählt haben, dessen Zusammensetzung über die Zukunft Europas entscheidet, diese neu eröffnet oder verbaut, dies angesichts der globalen Herausforderungen, von denen in den letzten Wochen und vor allem in den letzten Tagen in den Medien die Rede war. Es muss sich zeigen, ob das europäische Friedensprojekt hält, was es verspricht, ob es ein Modell werden kann für andere Regionen dieser Welt, die aus der Armut und der Spirale der Gewalt nicht herausfinden, weil die Menschen nicht zueinander finden.

Ins Europaparlament werden Abgeordnete unterschiedlicher religiöser Orientierung einziehen: Christen, Muslime, Angehörige anderer Weltreligionen und auch Abgeordnete, die aus dem religiösen Niemandsland kommen. Gerne hätte ich ihnen die Prozentanteile genannt, aber dazu gibt es keine offiziellen Informationen.

Es ist aber unerlässlich, nach der religiösen Orientierung der Frauen und Männer zu fragen, die über den künftigen Weg Europas entscheiden. Als Christen müssen wir angesichts der neuen Herausforderungen die eigenen Fundamente tiefer legen und auch die Fundamente des Europäischen Hauses, damit sich der Horizont weiten kann und wir jeder nationalistischen Engführung wehren. Es gab eine Zeit, da haben Christen dazu mehrheitlich geschwiegen.
Ich wünsche mir darum eine Kirche, die sich aktiv in den europäischen Prozess einschaltet und tut, was Zukunft eröffnet. Wir leben in einer noch nie dagewesenen kulturellen Vielfalt und müssen sie gestalten, damit Menschen vertrauensvoll und hoffnungsvoll auf die Zukunft zugehen können. Wir vertrauen dabei auf die inspirierende Kraft des Heiligen Geistes, die wir für uns und die neuen Abgeordneten des europäischen Parlamentes erbitten.

Christi Himmelfahrt

Evangelium Lk 24,46–53

In jener Zeit 46 sprach Jesus zu seinen Jüngern: So steht es geschrieben: Der Christus wird leiden und am dritten Tag von den Toten auferstehen 47 und in seinem Namen wird man allen Völkern Umkehr verkünden, damit ihre Sünden vergeben werden. 48 Angefangen in Jerusalem, seid ihr Zeugen dafür. 49 Und siehe, ich werde die Verheißung meines Vaters auf euch herabsenden. Ihr aber bleibt in der Stadt, bis ihr mit der Kraft aus der Höhe erfüllt werdet! 50 Dann führte er sie hinaus in die Nähe von Betánien. Dort erhob er seine Hände und segnete sie. 51 Und es geschah: Während er sie segnete, verließ er sie und wurde zum Himmel emporgehoben. 52 Sie aber fielen vor ihm nieder. Dann kehrten sie in großer Freude nach Jerusalem zurück. 53 Und sie waren immer im Tempel und priesen Gott.

Ihr werdet meine Zeugen sein

Wo ist der Himmel? Dass die Lesung und auch das Evangelium von der Himmelfahrt Jesu auf dem Hintergrund des antiken Weltbildes zu lesen sind, versteht sich von selbst: der Himmel, die Sphäre Gottes oben, die Erde der Menschen unten, das Reich der Toten in der Unterwelt.
Jesus geht, die Kirche kommt. Heute erfahren wir etwas über ihren Auftrag. „Ihr werdet die Kraft des Heiligen Geistes empfangen“, sagt Jesus zu den Jüngern, ... „Und ihr werdet meine Zeugen sein bis an die Grenzen der Erde. Zeugen wofür? Für das, was sie auf dem Weg mit Jesus

erfahren haben und was ihnen in den nachösterlichen Begegnungen mit ihm, dem auferstandenen Herrn, endgültig aufgegangen ist: dass in ihm Gottes unbedingtes Entgegenkommen erfahrbar wurde, Gott den Menschen menschlich nahe war, dass er zur Umkehr, zum Umdenken aufgefordert hat, dass er in Wort und Tat Schranken beseitigt und zu einem Leben in Fülle eingeladen hat.
Alles das beinhaltet der Friedensgruß des Auferstandenen an seine Jünger bereits am Ende des ersten Tages der Woche, also dem Ostertag, wie es im Johannesevangelium heißt. Gleich zweimal sagt er: „Friede sei mit euch! Wie mich der Vater gesandt hat, so sende ich euch." Er haucht sie an und sagt: „Empfangt den Heiligen Geist! Wem ihr die Sünden vergebt, dem sind sie vergeben; wem ihr die Vergebung verweigert", – ich ergänze, weil er keine wirkliche Umkehrbereitschaft zeigt – „dem ist sie verweigert." Der Ostertag wird bereits zum vorgezogenen Pfingsttag. Der Auferstandene haucht den Jüngern seinen Geist ein. Er soll in ihnen und durch sie wirksam werden in der Welt. Dem dienen auch die Begegnungen mit dem Auferstandenen in den folgenden vierzig Tagen, wie es in der Lesung hieß.

Jesus geht und es kommt die Kirche. Seit zweitausend Jahren muss sie zeigen, dass sie wirklich die Kirche Jesu ist. Das Wort Kirche ist abgeleitet von dem griechischen Wort „Kyriakä", zum Kyrios, zum Herrn gehörig. Sie muss zeigen, dass sie wirklich die zum Herrn, zum Kyrios Christus gehörende Gemeinde ist. Und das heißt, wenn wir auf den Weg Jesu und seine Sendung zurückschauen, ob sie im Dienst der Versöhnung steht, zur Umkehr einlädt und selbst immer wieder zu ihrem Herrn umkehrt, ob sie Schranken beseitigt oder beseitigen hilft, die Menschen voneinander trennen, vor Ort und weltweit, ob sie bedingungslos Gottes unbedingte Liebe, Gottes unbedingtes Erbarmen bezeugt denen gegenüber, die Schuld auf sich geladen haben, die halt- und heimatlos geworden sind, die an der Härte des Lebens zu verzweifeln drohen.

Die Kirche ist und bleibt Kirche, wenn sie den Geist Jesu atmet, wenn dieser nicht hinter Wolken theologisch richtiger Sätze verschwindet, die aber keinen Bezug zum Leben haben. Die Kirche ist und bleibt die Kirche Jesu, wenn sie immer wieder seine Spur aufnimmt, die zu den Menschen führt. Denn seine Zusage im heutigen Evangelium gilt weiter: „Ihr werdet die Kraft des Heiligen Geistes empfangen, der auf euch herabkommen wird;

und ihr werdet meine Zeugen sein in Jerusalem und in ganz Judäa und Samarien und bis an die Grenzen der Erde."
Aber fangt hinter eurer Haustür an, wo mehr und mehr Kinder im Netz unterwegs sind, aber keinen Anschluss bekommen an Gottes liebendes Entgegenkommen, wo das Gebet verstummt ist. Ihr werdet meine Zeugen sein, bereits vor eurer Haustür, wo geschäftiges Markttreiben das Leben allzu leicht reduziert auf das, was man kaufen und sich leisten kann. Ihr werdet meine Zeugen sein, wenn es erneut gilt, dem Friedensprojekt Europa eine Chance zu geben, wenn Gerechtigkeit, Frieden und die Bewahrung der Schöpfung noch mehr zu Leitmotiven der Politik werden. Ihr werdet meine Zeugen sein, wenn es darum geht, den Menschen in seiner Einmaligkeit zu sehen und die kulturelle Vielfalt vor Ort und weltweit zu gestalten, so dass bereits etwas aufscheint vom verheißenen neuen Himmel und einer neuen Erde.
In diesem Sinne beten wir:
Komm Heiliger Geist und erfülle die Herzen deiner Gläubigen
und entzünde in ihnen das Feuer deiner Liebe.
Sende aus deinen Geist, und alles wird neu geschaffen,
und du wirst das Angesicht der Erde erneuern.

Siebter Sonntag der Osterzeit

Erste Lesung Apg 7,55–60

In jenen Tagen 55 blickte Stéphanus, erfüllt vom Heiligen Geist, zum Himmel empor, sah die Herrlichkeit Gottes und Jesus zur Rechten Gottes stehen 56 und rief: Siehe, ich sehe den Himmel offen und den Menschensohn zur Rechten Gottes stehen. 57 Da erhoben sie ein lautes Geschrei, hielten sich die Ohren zu, stürmten einmütig auf ihn los, 58 trieben ihn zur Stadt hinaus und steinigten ihn. Die Zeugen legten ihre Kleider zu Füßen eines jungen Mannes nieder, der Saulus hieß. 59 So steinigten sie Stéphanus; er aber betete und rief: Herr Jesus, nimm meinen Geist auf!
60 Dann sank er in die Knie und schrie laut: Herr, rechne ihnen diese Sünde nicht an! Nach diesen Worten starb er.

Vermächtnis auch für die Kirche heute
Mit der Menschwerdung Gottes in Jesus Christus hat sich der Himmel geöffnet. Aber er bleibt denen verschlossen, die sich an das Gesetz klammern. Wer Gottes unbedingtes Entgegenkommen, wie Jesus es bezeugt hat, nicht annehmen kann, weil man sich ja den Himmel „verdienen“ muss, gerät mit der frühen Christengemeinde in Streit. Stephanus bekennt sich zu Jesus, dessen Botschaft und Lebenszeugnis von Gott bestätigt wurde und den Gott zu seiner Rechten erhöht hat. Er wird für die, die am Gesetz hängen, zur Provokation. Sie steinigen ihn zu Tode, können ihm aber das Leben nicht nehmen. Wie Jesu letztes Wort am Kreuz ein Wort der Vergebung war, so erbittet auch Stephanus Vergebung für jene, die ihn zu Tode bringen. So nimmt er Teil an Jesu Tod und Auferstehung.
Der da die Kleider bewacht, Saulus, braucht lange, bis ihm ein Licht aufgeht, bis ihm klar wird, dass Gesetzesdenken und Gesetzesgehorsam nicht das Letzte sein können. Kein anderer betont dann Gottes zuvorkommende Liebe so wie er. Wer sie annimmt, kann selbst zu einem Schenkenden werden, gewinnt eine Freiheit, die zu einer schöpferischen Existenz befähigt. Er, Saulus/Paulus wird der Kirche den Weg ebnen aus der religiösen Enge

Palästinas in die Offenheit und Empfänglichkeit der Völkerwelt, den Weg, den Lukas in der Apostelgeschichte nachzeichnet. Zwar muss auch er wie Stephanus immer wieder um sein Leben bangen, aber die befreiende Zusage von Gottes Treue und Barmherzigkeit trägt und bewegt ihn auch in schweren Stunden.

Zweite Lesung Offb 22,12–14.16–17.20

Ich, Johannes, hörte eine Stimme, die zu mir sprach: 12 Siehe, ich komme bald und mit mir bringe ich den Lohn und ich werde jedem geben, was seinem Werk entspricht. 13 Ich bin das Alpha und das Ómega, der Erste und der Letzte, der Anfang und das Ende. 14 Selig, die ihre Gewänder waschen: Sie haben Anteil am Baum des Lebens und sie werden durch die Tore in die Stadt eintreten können. 16 Ich, Jesus, habe meinen Engel gesandt als Zeugen für das, was die Gemeinden betrifft. Ich bin die Wurzel und der Stamm Davids, der strahlende Morgenstern. 17 Der Geist und die Braut aber sagen: Komm! Wer hört, der rufe: Komm! Wer durstig ist, der komme! Wer will, empfange unentgeltlich das Wasser des Lebens! 20 Er, der dies bezeugt, spricht: Ja, ich komme bald. – Amen. Komm, Herr Jesus!

Immer wieder öffnet Gott uns die Augen

Während bei der Himmelfahrt Jesu eine Wolke den Auferstandenen den Blicken entzieht, kommt er in der heutigen Lesung aus der Offenbarung des Johannes ganz neu in den Blick. Dies in einem finalen Christus-Bekenntnis. Final, weil es die Offenbarung des Johannes und zugleich das ganze Neue Testament abschließt, und weil es die Bedeutung des Christus Jesus umfassend zum Ausdruck bringt: Er ist der Weg und das Ziel der Menschwerdung des Menschen, letzte Menschenmöglichkeit, und zugleich das A und O der Weltgeschichte, der Beginn einer neuen Schöpfung und das Tor zu einem „neuen Himmel und einer neuen Erde, in denen Gerechtigkeit wohnt".(Offb 21,1; 2 Petr 3,13). Am Ende des ersten Jahrhunderts trifft dieses Bekenntnis auf Gemeinden in Kleinasien (heute westliche Türkei), die einem massiven Anpassungsdruck an die religiöse Staatsideologie ausgesetzt sind. Wer sich nicht am Kaiserkult und den religiösen Mahlzeiten beteiligt, „Opferfleisch isst", muss mit erheblichen Nachteilen rechnen. Aber auch die Vermischung mit anderen Überzeugungen hat eine Verflachung des Glaubens zufolge und wird für die Gemeinden zu einer ernsthaften Bedrohung.

Die Offenbarung des Johannes wendet sich aber auch an künftige Gemeinden. Religiös verbrämte Macht gibt es bis heute, weltweit. Der Anpassungsdruck an die Götter des Marktes nimmt zu, der Christusglaube ab. Immer wieder erhebt sich aus dem Ozean der globalen Machtkämpfe ein „Tier“, das dem römischen Imperator von damals gleicht. Babylon ist mal hier, mal dort. Auch der „Drache“ teuflischer Gewalt und Ausbeutung wütet immer noch. Aber mit Jesus, dem Christus ist die End-Scheidung bereits gefallen. Er hat recht behalten und wird recht behalten. Großreiche zerfallen, wenn sie die Würde und Freiheit des Menschen missachten. Wir teilen zwar die Naherwartung der Offenbarung des Johannes nicht – „Ich komme bald“ – bitten aber dennoch: Komm Herr, komm! Geh‘ uns im Dunkel der Zeit auf als „strahlender Morgenstern“.

Evangelium Joh 17,20–26

20 In jener Zeit erhob Jesus seine Augen zum Himmel und betete: Heiliger Vater, ich bitte nicht nur für diese hier, sondern auch für alle, die durch ihr Wort an mich glauben. 21 Alle sollen eins sein: Wie du, Vater, in mir bist und ich in dir bin, sollen auch sie in uns sein, damit die Welt glaubt, dass du mich gesandt hast. 22 Und ich habe ihnen die Herrlichkeit gegeben, die du mir gegeben hast, damit sie eins sind, wie wir eins sind, 23 ich in ihnen und du in mir. So sollen sie vollendet sein in der Einheit, damit die Welt erkennt, dass du mich gesandt hast und sie ebenso geliebt hast, wie du mich geliebt hast. 24 Vater, ich will, dass alle, die du mir gegeben hast, dort bei mir sind, wo ich bin. Sie sollen meine Herrlichkeit sehen, die du mir gegeben hast, weil du mich schon geliebt hast vor Grundlegung der Welt. 25 Gerechter Vater, die Welt hat dich nicht erkannt, ich aber habe dich erkannt und sie haben erkannt, dass du mich gesandt hast. 26 Ich habe ihnen deinen Namen kundgetan und werde ihn kundtun, damit die Liebe, mit der du mich geliebt hast, in ihnen ist und ich in ihnen bin.

Einheit in lebendiger Vielfalt

Das heutige Evangelium unterstreicht mehrfach das, was an den vorausgehenden Sonntagen gesagt wurde zur Einheit Jesu mit dem Vater, zur Einheit der Christen mit Christus und zum Auftrag der Christen, im Geiste Jesu der Einheit und dem Frieden zu dienen.

Das heutige Evangelium gehört zum sogenannten Hohepriesterlichen Gebet Jesu. Es enthält die nachdrückliche Bitte, dass doch alle hineinfinden in das Geheimnis der Erlösung, das darin besteht, dass die Einheit in Gott sich widerspiegeln und Gestalt annehmen möge in der Einheit der Menschen, in der Zusammengehörigkeit und Verbundenheit der Menschen weltweit, bei allen Unterschieden der Hautfarbe, der Sprache und der kulturellen Prägung.
Jesus betet:„Alle sollen eins sein, wie du, Vater, in mir bist und ich in dir, damit die Welt glaube, dass du mich gesandt hast." An der Wirkkraft des Glaubens muss sich erweisen, dass dahinter ein göttlicher Auftrag steht. Die Einheit und Versöhnung stiftende Kraft des Glaubens, die in der Nachfolge Jesu besteht, muss die Alternativlosigkeit des Weges erweisen, den Jesus gegangen ist.
Das klingt sehr vollmundig. Mir ist bewusst, dass man mit dem Wort „alternativlos" sehr vorsichtig umgehen muss, solange nicht alle Alternativen bedacht sind, wie die Menschen zu einer Gerechtigkeit finden, die nachhaltig Frieden stiftet, solange nicht alle Wege bedacht sind, auf denen Menschen einander gerecht werden können. Wir sind davon weit entfernt.

Wenn es um die Botschaft und den Weg Jesu geht, dürfen wir uns darum vorbehaltlos hinter das stellen, was der Seher von Patmos gehört hat, – es steht in der heutigen Lesung –, wenn ihm die Stimme sagt: „Ich bin das Alpha und das Omega, der Anfang und das Ende." Es gehört zum Kern der österlichen Botschaft und findet sich auch auf der Osterkerze. Es bringt die unumstößliche Wahrheit zum Ausdruck, die in der Osterkerze als ganzer veranschaulicht ist. Sie kann nur Licht verbreiten, indem sie sich hergibt, sich aufzehrt.
So ist in der Botschaft der Hingabe, die ihren letzten Ausdruck in der Hingabe Jesu am Kreuz gefunden hat, jene österliche Hoffnung begründet, die zum A und O unseres Lebens und der gesamten Geschichte werden

soll und werden kann. Es geht um eine Solidarität, eine Verbundenheit zwischen den Menschen, die nur möglich ist, wenn alle als Gottes geliebte Geschöpfe gesehen werden, deren Einzigartigkeit und Würde letztendlich

in der Menschwerdung Gottes begründet ist. Das macht den Weg in der Nachfolge Jesu alternativlos. Er zielt auf einen neuen Himmel und eine neue Erde, in denen Gerechtigkeit wohnt.

Jesus geht es in seinem hohepriesterlichen Gebet um die Glaubwürdigkeit des Glaubens, um die Glaubwürdigkeit seiner Sendung, die auf die Verbundenheit und Einheit der Menschen weltweit zielt.
Das heißt mit anderen Worten: Wer nur in Abgrenzung und Ausgrenzung denkt und handelt, im privaten wie im politischen Raum, hat nicht verstanden, dass wir weltweit aneinander verwiesen sind. Wer sich den globalen Herausforderungen und Chancen verweigert, hat die Zukunft schon hinter sich. Das muss die Welt-Kirche als „Sakrament der Einheit", wie das Zweite Vatikanum sagt, unermüdlich bezeugen. Wer das Glück nur innerhalb nationaler Grenzen sucht, verbaut sich selbst den Weg in die Zukunft. Wer kulturelle Vielfalt als Bedrohung ansieht, kann sie nicht mitgestalten. Kulturelle Vielfalt gestalten – ein anspruchsvolles Unternehmen. Aber dieser Gestaltungsauftrag ist ebenfalls alternativlos im Sinne eines Friedens nach innen und nach außen. Es sind Menschen gefragt, die diesen Auftrag annehmen. Oder sagen wir es noch deutlicher, die im Hoffnungshorizont des christlichen Glaubens Schritte zur Einheit tun, nicht zur Vereinheitlichung. Dass am 9.Mai 1950 eine neue Seite in der Geschichte Europas und vielleicht der ganzen Welt aufgeschlagen wurde, verdanken wir gläubigen Politikern wie Robert Schuman, der sich im Grab herumdrehen würde, wenn er vom neu aufkeimenden Nationalismus in Frankreich und anderen europäischen Ländern hören würde.

Darum ist es so wichtig, wie das europäische Parlament, die einzige gewählte übernationale Einrichtung weltweit, zusammengesetzt ist, was die Zielsetzung der Geschichte betrifft.
Dies gilt auch für die Zusammensetzung der Gremien, die künftig über den Weg der Trierer Kirche entscheiden. Entscheidend wird nicht sein, wo die Grenzen der sogenannten Pfarreien der Zukunft verlaufen, sondern welcher Geist innerhalb der neuen Einheiten lebendig ist. Ob sie zum Herrn, zum Kyrios Christus gehörende Gemeinden sind, oder ob sie sich selbst genügen.

Ob der Weg der Kirche wirklich zu den Menschen führt, die oft mehr, als wir meinen, große Herausforderungen in der Familie und im Beruf zu meistern haben, von denen nicht wenige sich überfordert fühlen, früher als gedacht ausgebrannt sind, zu den Menschen, die Tür an Tür leben mit Bürgern anderer Religion und kultureller Prägung, zu den Menschen, die Angst haben vor unvorhersehbaren Ereignissen, die es immer wieder gibt, und zu den Menschen, die mit offenen Augen und einem weiten Herz ausgestattet sind, mit noch nicht entdeckten Fähigkeiten.

An dieser Stelle darf ich das zitieren, was unsere Bundeskanzlerin Angela Merkel vor drei Tagen an der Harvard-Universität in den USA gesagt hat, wo ihr die Ehrendoktorwürde, die 16., verliehen wurde: „... dass wir Mauern einreißen, Mauern der Ignoranz und der Engstirnigkeit, die zwischen Mitgliedern einer Familie ebenso verlaufen (können) wie zwischen gesellschaftlichen Gruppen, Hautfarben, Völkern und Religionen. Mauern, die einengen, während alles möglich ist, wenn man ins Offene geht, den Neuanfang wagt."

Jesus wendet sich am Ende des heutigen Evangeliums an den Vater und betet für jene, die ihn als Gottes geliebten Sohn erkannt haben: „Vater, ich habe ihnen deinen Namen bekannt gemacht, – dich als den Gott grenzenloser Barmherzigkeit bekannt gemacht – und werde ihn bekannt machen, damit die Liebe, mit der du mich geliebt hast, in ihnen ist und damit ich in ihnen bin."
Lassen wir uns hineinnehmen in die Einheit von Vater und Sohn und bitten wir um den Geist der Einheit in lebendiger Vielfalt, vor Ort und weltweit.

Pfingsten

Erste Lesung Apg 2,1–11

1 Als der Tag des Pfingstfestes gekommen war, waren alle zusammen am selben Ort. 2 Da kam plötzlich vom Himmel her ein Brausen, wie wenn ein heftiger Sturm daherfährt, und erfüllte das ganze Haus, in dem sie saßen. 3 Und es erschienen ihnen Zungen wie von Feuer, die sich verteilten; auf jeden von ihnen ließ sich eine nieder. 4 Und alle wurden vom Heiligen Geist erfüllt und begannen, in anderen Sprachen zu reden, wie es der Geist ihnen eingab. 5 In Jerusalem aber wohnten Juden, fromme Männer aus allen Völkern unter dem Himmel. 6 Als sich das Getöse erhob, strömte die Menge zusammen und war ganz bestürzt; denn jeder hörte sie in seiner Sprache reden. 7 Sie waren fassungslos vor Staunen und sagten: Seht! Sind das nicht alles Galiläer, die hier reden? 8 Wieso kann sie jeder von uns in seiner Muttersprache hören: 9 Parther, Meder und Elamíter, Bewohner von Mesopotámien, Judäa und Kappadókien, von Pontus und der Provinz Asien, 10 von Phrýgien und Pamphýlien, von Ägypten und dem Gebiet Líbyens nach Kyréne hin, auch die Römer, die sich hier aufhalten, 11 Juden und Proselýten, Kreter und Áraber – wir hören sie in unseren Sprachen Gottes große Taten verkünden.

Wendepunkt der Geschichte

Fünfzig Tage nach Pessach feiern Juden bis heute das Wochenfest, Schavuot. Erinnerung und Vergegenwärtigung der Gesetzgebung am Sinai, der Weisung zum Leben. Die Christen haben die Zeitspanne übernommen und feiern 50 Tage nach Ostern Pfingsten, (Pentecostes). Erinnerung und Vergegenwärtigung der Geistsendung und des Auftrags, in aller Welt den „neuen Weg“ zu bezeugen, den Jesu Leben, Tod und Auferstehung eröffnet hat: Dass Gott in dieser Welt menschlich vorkommen will, dass sein Entgegenkommen die Mitte der menschlichen Existenz trifft, den Menschen zu seinen besten Möglichkeiten befreit. Sturmesbrausen und Zungen wie von Feuer stehen für die Ermächtigung durch Gottes Geist, allen Widerständen zum Trotz den „neuen Weg“ zu gehen, ganz und gar Mensch zu werden, hellwach und hoffnungsfroh.

In Jerusalem befinden sich „fromme Männer aus allen Völkern unter dem Himmel“. Sie sind nicht zum Fest gekommen, um ihre eigenen Großtaten zu verkünden, sondern sich dankbar der Großtaten Gottes zu erinnern. Aber was sie jetzt hier hören, übertrifft alles bisher Gehörte: Dass Gott in Jesus Christus menschlich nahe war und ist, den Armen zugewandt. Dass er Kranke geheilt, Leblose zu neuem Leben erweckt hat und dafür selbst in den Tod gegangen ist. Dass Gott ihn bestätigt hat als den Neuen Adam, als A und O der Geschichte. Was dies für den eigenen Weg bedeutet, verstehen alle. Das ist das eigentliche Pfingstwunder. Der Weg in die Weltmission ist frei, der Weg zu einer missionarischen Kirche. Gottes Geist „schafft unseren Schritten weiten Raum.“ Es bedarf dazu nicht erneut der „Zungen wie von Feuer“, wohl aber, dass wir mit einer Zunge weltweit Klartext sprechen zu dem, was wir als Christen glauben und warum dieser Glaube in einem umfassenden Sinn Zukunft eröffnet.

Zweite Lesung 1 Kor 12,3b–7.12–13

Schwestern und Brüder! 3b Keiner kann sagen: Jesus ist der Herr!, wenn er nicht aus dem Heiligen Geist redet. 4 Es gibt verschiedene Gnadengaben, aber nur den einen Geist. 5 Es gibt verschiedene Dienste, aber nur den einen Herrn. 6 Es gibt verschiedene Kräfte, die wirken, aber nur den einen Gott: Er bewirkt alles in allen. 7 Jedem aber wird die Offenbarung des Geistes geschenkt, damit sie anderen nützt. 12 Denn wie der Leib einer ist, doch viele Glieder hat, alle Glieder des Leibes aber, obgleich es viele sind, einen einzigen Leib bilden: So ist es auch mit Christus. 13 Durch den einen Geist wurden wir in der Taufe alle in einen einzigen Leib aufgenommen, Juden und Griechen, Sklaven und Freie; und alle wurden wir mit dem einen Geist getränkt.

Die Umsetzung ist gefragt

Paulus antwortet im ersten Korintherbrief auf Fragen und Probleme, die nach seinem Weggang 53 n. Chr. aufgekommen sind. Er hatte in den Jahren 50-53 mit Unterbrechung Menschen unterschiedlicher Herkunft und sozialer Stellung zusammengeführt, Frauen und Männer, Hafenarbeiter und Intellektuelle, Händler und Handwerker, Reiche und Arme. Aber es kommt dennoch zur Gruppenbildung, zu Parteiungen, in denen die Gemeinde ihre Mitte und damit sich selbst zu verlieren droht. Dass da auf einmal beim Herrenmahl Reiche und Arme an getrennten Tischen sitzen, ist für ihn ein Skandal. Bleibt dann lieber zu Hause, lässt Paulus sie wissen. Er erinnert an die Vielfalt der Begabungen und Befähigungen, die eine Gemeinde zu dem machen, was sie ist: Leib Christi, ein lebendiger Organismus, wenn denn alle mit Herzblut dabei sind, Kirche als Kyriakä erfahrbar wird, als zum Kyrios Christus gehörige Gemeinde. Sein Erlösungsweg muss auch der der Gemeinde sein: ganz nah an den Menschen zu sein, den Bedürftigen zuerst. Besiegelt mit der Kraft seines Geistes, der an Pfingsten machtvoll auf die Apostel herabgekommen ist. War es nach Genesis 2,7 nicht so, dass bereits am Schöpfungsmorgen Gottes Geist den Menschen mit Leben inspirierte, ihn zum Menschen machte, indem er „in seine Nase den Lebensatem blies"? Geistreiche Neubelebung der Kirche vollzieht sich nicht medial oder über Papier, sondern im vis à vis, in belebender Begegnung, im wechselseitigen Zeugnis, dass Christus, der Kyrios, die Mitte ist. Aus dieser Mitte erwachsen Gnadengaben und Initiativen, die in geisterfüllter Vielfalt der Menschwerdung des Menschen auf ihn hin verpflichtet sind und zugleich der Kirche im politischen und gesellschaftlichen Raum neue Leuchtkraft geben, sie zu dem machen, was sie ist und bleibt: „Lumen Gentium".

Evangelium Joh 20,19–23

19 Am Abend des ersten Tages der Woche, als die Jünger aus Furcht vor den Juden bei verschlossenen Türen beisammen waren, kam Jesus, trat in ihre Mitte und sagte zu ihnen: Friede sei mit euch! 20 Nach diesen Worten zeigte er ihnen seine Hände und seine Seite. Da freuten sich die Jünger, als sie den Herrn sahen. 21 Jesus sagte noch einmal zu ihnen: Friede sei mit euch! Wie mich der Vater gesandt hat, so sende ich euch. 22 Nachdem er das gesagt hatte, hauchte er sie an und sagte zu ihnen: Empfangt den Heiligen Geist! 23 Denen ihr die Sünden erlasst, denen sind sie erlassen; denen ihr sie behaltet, sind sie behalten.

Begeisterung und Auftrag

Pfingsten – im Zeichen von Feuer und Sturmesbrausen. Im Alten Testament geläufige Bilder für das machtvolle Eingreifen Gottes in die Geschichte, zum Beispiel bei der Gesetzgebung am Sinai.
Pfingsten – Geistsendung in den Zeichen von Feuer und Sturmesbrausen. Die Apostel gehen in pfingstlicher Begeisterung in die Öffentlichkeit und bezeugen, was sie persönlich erlebt haben, was ihnen nun endgültig aufgegangen ist. Und die ihnen zuhören, fangen ebenfalls Feuer.

Ganz anders die Geistesgabe und Sendung der Apostel im heutigen Evangelium, am Ende des ersten Tages der Woche, also des Ostertages. Der auferstandene Herr erscheint inmitten seiner Jünger mit den Worten: „Der Friede sei mit euch". Und er haucht sie an und sagt: „Empfangt den Heiligen Geist. Wem ihr die Sünden vergebt, dem sind sie vergeben; wem ihr die Vergebung verweigert",– ich ergänze, weil es keine Umkehrbereitschaft gibt – „dem ist sie verweigert".
Wir können also die pfingstliche Botschaft nur von Ostern her erschließen. Pfingsten und Ostern gehören zusammen, wie das jüdische Fest Schavuot zu Pessach gehört, sieben Wochen danach. Darum auch Wochenfest genannt. Die Vergegenwärtigung der Gesetzgebung am Sinai, der Weisung zum Leben, ist eng verbunden mit der Botschaft von der Befreiung aus dem Sklavenhaus Ägypten. Die Befreiten müssen sich der Befreiung würdig erweisen, dürfen die geschenkte Freiheit nicht verspielen.

Zu den drei jüdischen Wallfahrtsfesten kommen auch heute noch jüdische Pilger und Gäste aus aller Welt nach Jerusalem. Woher sie damals kamen, erfahren wir am Ende der Lesung. Die frühe Kirche hat die 50 Tage danach, also nach Pessach, aufgenommen und gedenkt der Sendung des Heiligen Geistes als Geburtstag der Kirche. Darum sind am Pfingsttag Menschen aus aller Welt zugegen.
Die da nach Jerusalem gekommen sind, um der Gesetzgebung am Sinai zu gedenken, machen eine ganz neue Erfahrung, sind außer sich vor Staunen und sagen, so die Apostelgeschichte: „Wir hören sie (die Apostel) in unseren Sprachen Gottes große Taten verkünden." Welche großen Taten? Das, was Gott in Jesus Großes gewirkt hat, was sich in seiner Nähe Großes ereignet hat.

Und was konnten die Apostel, die mit Jesus auf dem Weg waren, bezeugen? Dass er so ganz anders von Gott gesprochen hat als die Pharisäer und Schriftgelehrten,
dass man sich Gottes Wohlwollen nicht durch strengen Gesetzesgehorsam verdienen muss, sondern Gott den Menschen, wo immer er angekommen ist, vorbehaltlos annimmt.
Dass unter der Hand Jesu Blinden die Augen aufgingen, Taube hellhörig wurden und Menschen, die am Boden waren, wieder auf die Beine kamen, neu zu leben begannen.
Dass Jesus seiner Botschaft und seiner barmherzigen Nähe zu den Menschen treu geblieben ist bis in den Tod,
und dass Gott seine Botschaft, seinen rettenden Weg bestätigt hat, indem er ihn zu seiner Rechten erhöht hat.

Die da als Pilger zum jüdischen Schavuotfest nach Jerusalem gekommen sind, sind überwältigt, sind außer sich vor Staunen. Sie verstehen die Botschaft, fangen selbst Feuer und viele lassen sich taufen.
Geistsendung im Zeichen von Feuer und Sturmesbrausen – mit einem Auftrag, der das Böse in der Welt an der Wurzel packt, die Selbstverliebtheit auf der einen und die Hartherzigkeit auf der anderen Seite. Ein Auftrag, der auf Umdenken zielt, auf Erneuerung als Weg zu Versöhnung und Frieden.
Bereits an Ostern steht der Auftrag der Kirche fest, wenn Jesus den Seinen sagt: Empfangt den Heiligen Geist. Wie mich der Vater gesandt hat, so sende ich euch. Bringt euren Glauben, euer Gottvertrauen und eure Liebesfähigkeit ein in den Prozess einer universalen Friedensbewegung. Der Friede sei mit euch. Ihr werdet ausgesandt als Boten des Friedens und der Versöhnung, so dass Gottes Geist das Angesicht der Erde erneuern wird. Renovabis faciem terrae.

Renovabis ist das Leitwort der Solidaritätsaktion der deutschen Katholiken mit den Menschen in Mittel- und Osteuropa, in diesem Jahr mit einem besonderen Fokus auf Albanien. Sie findet seit 1983 statt. Aber wenn Sie jemand erklären sollten, was es mit dieser Solidaritätsaktion an Pfingsten auf sich hat, kämen Sie in Verlegenheit. Ich möchte dazu in diesem Jahr etwas Klartext anbieten. Es geht um Menschen in Mittel- und Osteuropa, die 40 Jahre unter kommunistischer Diktatur gelebt haben und sich neu finden mussten und noch müssen. Menschen in 28 Ländern, mehr, als seinerzeit nach den Worten der Lesung in Jerusalem vertreten waren. Besser kann man nicht verdeutlichen, was pfingstlicher Geist ist, was Heiliger Geist ist und was er bewirkt.

Dazu zunächst ein Nachruf im Jahresbericht 2018 von Renovabis.
„Am 26. November 2018 verstarb der Gründungsvater und langjähriger Wegbegleiter von Renovabis Weihbischof Leo Schwarz. Als junger Priester hatte er sich für Misereor und damit für die Hungernden in der Welt stark gemacht. Mit der Wende 1989 erkannte er die großen Herausforderungen im Osten Europas. Er skizzierte die Grundlinien von Renovabis als einer Pfingstaktion, die im Osten Europas Projekte der Partner vor Ort unterstützen und in Deutschland Bewusstsein für die Lebenssituation der Menschen in den mittel- und osteuropäischen Partnerländern schaffen sollte. Als Vorsitzender des Geschäftsführungsausschusses, dann des Aktionsausschusses von Renovabis, prägte Weihbischof Schwarz in den Jahren 1993 bis 2002 die Entwicklung der Solidaritätsaktion. Ihm verdankt Renovabis auch den lateinischen Namen."

Im Statut von Renovabis heißt es im Artikel 1: „Die Aktion Renovabis unterstützt seit dem Ende der totalitären kommunistischen Systeme die Christen in Mittel- und Osteuropa bei ihren Bemühungen um die Verkündigung des Evangeliums und bei der Erneuerung der Gesellschaft in Gerechtigkeit und Freiheit."
Dann zur Projektförderung von Renovabis, 2018 in einem Umfang von 28 Millionen Euro.
Was unter den Grundsätzen steht, lese ich vor. Ich habe es auch für Sie kopieren lassen, so dass Sie sich nachher ein höchst informatives zweiseitiges Papier mitnehmen können. Sie erfahren darin auch etwas über die Anzahl der Projekte im Jahr 2018, und die Förderbereiche und Fördermittel in Prozent-Anteilen.
Das diesjährige Leitwort der Renovabis-Aktion: „Lernen ist leben". Die Entwicklung eines Landes geht über die Bildung. Und die ist auch in Albanien ein vorrangiges Anliegen. Ich habe vor zwei Jahren mit fünf Reiseleitern einen Einblick bekommen in das Land Albanien und nenne im Telegrammstil ein paar Dinge, die mir aufgefallen sind.
Nach der Landung in der Hauptstadt Tirana gleich am Flughafen eine überlebensgroße Statue von Mutter Teresa, die ja aus Albanien stammt. Heute eine Leitfigur für die Neugestaltung des Landes, das die Armen und

Ungebildeten mitnehmen muss, wenn sein Traum, Mitglied der EU zu werden, Wirklichkeit werden soll.
Ein Land, das 40 Jahre eine kommunistische Diktatur erleiden musste, die jede Art von Religionsausübung streng verboten hat. Ich war im Gefängnis von Skodra, wo allein 40 Priester für ihren Glauben in den Tod gegangen sind. Papst Franziskus hat sie, wie jetzt auch sieben Priester in Rumänien, geehrt und selig gesprochen.
Kirchen wurden in den 40 Jahren in Turnhallen umfunktioniert und werden jetzt wieder als Kirchen genutzt.
Von den Klöstern ist eines übrig geblieben, wo heute zwei Mönche leben. Eine berührende Begegnung.
Das Land kehrt zurück zu einem guten Miteinander von orthodoxen Christen, katholischen Christen und Muslimen.
Es findet ein Kampf gegen Korruption statt. Ein neues Denken braucht Zeit, bis es in den Herzen angekommen ist.

So bitten wir Gott um pfingstlichen Geist, den Geist der Erneuerung, der Solidarität und des Friedens. Sende aus deinen Geist, und du wirst das Angesicht der Erde erneuern. Renovabis faciem terrae.

Dreifaltigkeitssonntag

Erste Lesung Spr 8,22-31

22 Der HERR hat mich geschaffen als Anfang seines Weges, vor seinen Werken in der Urzeit; 23 in frühester Zeit wurde ich gebildet, am Anfang, beim Ursprung der Erde. 24 Als die Urmeere noch nicht waren, wurde ich geboren, als es die Quellen noch nicht gab, die wasserreichen. 25 Ehe die Berge eingesenkt wurden, vor den Hügeln wurde ich geboren. 26 Noch hatte er die Erde nicht gemacht und die Fluren und alle Schollen des Festlands. 27 Als er den Himmel baute, war ich dabei, als er den Erdkreis abmaß über den Wassern, 28 als er droben die Wolken befestigte und Quellen strömen ließ aus dem Urmeer, 29 als er dem Meer sein Gesetz gab und die Wasser nicht seinen Befehl übertreten durften, als er die Fundamente der Erde abmaß, 30 da war ich als geliebtes Kind bei ihm. Ich war seine Freude Tag für Tag und spielte vor ihm allezeit. 31 Ich spielte auf seinem Erdenrund und meine Freude war es, bei den Menschen zu sein.

In Beziehung

Der christliche Glaube an einen dreifaltigen und dreieinen Gott geht einher mit der Erkenntnis, dass Gott nur „in Beziehung" gedacht werden kann, und mit der Hoffnung, dass das Leben des Menschen letztendlich im Beziehungsreichtum Gottes seine Erfüllung und Vollendung findet. Dazu gibt die Schrift viele Hinweise und das Buch der Sprichwörter Anregungen zu einem entsprechenden Leben. Sie kommen aus einer Tradition, die zurückgeht bis in die altägyptische Weisheitslehre des 12. Jahrhunderts v. Chr. Immer waren diese Texte auch Bestandteil des interkulturellen Austausches. Die heutige Lesung gehört zur ersten Sammlung des Buchs der Sprichwörter (Kap 1-9). Die Weisheit begegnet uns darin als Person. Schon am Schöpfungsmorgen ist sie an der Seite des Schöpfers und zugleich den Menschen nah. Sie hat ihre Freude daran, „bei den Menschen zu sein." Über die so gedachte Weisheit teilt Gott sich selbst mit.

In Genesis 18 begegnet er Abraham und Sara in Gestalt von drei Männern, die hier fürstlich bewirtet werden. Sie verabschieden sich mit der Zusage, dass Abraham und Sara übers Jahr ein Nachkomme geboren wird. Eine Geschichte, die Hintergrund der sogenannten Dreifaltigkeitsikone von Andrei Rubljew ist. Sie zeigt eine Tischgemeinschaft, die den Betrachter einlädt, auch selbst am Tisch Platz zu nehmen. Gott in belebender Beziehung. Seine Größe lässt sich nicht auf einen philosophischen oder dogmatischen Begriff bringen. Sie wird erfahrbar, wenn sich Menschen ihm anvertrauen, ihr Leben in seine Hände legen. Gott ist die Liebe, heißt es Johannesevangelium. Wer in der Liebe bleibt, wächst hinein in den Beziehungsreichtum Gottes. Auch er darf froh und dankbar sein, „bei den Menschen zu sein", ein Mitmensch zu werden.

Zweite Lesung Röm 5,1-5

1 Gerecht gemacht also aus Glauben, haben wir Frieden mit Gott durch Jesus Christus, unseren Herrn. 2 Durch ihn haben wir auch im Glauben den Zugang zu der Gnade erhalten, in der wir stehen, und rühmen uns der Hoffnung auf die Herrlichkeit Gottes. 3 Mehr noch, wir rühmen uns ebenso der Bedrängnisse; denn wir wissen: Bedrängnis bewirkt Geduld, 4 Geduld aber Bewährung, Bewährung Hoffnung. 5 Die Hoffnung aber lässt nicht zugrunde gehen; denn die Liebe Gottes ist ausgegossen in unsere Herzen durch den Heiligen Geist, der uns gegeben ist.

Der Grund der Hoffnung

Der Römerbrief wird als Testament des Völkerapostels Paulus angesehen. Geschrieben 56/57 in Korinth, etwa ein Jahr bevor Paulus von Jerusalem aus die Reise nach Rom antritt. Dort gibt es bereits Christen, die sich in „Hauskirchen" zusammengeschlossen haben. Für Paulus eine völlig neue Situation, der sonst immer nur „Neuland" betreten hat.

Im Römerbrief selbst ist die heutige Lesung so etwas wie ein kurz gefasstes Bekenntnis, in das die gesamte Lebens- und Glaubenserfahrung des Paulus eingegangen ist, dessen Leben mit der Christusbegegnung vor den Toren von Damaskus eine Wende genommen hat. Paulus hat seinen Frieden mit Gott und mit sich selbst gefunden in der Erkenntnis, dass im Leben alles darauf ankommt, sich von Gottes barmherzigem Entgegenkommen treffen und verwandeln zu lassen. Dies war die Botschaft Jesu. Paulus hat sie sich zu eigen gemacht. Sie wird zum Herzstück seiner Missionstätigkeit, denn sie bringt die ganze Wahrheit um Gott und die ganze Wahrheit um den Menschen an den Tag. Sie ist Grund der Hoffnung, die ihn durch alle Krisen hindurch getragen hat. Auch wenn er immer wieder auf die Früchte seiner Arbeit hinweist, entscheidend für ihn ist und bleibt, „in Christus" zu sein (2 Kor 5,17), von seinem Geist beseelt zu sein, in dem Gottes Nähe und Treue auch heute noch wirksam ist. Vor allem dann, wenn er in den „Bedrängnissen des Lebens" die Kraft gibt, diese, wenn es nicht anders geht, auszuhalten und in der Bewährung neue Hoffnung zu schöpfen. Auftrag der Kirche ist es, dies zu bezeugen. Es ist der Auftrag aller, die getauft und „mit der Gabe Gottes, dem Heiligen Geist" besiegelt sind.

Evangelium Joh 16,12–15

In jener Zeit sprach Jesus zu seinen Jüngern: 12 Noch vieles habe ich euch zu sagen, aber ihr könnt es jetzt nicht tragen. 13 Wenn aber jener kommt, der Geist der Wahrheit, wird er euch in der ganzen Wahrheit leiten. Denn er wird nicht aus sich selbst heraus reden, sondern er wird reden, was er hört, und euch verkünden, was kommen wird. 14 Er wird mich verherrlichen; denn er wird von dem, was mein ist, nehmen und es euch verkünden. 15 Alles, was der Vater hat, ist mein; darum habe ich gesagt: Er nimmt von dem, was mein ist, und wird es euch verkünden.

Einladung in den Beziehungsreichtum Gottes

Wir haben eingangs gesungen: „Gott Vater, sei gepriesen und du sein ewger Sohn, und Ehre werd erwiesen dir Geist auf höchstem Thron! Heiligste Dreifaltigkeit, ungeteilte Einigkeit, dir sei Lob, dir sei Ruhm in dem ewgen Heiligtum."

Wie heute von einem dreifaltigen und zugleich dreieinen Gott sprechen, so, dass ein Mensch davon angesprochen wird, es ihn in seiner Existenz trifft? Einen Menschen, der bei der fortschreitenden Individualisierung der Gesellschaft für sich sein will, aber früher oder später merkt, dass dies nicht möglich ist. Der einer gigantischen Unterhaltungsindustrie ausgesetzt ist, die nicht hält, was sie verspricht, die für ein paar Stunden unterhält, aber dann leer ausgehen lässt. Einen Menschen, der rundum versichert ist für alle Fälle und Unfälle und doch von Existenzangst geplagt wird. Wie von einem dreifaltigen und dreieinen Gott sprechen und an ihm fest machen, in ihm Halt und Orientierung finden, wenn die religiöse Sprache oft zur Fremdsprache geworden ist, mit Worten und Bildern aus einer philosophisch geprägten Theologie und Tradition?

Wir leben in einer Zeitenwende, in der unser Glaube einer neuen Begründung bedarf, so, dass er in den Wechselfällen des Lebens zur Deutehilfe werden kann, vor allem, wenn kein Lebensziel mehr erkennbar ist und die Beweggründe im Leben in eine Krise geraten sind.
Woher nimmt unser Glaube seine Deutekraft, seine Bedeutung für den Menschen?
Nicht aus dogmatischen Sätzen, so richtig sie sein mögen. Nicht aus moralischen Appellen, sondern aus der Art und Weise, wie die Bibel des Alten und des Neuen Testamentes als Urkunde des Glaubens von Gott spricht. Danach kann Gott nur in Beziehung gedacht werden und wird damit sozusagen anschlussfähig an das, was den Menschen zum Menschen macht, der nur in Beziehung zu sich selbst und zum Mitmenschen finden kann. Von unvergleichlicher Tiefe und Einsicht in das, was der jüdische Denker und Theologe Martin Buber dazu in seiner Schrift „Ich und Du“ gesagt hat. Wir müssen aber nicht heutige oder gestrige Denker bemühen, um einen Einblick zu gewinnen in das Geheimnis Gottes und das Geheimnis des Menschen. Seit mehr als 3000 Jahren ist dies das Thema der Weisheitsliteratur, im Alten Ägypten bis hin zum Neuen Testament.

So ist die heutige Lesung aus dem Buch der Weisheit ein wunderbarer Zugang zum Geheimnis Gottes. Hier wird, wie Sie gehört haben, die Weisheit als Person gedacht, die bereits am Schöpfungsmorgen an der Seite des Schöpfers ist und zugleich ihre „Freude daran hat, bei den Menschen zu sein“, wie es am Schluss der Lesung heißt.
So wie der Mensch nur in Beziehung gedacht werden kann, so kann auch Gott, der Urgrund des Menschen, nur in Beziehung, in liebender Beziehung gedacht werden.

Vertrauter als die Weisheitsliteratur der Bibel ist uns die Geschichte vom Besuch der drei Männer bei Abraham unter den Eichen von Mamre. Abraham und Sara sind alt und kinderlos, und das heißt, für damalige Verhältnisse ohne Hoffnung, ohne Zukunft. Da erscheinen in der Mittagshitze drei Männer (Gen 18), die von Abraham und Sara fürstlich bewirtet werden. Sie genießen die Gastfreundschaft und verabschieden sich mit der Zusage, dass Abraham und Sara übers Jahr einen Nachkommen haben werden. In den drei Männern begegnet Gott selbst.
Eine Geschichte, die den russischen Künstler Andrei Rubljew zu seiner Dreifaltigkeitsikone inspiriert hat. Sie hängt seit über 50 Jahren über meinem Esstisch. Drei Männer um einen Tisch, einander zugeneigt. Eine göttliche Tischgemeinschaft, wobei der Betrachter sich eingeladen fühlt, auch selbst an diesem Tisch Platz zu nehmen, teilzuhaben an diesem göttlichen Miteinander.

Genau diesen Glauben bezeugt auch das Johannesevangelium immer wieder, auch der heutige Abschnitt, wenn die Bezogenheit, wenn die Einheit von Vater, Sohn und Heiligem Geist bezeugt wird, indem er von Jesus sagt: „Wenn jener kommt, der Geist der Wahrheit, wird er euch in die ganze Wahrheit führen. Denn er wird nicht aus sich selbst reden. Er nimmt von dem, was mein ist, und wird es euch verkünden." Also verkünden, was von Gott her in Jesus offenbar geworden ist, wenn dieser von Gottes bedingungsloser Liebe gesprochen hat, wenn in seiner Nähe Blinden die Augen aufgingen, Taube hellhörig wurden und Menschen, die am Boden waren, wieder auf die Beine kamen.

Der christliche Glaube an einen dreifaltigen und dreieinen Gott geht einher mit der Erkenntnis, dass Gott nur „in Beziehung" gedacht werden kann, und mit der Hoffnung, dass das Leben des Menschen im Beziehungsreichtum Gottes seine Erfüllung und Vollendung findet. Das ist das Ziel, auf das wir zugehen und das bereits hineinragt in unser alltägliches Leben.
Um es noch einmal auf den Punkt zu bringen: Gottes Größe lässt sich nicht auf einen philosophischen oder dogmatischen Begriff bringen. Sie wird erfahrbar, wenn Menschen sich ihm anvertrauen, ihr Leben in seine Hände legen.
Gott ist die Liebe, heißt es im Johannesevangelium. Wer in der Liebe bleibt, wächst hinein in den Beziehungsreichtum Gottes. Wie die göttliche

Weisheit in der Lesung darf auch er sich freuen und dankbar sein, „bei den Menschen zu sein", ein Mitmensch zu werden.
Nicht zuletzt spiegelt die ganze Menschheit in ihrer Vielfalt und Bezogenheit das Geheimnis des dreifaltigen, dreieinen Gottes. Die Menschheit kann nur im Geiste Jesu zu einem Frieden in Gerechtigkeit finden. Darum lasst uns beten.

Ikone Heilige Dreifaltigkeit

Zweiter Sonntag im Jahreskreis

Erste Lesung Jes 62,1–5

1 Um Zions willen werde ich nicht schweigen, um Jerusalems willen nicht still sein, bis hervorbricht wie ein helles Licht seine Gerechtigkeit und sein Heil wie eine brennende Fackel. 2 Dann sehen die Nationen deine Gerechtigkeit und alle Könige deine Herrlichkeit. Man ruft dich mit einem neuen Namen, den der Mund des Herrn für dich bestimmt. 3 Du wirst zu einer prächtigen Krone in der Hand des Herrn, zu einem königlichen Kopfschmuck in der Hand deines Gottes. 4 Nicht länger nennt man dich „Verlassene“ und dein Land nicht mehr „Verwüstung“, sondern du wirst heißen: „Ich habe Gefallen an dir“ und dein Land wird „Vermählte“ genannt. Denn der Herr hat an dir Gefallen und dein Land wird vermählt. 5 Wie der junge Mann die Jungfrau in Besitz nimmt, so nehmen deine Söhne dich in Besitz. Wie der Bräutigam sich freut über die Braut, so freut sich dein Gott über dich.

Sein Wort gilt

Das Buch Jesaja bezieht sich auf einen Zeitraum von mehr als 300 Jahren, von der Zeit der assyrischen Bedrohung, über das Exil, bis zum Wiederaufbau in persischer Zeit (Kap. 56–66).

Dieser Periode ist unser Text zuzuordnen. Das Exil ist vorbei. Ein neuer Anfang fällt schwer.

Woran anknüpfen? Unser Text nimmt die Ratlosigkeit auf und entwirft ein grandioses Hoffnungsbild, in dem Gott selbst der Beweggrund und Garant des Neubeginns ist. Gott bleibt seinem Volk treu. Er liebt es. Unser Text entwirft eine Zukunft, die schöner nicht sein kann: Das Recht strahlt auf wie ein helles Licht. Könige und Völker in aller Welt bewundern es. In überschwänglichen Worten wird die Beziehung Gottes zu seinem Volk als Liebesbündnis gezeichnet. Nicht so, wie beim Propheten Hosea, wo Israel, die Braut, sich an andere Götter hängt. In unserem Text erscheint Israel als „Vermählte“, an der Gott seine helle Freude hat, für ihn eine Wonne ist. Noch eine Steigerung: Israel/Jerusalem wird „zu einer prächtigen Krone in der Hand des Herrn, zu einem königlichen Diadem". Marc Chagall hat in den 1960er Jahren mit der Synagoge von Haradas (Jerusalem) diese Krone gestaltet. Sie wird gerahmt von zwölf Fenstern zu den Stämmen Israels. Indem die Sonne Farben und Symbolik der Fenster zum Leuchten bringt, leuchtet zugleich die Geschichte Israels auf. Es erstrahlt neu Gottes Treue zu seinem Volk. Woran anknüpfen? Für den Verfasser unseres Textes ist es der Glaube daran, auch in schweren Zeiten in guten Händen zu sein. Auf den zu schauen, der schon einmal „das Elend seines Volkes gesehen" und es hinausgeführt hat in die Freiheit, ins Land der Verheißung. Sein Wort gilt weiter: „Ich will eurer Gott sein, und ihr sollt mein Volk sein", auch für uns. Könnten das heute doch alle hören, die alles verloren haben, die neu beginnen müssen, oder eine schmerzliche Trennung zu bewältigen haben: Ich bin da. Ich gehe mit.

Zweite Lesung 1 Kor 12,4–11

Schwestern und Brüder! 4 Es gibt verschiedene Gnadengaben, aber nur den einen Geist. 5 Es gibt verschiedene Dienste, aber nur den einen Herrn. 6 Es gibt verschiedene Kräfte, die wirken, aber nur den einen Gott: Er bewirkt alles in allen. 7 Jedem aber wird die Offenbarung des Geistes geschenkt, damit sie anderen nützt. 8 Dem einen wird vom Geist die Gabe geschenkt, Weisheit mitzuteilen, dem anderen durch denselben Geist die Gabe, Erkenntnis zu vermitteln, 9 einem anderen in demselben Geist Glaubenskraft, einem anderen – immer in dem einen Geist – die Gabe, Krankheiten zu heilen, 10 einem anderen Kräfte, Machttaten zu wirken, einem anderen prophetisches Reden, einem anderen die Fähigkeit, die Geister zu unterscheiden, wieder einem anderen verschiedene Arten von Zungenrede, einem anderen schließlich die Gabe, sie zu übersetzen. 11 Das alles bewirkt ein und derselbe Geist; einem jeden teilt er seine besondere Gabe zu, wie er will.

Fragen wie für heute

Unter den Fragen, die Paulus im Jahr 54 in Ephesus erreichen, war sicher auch diese: Wie können wir bei so viel unterschiedlichen Menschen als Gemeinde zusammenfinden, Spaltungen vorbeugen und überwinden? Wie können wir überzeugend Christen sein, dem einen Herrn, Christus verpflichtet? Immer wieder wollen Menschen das Sagen haben, die nichts zu sagen haben, nichts, was Gemeinde auferbaut, Gemeinschaft stiftet und den Glauben stärkt. Paulus hatte in den Jahren 50/51 in Korinth gewirkt. Jetzt, wenige Jahre später, zeigt sich, dass es Probleme gibt, die Gemeindeentwicklung noch immer in den Anfängen steckt. Dementsprechend fällt die Antwort des Paulus aus, wenn er im ersten Korintherbrief schreibt: „Es gibt verschiedene Gnadengaben, aber nur einen Geist, verschiedene Dienste, aber nur den einen Herrn, verschiedene Kräfte, die da wirken, aber nur den einen Gott." Dann macht er deutlich, wie vielfältig doch die Befähigungen und Geistesgaben sind, die zusammenwirken müssen, wenn eine lebendige Gemeinde entstehen soll. Eine Gemeinde, die einladend ist, die ausstrahlt, die in den Wechselfällen des Lebens Beheimatung bietet. Wie soll in diesem Sinne künftig Gemeinde und Gemeinschaft erfahren werden? Wie wird der Neubeginn mit „Orten der Kirche" in den „Gemeinden der Zukunft" gelingen? Worauf können wir uns verlassen? Auf nichts anderes als auf unseren Glauben und den Geist, der uns in der Spur Jesu hält. Die Trierer Kirche soll künftig missionarisch und diakonisch ausgerichtet sein, vom Geist Gottes geleitet bei den Menschen. Befähigungen und Geistesgaben gibt es zu jeder Zeit, auch heute. Solche, die Paulus nennt und solche, die in neue Wortschöpfungen eingehen, wenn es heißt, dass die neuen Leitungsteams „multiprofessionell" aufgebaut sein müssen. Von Verwaltungskompetenz ist die Rede und von Leitungsverantwortung. Wichtiger aber als Verwaltungsprozesse und -sitze wird die Bereitschaft aller sein, sich im Sinne des Zweiten Vatikanums als „pilgerndes Gottesvolk" zu begreifen. Das Ziel ist nicht die Kirche.

Dritter Sonntag im Jahreskreis

Erste Lesung Neh 8,2–4a.5–6.8–10

In jenen Tagen 2 brachte der Priester Esra die Weisung vor die Versammlung, Männer und Frauen und überhaupt alle, die schon mit Verstand zuhören konnten. 3 Vom frühen Morgen bis zum Mittag las Esra auf dem Platz vor dem Wassertor den Männern und Frauen und denen, die es verstehen konnten, daraus vor. Das ganze Volk lauschte auf das Buch der Weisung.
4a Der Schriftgelehrte Esra stand auf einer Kanzel aus Holz, die man eigens dafür errichtet hatte.
5 Esra öffnete das Buch vor aller Augen; denn er stand höher als das versammelte Volk. Als er das Buch aufschlug, erhoben sich alle. 6 Dann pries Esra den Herrn, den großen Gott; darauf antworteten alle mit erhobenen Händen: Amen, amen! Sie verneigten sich, warfen sich vor dem Herrn nieder, mit dem Gesicht zur Erde. 8 Man las aus dem Buch, der Weisung Gottes, in Abschnitten vor und gab dazu Erklärungen, sodass die Leute das Vorgelesene verstehen konnten.
9 Nehemía, das ist Hattirscháta, der Priester und Schriftgelehrte Esra und die Leviten, die das Volk unterwiesen, sagten dann zum ganzen Volk: Heute ist ein heiliger Tag zu Ehren des Herrn, eures Gottes. Seid nicht traurig und weint nicht! Alle Leute weinten nämlich, als sie die Worte der Weisung hörten. 10 Dann sagte er zu ihnen: Nun geht, haltet ein festliches Mahl und trinkt süßen Wein! Schickt auch denen etwas, die selbst nichts haben; denn heute ist ein heiliger Tag zur Ehre unseres Herrn. Macht euch keine Sorgen; denn die Freude am Herrn ist eure Stärke.

Der Dienst am Wort

Noch einmal die Frage vom vergangenen Sonntag: Wie ist ein Neubeginn möglich, der Bestand hat? Der Perserkönig Kyros hatte angeregt, dass die Heimkehrenden nach ihrer Ankunft sich auch religiös neu finden. Die Bücher Esra und Nehemia nehmen diese Frage auf (lange nach dem Ende des Exils, im dritten Jahrhundert v. Chr.), machen rückblickend und vorausschauend deutlich, was für den Fortbestand Israels, das nachexilische Judentum grundlegend ist. Es war Nehemia, Statthalter des Perserkönigs, der die Mauern Jerusalems wieder aufbauen ließ. Aber wichtiger war, was innerhalb der Mauern an geläutertem Glauben, an Zusammenhalt und an Dankbarkeit im Gotteslob zu leben war. Eine Antwort darauf gibt unser Text mit dem Modell eines Wortgottesdienstes. Er findet auf der Straße, auf dem Platz vor dem Wassertor statt. Der Priester Esra besteigt eine Straßenkanzel und liest aus der Tora. Leviten erklären das Gehörte, so dass alle es verstehen. Die da Gottes Wort und Weisung hören, sind zutiefst gerührt, wie seinerzeit die Israeliten am Fuße des Sinai bei der Offenbarung, der Erstverkündigung des Gesetzes, erschüttert waren (Ex 19,16). Hier spricht Gott, hier begegnet er seinem Volk. Das Hören und Bedenken der Tora ist der Dreh- und Angelpunkt des jüdischen Glaubens. Und denen, die an Gottes Wort festmachen, wird gesagt: „Die Freude am Herrn ist eure Stärke.“ Man spürt diese Freude, wenn man an einem jüdischen Fest teilnimmt. Das Zweite Vatikanische Konzil hat erneut dem „Dienst am Wort“ und dem Wortgottesdienst große Bedeutung beigemessen, auch wenn dies noch nicht überall angekommen ist. Wo das Wort der Schrift, Gottes Wort, gelesen, gehört und bedacht wird, und wo es ein dankbares Echo erfährt, begegnet er selbst. Wortgottesdienst, Katechese, Bibelgesprächskreis und biblische Reisen sind „Orte der Kirche“, von denen Freude ausgehen möge und die Kraft, hoffnungsvoll den eigenen Weg zu gehen.

Zweite Lesung 1 Kor 12,12–14.27

12 Wie der Leib einer ist, doch viele Glieder hat, alle Glieder des Leibes aber, obgleich es viele sind, einen einzigen Leib bilden: So ist es auch mit Christus. 13 Durch den einen Geist wurden wir in der Taufe alle in einen einzigen Leib aufgenommen, Juden und Griechen, Sklaven und Freie; und alle wurden wir mit dem einen Geist getränkt. 14 Auch der Leib besteht nicht nur aus einem Glied, sondern aus vielen Gliedern. 27 Ihr aber seid der Leib Christi und jeder Einzelne ist ein Glied an ihm.

Entscheidend ist vor Ort

Paulus setzt im ersten Korintherbrief mehrfach an, das zu sagen, was Einheit stiftet und nach außen wirksam werden kann. Denn die Glaubwürdigkeit der Christen im Miteinander ist die Basis allen kirchlichen Handelns.

Nachdem er vom Zusammenwirken der Charismen und der Dienste in ein und demselben Geist, im Geiste Jesu, gesprochen hat, spricht er in der heutigen Lesung im Bild des organischen Zusammenwirkens der Glieder eines Leibes von der Gemeinde als Leib Christi. Ein einleuchtender Vergleich, den man bei der Übertragung auf unsere heutige Situation noch erweitern könnte: Was nicht von „Herzblut“ durchdrungen ist, bleibt unwirksam und stirbt ab. Medizin bleibt unwirksam, wenn sie den Zusammenhang von Leib und Seele, den psychosomatischen Zusammenhang, verkennt. Wer die Richtung bestimmt, in der gegangen werden soll, darf keine Glieder lahm legen oder abhängen. Organisches Zusammenwirken setzt ein hohes Maß an Einfühlungsvermögen und Wertschätzung voraus. Wer Macht hat, muss ermächtigen, muss stützen und fördern. Der diesbezügliche Anspruch wird größer, wenn es nicht um eine überschaubare Ortsgemeinde, sondern um große Einheiten geht. Entscheidend aber ist nach wie vor, was vor Ort geschieht, in der Vertiefung und Feier des Glaubens und in der tätigen Nächstenliebe, der Diakonie. Als Christen in Christus sein, „Leib Christi vor Ort“.

Vierter Sonntag im Jahreskreis

Erste Lesung Jer 1,4–5.17–19

In den Tagen Joschíjas, des Königs von Juda, 4 erging das Wort des Herrn an mich: 5 Noch ehe ich dich im Mutterleib formte, habe ich dich ausersehen, noch ehe du aus dem Mutterschoß hervorkamst, habe ich dich geheiligt, zum Propheten für die Völker habe ich dich bestimmt. 17 Du aber gürte dich, tritt vor sie hin und verkünde ihnen alles, was ich dir auftrage! Erschrick nicht vor ihnen, sonst setze ich dich vor ihren Augen in Schrecken! 18 Siehe, ich selbst mache dich heute zur befestigten Stadt, zur eisernen Säule und zur bronzenen Mauer gegen das ganze Land, gegen die Könige, Beamten und Priester von Juda und gegen die Bürger des Landes. 19 Mögen sie dich bekämpfen, sie werden dich nicht bezwingen; denn ich bin mit dir, um dich zu retten – Spruch des Herrn.

Zweite Lesung 1 Kor 13,4–13

Schwestern und Brüder! 4 Die Liebe ist langmütig, die Liebe ist gütig. Sie ereifert sich nicht, sie prahlt nicht, sie bläht sich nicht auf. 5 Sie handelt nicht ungehörig, sucht nicht ihren Vorteil, lässt sich nicht zum Zorn reizen, trägt das Böse nicht nach. 6 Sie freut sich nicht über das Unrecht, sondern freut sich an der Wahrheit. 7 Sie erträgt alles, glaubt alles, hofft alles, hält allem stand. 8 Die Liebe hört niemals auf. Prophetisches Reden hat ein Ende, Zungenrede verstummt, Erkenntnis vergeht. 9 Denn Stückwerk ist unser Erkennen, Stückwerk unser prophetisches Reden; 10 wenn aber das Vollendete kommt, vergeht alles Stückwerk. 11 Als ich ein Kind war, redete ich wie ein Kind, dachte wie ein Kind und urteilte wie ein Kind. Als ich ein Mann wurde, legte ich ab, was Kind an mir war. 12 Jetzt schauen wir in einen Spiegel und sehen nur rätselhafte Umrisse, dann aber schauen wir von Angesicht zu Angesicht. Jetzt ist mein Erkennen Stückwerk, dann aber werde ich durch und durch erkennen, so wie ich auch durch und durch erkannt worden bin. 13 Für jetzt bleiben Glaube, Hoffnung, Liebe, diese drei; doch am größten unter ihnen ist die Liebe.

Nur die Liebe zählt

Die Anleitung des Apostels Paulus zu einem geisterfüllten Gemeindeleben im ersten Korintherbrief gipfelt im Hohen Lied der Liebe. Er hat es wohl vorgefunden. Geht es doch zu allen Zeiten um die Frage, wie menschliches Miteinander gelingen kann, wie die Liebe zu einem erfüllten Leben führt, so dass man sich trauen kann. Die Korinthische Gemeinde lebt wie jede Gemeinschaft von der Kraft, die aus der Liebe kommt. Es ist die bedingungslose Annahme von Mensch zu Mensch, Verlässlichkeit, die in jedem Menschen lebensgeschichtlich reifen muss, und dann dem Gemeinwohl dient, Gemeinde auferbaut. Lieben und geliebt werden, im biblischen Sprachgebrauch „erkennen" und „erkannt werden", ist der Weg der Menschwerdung des Menschen. In der Liebe scheint die Wirklichkeit Gottes auf. „Wo die Güte und die Liebe wohnt, da wohnt Gott", singen wir bei der Fußwaschung am Gründonnerstag. Der erste Johannesbrief geht noch weiter, wenn er sagt, dass wir bereits vom Tod zum Leben übergegangen sind, wenn wir die Schwestern und Brüder lieben. „Wer nicht liebt, bleibt im Tod" (1 Joh 3,14). Letztendlich zählt nur die Liebe. Eine Überzeugung, eine Wahrheit, die die ganze Literatur durchzieht, wenn auch oft auf dem Hintergrund einer dunklen Folie.

Neunter Sonntag im Jahreskreis

Evangelium Lk 7,1–10

In jener Zeit, 1 als Jesus alle seine Worte dem Volk zu Gehör gebracht hatte, ging er nach Kafárnaum. 2 Ein Hauptmann hatte einen Diener, den er sehr schätzte, der war krank und lag im Sterben. 3 Als der Hauptmann aber von Jesus hörte, schickte er jüdische Älteste zu ihm mit der Bitte, zu kommen und seinen Diener zu retten. 4 Sie gingen zu Jesus und baten ihn inständig. Sie sagten: Er verdient es, dass du seine Bitte erfüllst; 5 denn er liebt unser Volk und hat uns die Synagoge gebaut. 6 Da ging Jesus mit ihnen. Als er nicht mehr weit von dem Haus entfernt war, schickte der Hauptmann Freunde und ließ ihm sagen: Herr, bemüh dich nicht! Denn ich bin es nicht wert, dass du unter mein Dach einkehrst. 7 Deshalb habe ich mich selbst auch nicht für würdig gehalten, zu dir zu kommen. Aber sprich nur ein Wort, dann wird mein Diener gesund. 8 Denn auch ich muss Befehlen gehorchen und ich habe selbst Soldaten unter mir; sage ich nun zu einem: Geh!, so geht er, und zu einem andern: Komm!, so kommt er, und zu meinem Diener: Tu das!, so tut er es. 9 Jesus war erstaunt über ihn, als er das hörte. Und er wandte sich um und sagte zu den Leuten, die ihm folgten: Ich sage euch: Einen solchen Glauben habe ich in Israel nicht gefunden. 10 Und als jene, die der Hauptmann geschickt hatte, in das Haus zurückkehrten, stellten sie fest, dass der Diener gesund war.

Auf Gottes Zuspruch bauen

Ein Mann mit vielen Gesichtern: ein tiefgründiger Theologe, ein begeisterter Missionar, ein Mystiker und einer, der draufhaut, wenn es sein muss. Bei den von ihm gegründeten Gemeinden Galatiens musste es wohl sein. Von Paulus ist die Rede. Er hatte den neuen Weg aufgezeigt, auf dem Gottes unbedingtes Entgegenkommen zu einem beherzten Entgegenkommen befähigt.
Aber kaum ist er weg, tauchen dort Leute auf, die sagen: Nein, so einfach geht das nicht, so billig ist der Glaube nicht zu haben. Sie schärfen den Neubekehrten und den neuen Gemeinden ein, dass der Weg zum Christentum über das Judentum gehen muss, man zuerst Jude werden muss, mit allem, was dazu gehört, um Christ werden zu können.
Paulus hört davon und kommt buchstäblich in Rage, wie wir eben in der Lesung gehört haben. Er schreibt am Anfang des Galaterbriefes: „Wer euch ein anderes Evangelium verkündigt als wir euch verkündigt haben, der sei verflucht."

Paulus selbst ist ein gläubiger Jude geblieben, auch wenn ihm vor den Toren von Damaskus ein Licht aufgegangen ist, Christus selbst aufgegangen ist. Dass dieser in seiner Liebe bis zum äußersten gegangen und von Gott bestätigt worden ist, lässt für ihn aber die Tora in einem neuen Licht erscheinen. Es geht um eine neue Art zu denken und zu leben, um ein tieferes Verständnis des Willens Gottes im Bund mit den Menschen. Es geht um ein tieferes Gottvertrauen.
Wie sich dieses äußern kann, erfahren wir im heutigen Evangelium. Ein römischer Hauptmann, dessen Diener todkrank ist, wendet sich hilfesuchend an Jesus. Jesus soll ihn retten. Er traut es ihm zu. In Kafarnaum anerkannte Männer gehen für ihn und bitten Jesus inständig, doch mitzukommen. Als er sich aber dem Haus nähert, lässt der Hauptmann ihm sagen: „Ich bin es nicht wert, dass du mein Haus betrittst. ... Sprich nur ein Wort, dann muss mein Diener gesund werden." Und wir hören Jesus sagen: „Einen solchen Glauben habe ich in Israel nicht gefunden."
Der Hauptmann hatte auf ein Machtwort gehofft. Er weiß ja, wie wirksam Machtworte, Befehle sind. Jesu Worte sind aber keine Machtworte, sondern Worte der Ermächtigung zum Leben. Wo sie ankommen, zeigt sich die belebende Kraft des Glaubens. Eher beiläufig erfahren wir, dass

der Diener wieder gesund ist...
Dass Menschen wieder gesund werden an Leib und Seele, ist, wie wir wissen, oft die Frucht neuen Vertrauens, die Frucht einer neuen, vertrauensvollen Gelassenheit. Dazu findet man eher in einem Milieu, das nicht dem reinen Leistungs- und Profitdenken verhaftet ist. Dies ist zugleich ein Angriff auf die Menschenwürde wie auf die Gesundheit. Gesundheit kann nicht verordnet werden. Sie bekommt eine Chance, wenn das überwunden ist, was den Menschen im Innersten spaltet und ums Leben bringt.
Wenn Jesus zu einem Taubstummen sagt: „Effata, öffne dich", und zu einem anderen „Hab Mut, steh auf, dein Glaube hat dich gesund gemacht", dann sind das, wie gesagt, keine Machtworte, sondern Worte der Ermächtigung, die neues Leben entstehen lassen.

Der Hauptmann von Kafarnaum lädt uns ein, ihn nachzuahmen, nicht erst, wenn es um Leben und Tod geht. Und dies in zweifacher Hinsicht. Zunächst heißt es, wie damals, wahr-zunehmen, was die Stunde geschlagen hat. Wie er sich um seinen geschätzten todkranken Diener Sorgen macht, so erfahren wir fast täglich von todkranken Menschen. Und wir nehmen wahr, was in unserer Nähe an Leben abstirbt, zum Beispiel durch den Zwang, um jeden Preis mithalten zu müssen. Wir erfahren, was durch die Flut der Bilder und Nachrichten an schöpferischer Fantasie abstirbt und mit dem Zwang, immer online sein zu müssen. Wir erfahren, was an Beziehungen und an Lebensfreude abstirbt, nehmen aber gleichzeitig auch wahr, was es da und dort an Offenheit, an Großherzigkeit und an spontaner Hilfe gibt, schon bei Kindern, die in einem vertrauensvollen Raum gelernt haben, was anderen Menschen guttut.

Also mit dem Hauptmann von Kafarnaum wahrnehmen, was ist, und mit ihm in Stunden der Not und der Angst zu Jesus gehen mit der Bitte: Sprich nur ein Wort, ein heilendes und belebendes Wort.
Sprich ein Wort, das alle seelischen Verbiegungen und Verhärtungen auflöst.
Sprich nur ein Wort, so könnten wir den Tag beginnen, ein Wort, das Herz und Sinne öffnet für jene, die uns an diesem Tag begegnen.
Sprich nur ein Wort, das uns Worte finden lässt, die andere aufbauen oder gar vor dem Tod bewahren.
Auch der Sendungsauftrag Jesu an seine Jünger könnte so lauten: Sagt ein gutes Wort. Sagt den Menschen, wo und wie sie Gottes Nähe im Alltag

erfahren können, wenn sie sich vertrauend auf ihn einlassen. Heilt die Kranken und treibt die Dämonen aus. Heißt: Entzieht allem den Boden, was Menschen in Angst und Abhängigkeit hält und früher oder später kaputt macht.

Damit ist aber auch die Richtung des Auftrags der Kirche heute angezeigt. Dieser muss klar und eindeutig benannt werden. Ohne klares Ziel kein Weg. Ohne Weg keine Verständigung und keine Bewegung.

Es geht um Zuspruch. Papst Franziskus würde sagen: Kirche ist dazu da, vor Ort und weltweit einen Raum zu schaffen, in dem Gottes Barmherzigkeit ankommen kann, Menschen verwandeln kann. Das Evangelium ist zuallererst Zuspruch. Es eröffnet einen Freiheitsraum, in dem Menschen im Wirrwarr vielfältiger Zwänge und Anforderungen aufatmen und aufleben können.

Unser Bischof hat dies bereits im Vorfeld der Synode bekräftigt: „Wir müssen noch entschiedener Kirche für die Menschen sein.“ Das heißt im Sinne des heutigen Evangeliums wahrnehmen, was ist, und helfend und heilend handeln, jeder an seinem Platz.

Zehnter Sonntag im Jahreskreis

Evangelium Lk 7,11–17

In jener Zeit 11 kam Jesus in eine Stadt namens Naïn; seine Jünger und eine große Volksmenge folgten ihm. 12 Als er in die Nähe des Stadttors kam, siehe, da trug man einen Toten heraus. Es war der einzige Sohn seiner Mutter, einer Witwe. Und viele Leute aus der Stadt begleiteten sie. 13 Als der Herr die Frau sah, hatte er Mitleid mit ihr und sagte zu ihr: Weine nicht! 14 Und er trat heran und berührte die Bahre. Die Träger blieben stehen und er sagte: Jüngling, ich sage dir: Steh auf! 15 Da setzte sich der Tote auf und begann zu sprechen und Jesus gab ihn seiner Mutter zurück. 16 Alle wurden von Furcht ergriffen; sie priesen Gott und sagten: Ein großer Prophet ist unter uns erweckt worden: Gott hat sein Volk heimgesucht. 17 Und diese Kunde über ihn verbreitete sich überall in Judäa und im ganzen Gebiet ringsum.

Steh auf!

Nain liegt oben in Galiläa. Nicht weit davon erhebt sich der Tabor, nach der Tradition der Berg der Verklärung. Von weitem schon sieht man das Minarett der Moschee von Nain, die Kirche erst, wenn man davorsteht. Ein fast leerer Raum. Eher eine Gruft als eine Kirche. Was aber hier zur Sprache gebracht wird, die Totenerweckung des jungen Mannes von Nain, handelt nicht vom Tod, sondern vom Leben.

Man trägt einen jungen Mann zu Grab, der einzige Sohn seiner Mutter, heißt es, und diese ist Witwe. Wer wird nun im Alter für sie sorgen? Die Anteilnahme der Dorfbewohner ist groß. Am Ortausgang stößt Jesus auf den Leichenzug. Er tritt an die Bahre heran und berührt sie. Die Träger bleiben stehen, der Trauerzug hält an. Das Geschick der Frau geht Jesus zu Herzen. Und wir hören ihn zwei Worte sagen, die am Weg Jesu immer wieder zu hören sind: Steh auf!

Meine lieben Schwestern und Brüder. Immer wieder überkommt auch uns selbst tiefe Trauer, wenn wir von einem geliebten Menschen Abschied nehmen müssen. Hat der Glaube dann noch Bestand, hat er noch Bestand, wenn wir mit dem Tod konfrontiert werden? Mit dem Tod in nächster Nähe, mit dem hundertfachen und tausendfachen Tod in den Krisenregionen dieser Welt bei Terroranschlägen, Erdbeben und Naturkatastrophen?
Mehrfach ist in der Bibel von Totenerweckungen die Rede, am heutigen Sonntag gleich zweimal. Wenn Gott ein Gott des Lebens ist, kann er sich nicht mit dem Tod abfinden. Wir können aber den tieferen Sinn dieser Texte nur ergründen, wenn wir die ganze Bibel in den Blick nehmen. Versuchen wir es aus drei Blickwinkeln.

Der Erste: Wenn wir nach dem heutigen Abschnitt bei Lukas weiterlesen, begegnen uns zwei Männer, die im Auftrag des Täufers Johannes Jesu fragen:„Bist du der, der da kommen soll, oder müssen wir auf einen anderen warten?“ Die Antwort: Nicht Ja und nicht Nein, sondern „Seht euch um, hört euch um und sagt Johannes, was ihr gesehen und gehört habt“:
„Blinde sehen, Lahme gehen und Aussätzige werden rein; Taube hören. Tote stehen auf und den Armen wird das Evangelium verkündet.“ Das sind beim Propheten Jesaja Erkennungszeichen der messianischen Zeit. Diese ist nun angebrochen, will das Evangelium sagen. Über das hinaus, was bereits unter der Hand Jesu und in seiner Nähe geschieht, ist nicht mehr zu erwarten. Dass eben Blinden die Augen aufgehen, Menschen die Welt und sich selbst mit neuen Augen sehen lernen, dass Lahme und alle, die auf der Stelle treten, in Gang kommen, dass der Aussatz ein Ende nimmt, nicht nur die Krankheit geheilt wird, sondern alles überwunden wird, was aussätzig macht, zur Ausgrenzung führt. Jesaja stellt kein Fantasialand in Aussicht, aber Weitblick statt Kurzsichtigkeit, Entwicklung statt Stillstand, Zugehörigkeit statt Vereinzelung. Darum muss es auch auf unserem Weg gehen, auf dem uns aufgeht, dass wir für das Leben bestimmt sind und nicht für den Tod. Auf dem Weg zum Grab muss immer wieder

das Ziel in den Blick kommen, auf das wir zugehen. Gott selbst, der das Leben in Fülle ist. Von ihm geht dann aber auch die Verpflichtung aus, dem Leben zu dienen, der Verblendung, der Taubheit und der Fühllosigkeit zu begegnen.
Steh auf, sagt Jesus. Er lässt es auch uns sagen, wenn jemand am Ende ist.
Die Geschichten der Totenerweckungen bezeugen, dass wir zum Leben bestimmt sind.
Noch einmal die Frage: Ist unser Glaube dem Tod, dem Tod auf dem Weg und dem Tod am Ende des Weges gewachsen? Was sonst, wenn nicht der Glaube, der aber immer wieder der Vertiefung bedarf.

Der zweite Blickwinkel: Wir schauen vom Tabor, dem Ort der Verklärung, der Verwandlung auf das Geschehen von Nain. In der Geschichte der Verklärung erscheint Jesus in neuem Licht verwandelt. Mit ihm, der da zwischen Mose und Elija steht, hat die Geschichte der Menschheit eine neue Ausrichtung bekommen.
Was wären angesichts der Zerstörungen und Verwüstungen weltweit die großen Programmworte „Gerechtigkeit, Frieden und Bewahrung der Schöpfung" ohne die Ausrichtung auf einen „neuen Himmel und eine neue Erde, in denen Gerechtigkeit wohnt"?
Wie kann der Raubbau an der Schöpfung und die Degradierung des Menschen zum bloßen Marktteilnehmer anders aufgehalten werden als über die neue Ausrichtung, die in Jesus, dem neuen Adam, bereits Gestalt angenommen hat? Er bringt mit dem, was er sagt und tut, die Ausrichtung des Alten Bundes neu zur Geltung und geht dabei bis zum Äußersten.

An ihm können wir also ablesen, dass wir im Prozess der eigenen Menschwerdung auf Verwandlung angelegt sind, auf eine Erneuerung, die im Wissen und Gewissen ansetzt. Diese ist Voraussetzung für die großen Transformationen im wirtschaftlichen, sozialen und ökologischen Bereich, die derzeit in einem ökumenischen Prozess gefordert werden.
Was am Ende unseres Weges an Verwandlung stattfindet, können wir nicht in Worte fassen.
In der Totenmesse heißt es: „Deinen Gläubigen, o Herr, wird das Leben gewandelt, nicht genommen." Mir reicht, was Paulus diesbezüglich sagt: „Wenn wir mit Christus leben, in seiner Spur bleiben, werden wir mit ihm auferstehen", vollendet.

Damit sind wir beim dritten Blickwinkel auf das heutige Evangelium. Er wird durch die Lazarusgeschichte eröffnet. Wer nach Betanien jenseits des Ölbergs kommt, steht vor einem Kirchbau, der einem Mausoleum gleicht. Man betritt dann aber nicht wie in Nain einen trostlosen leeren Raum, eine Art Gruft, sondern liest an der Stirnseite in großen goldenen Buchstaben geschrieben: „Ich bin die Auferstehung und das Leben. Wer an mich glaubt, wird leben, auch wenn er stirbt." Es ist die österliche Botschaft, die über allen Totenerweckungsgeschichten steht. Wir hören sie immer wieder, wenn wir auf einem Friedhof Abschied nehmen von einem lieben Menschen. „Ich bin die Auferstehung und das Leben. Wer an mich glaubt, wird leben..."
Mit der Auferweckung Jesu ist die messianische Zeit, die Gottesherrschaft angebrochen. Wo Menschen in diesem Glauben leben und handeln, in Familie, Politik und Wirtschaft, keimt Hoffnung auf, werden sie zu Wegweisern in eine menschenwürdige Zukunft.

Bemerkenswert ist, wie das Evangelium endet: „Alle wurden von Furcht ergriffen. Sie priesen Gott und sagten... Gott hat sich seines Volkes angenommen."
In dieser Gewissheit feiern wir jetzt Eucharistie, das Gedächtnis von Leben, Tod und Auferstehung Jesu. Unser Echo wird sein: „Deinen Tod o Herr verkünden wir, deine Auferstehung preisen wir, bis du kommst in Herrlichkeit."

Elfter Sonntag im Jahreskreis

Evangelium Lk 7,36–50

In jener Zeit 36 hatte einer der Pharisäer Jesus zum Essen eingeladen. Und er ging in das Haus des Pharisäers und begab sich zu Tisch. 37 Und siehe, eine Frau, die in der Stadt lebte, eine Sünderin, erfuhr, dass er im Haus des Pharisäers zu Tisch war; da kam sie mit einem Alabastergefäß voll wohlriechendem Öl 38 und trat von hinten an ihn heran zu seinen Füßen. Dabei weinte sie und begann mit ihren Tränen seine Füße zu benetzen. Sie trocknete seine Füße mit den Haaren ihres Hauptes, küsste sie und salbte sie mit dem Öl. 39 Als der Pharisäer, der ihn eingeladen hatte, das sah, sagte er zu sich selbst: Wenn dieser wirklich ein Prophet wäre, müsste er wissen, was das für eine Frau ist, die ihn berührt: dass sie eine Sünderin ist. 40 Da antwortete ihm Jesus und sagte: Simon, ich möchte dir etwas sagen. Er erwiderte: Sprich, Meister! 41 Jesus sagte: Ein Geldverleiher hatte zwei Schuldner; der eine war ihm fünfhundert Denáre schuldig, der andere fünfzig. 42 Als sie ihre Schulden nicht bezahlen konnten, schenkte er sie beiden. Wer von ihnen wird ihn nun mehr lieben? 43 Simon antwortete: Ich nehme an, der, dem er mehr geschenkt hat. Jesus sagte zu ihm: Du hast recht geurteilt. 44 Dann wandte er sich der Frau zu und sagte zu Simon: Siehst du diese Frau? Als ich in dein Haus kam, hast du mir kein Wasser für die Füße gegeben; sie aber hat meine Füße mit ihren Tränen benetzt und sie mit ihren Haaren abgetrocknet. 45 Du hast mir keinen Kuss gegeben; sie aber hat, seit ich hier bin, unaufhörlich meine Füße geküsst. 46 Du hast mir nicht das Haupt mit Öl ge-

salbt; sie aber hat mit Balsam meine Füße gesalbt. 47 Deshalb sage ich dir: Ihr sind ihre vielen Sünden vergeben, weil sie viel geliebt hat. Wem aber nur wenig vergeben wird, der liebt wenig. 48 Dann sagte er zu ihr: Deine Sünden sind dir vergeben. 49 Da begannen die anderen Gäste bei sich selbst zu sagen: Wer ist das, dass er sogar Sünden vergibt? 50 Er aber sagte zu der Frau: Dein Glaube hat dich gerettet. Geh in Frieden!

Vergebung als Weg zum Frieden

Es fällt auf: Immer häufiger ist in den Medien von Mord und Totschlag, auch vor unserer Haustür, die Rede und von dem, was Partner, auch Ehepartner, sich antun. Motive: Eifersucht, Rachegelüste, Habgier und nationalistisch bedingter Hass. Viele sind aufgeschreckt, als die Morde des nationalsozialistischen Untergrunds NSU bekannt wurden. Gleichzeitig nimmt in unserer Gesellschaft der Unschuldswahn zu. Tausend Erklärungen werden ins Feld geführt, um andere ins Unrecht zu setzen und sich selbst frei zu sprechen.
Mord und Ehebruch, was geht das Gott an, fragen wir auf dem Hintergrund der Schrifttexte dieses Sonntags. Dabei nur auf das fünfte und sechste Gebot zu verweisen, ist noch keine Antwort. Oder doch?
Ein Wort der Lesung macht hellhörig. Der Prophet Natan, Sprachrohr Gottes, sagt zu König David: „Das Schwert wird auf ewig nicht mehr von deinem Haus weichen." Du wirst immer wieder der Gewalt ausgesetzt und mit deinem ganzen Volk in Gewalt verstrickt sein, „denn du hast mich verachtet und dir die Frau des Hetiters Urija genommen." Diesen hast du in die vorderste Schlachtreihe stellen lassen, damit er ums Leben kommt. Ein hinterhältiger Mord.

Anders als die Geschichtsschreibung der Nachbarn Israels bietet die Bibel keine Hofberichterstattung, die nur die Großtaten des Königs feiert. Schonungslos wird offengelegt, was das Miteinander vergiftet und aushöhlt. Am wenigsten geschont wird der König, der als Gesalbter Gottes ja nicht in eigener Vollmacht handelt, sondern im Auftrag Gottes. Er wird als Ehebrecher vorgeführt.
Im Evangelium ist es eine Frau, eine Sünderin, die sich selbst vorführt. Un-

ter Tränen betritt sie das Haus eines Pharisäers, wo Jesus zu Gast ist. Ihr Leben ist wirklich zum Heulen. Dann diese beeindruckende Szene und der Dialog zwischen Jesus und dem empörten Gastgeber: „Wenn er wirklich ein Prophet wäre", sagt er sich, „müsste er wissen, was das für eine Frau ist, von der er sich berühren lässt." Man muss sie mit Verachtung strafen. Wer so lebt hat kein Erbarmen verdient. Verdient? Erbarmen ist nie verdient, aber wir leben davon.

Versuchen wir auf dem Hintergrund der beiden Texte drei Fragen zu beantworten:

1. Mord und Ehebruch, was geht das Gott an?
2. Gibt es einen Weg, der herausführt aus dem Teufelskreis des Bösen, der ja oft genug auch die Mächtigen ohnmächtig macht? Denken wir an Syrien.
3. Was geschieht, wenn der Teufelskreis des Bösen auf allen möglichen Ebenen durchbrochen wird?

Zur ersten Frage: Was der Dekalog, was die zehn Gebote an Orientierung bieten, ist Lebenswissen und ethische Vernunft aus Jahrhunderten und Jahrtausenden. Der Mensch ist „mit Hoheit und Würde gekrönt", wie es im Psalm 8 heißt. Er ist frei, kein bloßes Instinktwesen. Er ist einer, der sieht, der hört, der mitfühlt und selbst andere braucht, um Mensch werden zu können. Er schaut aber auch in Abgründe, die eigenen und die der anderen. Genügt er sich selbst, fällt er unter sein Niveau als Mensch ab. Heuschrecken werden neuerdings Menschen genannt, die skrupellos nur ihren Profit suchen. Treten sie gehäuft auf, werden sie zur Plage für alle, zur globalen Bedrohung.
Wenn im Alten Testament die zehn Gebote zum Inhalt des Bundes zwischen Gott und Israel gemacht werden, dann wird ihnen göttliche Autorität zugeschrieben, weil der Schöpfer die Menschen als Partner und nicht als Heuschrecken gedacht hat. Der Verstoß gegen das Leben, gegen die Würde des Menschen, ist darum immer auch ein Angriff auf Gott selbst. Darum lässt Gott dem Ehebrecher und heimtückischen Mörder David durch den Propheten Natan sagen: Du hast mich verachtet. Er wird mit zum Leidtragenden.

Die zweite Frage: Wie kann der Teufelskreis des Bösen aufgebrochen und unterbrochen werden? Wie kommt David da wieder heraus? Er steht zu dem, was er getan hat. Wir hören ihn sagen:„Ich habe gegen den Herrn ge-

sündigt“. Die Bibel erzählt ausführlich, wie er Buße tut, wie er fastet und sich zum Schlafen draußen auf den Boden legt. Da wird nichts beschönigt. Da gibt es keine königlichen Privilegien. David erkennt seine Erbärmlichkeit und hofft auf das Erbarmen Gottes. Dieses wird ihm zugesprochen.
Es gehört zu den wichtigsten Einsichten der jüdischen und christlichen Religion, dass der Mensch fallen kann, sehr tief fallen kann, sein Leben verwirken und letztlich nichts mehr gut machen kann, und darum ganz und gar auf rettenden Zuspruch, auf die Barmherzigkeit Gottes angewiesen ist. Unschuldswahn, das Verdrängen, Vertuschen und Bagatellisieren von Schuld verfestigt dagegen den Teufelskreis des Bösen, im privaten wie im politischen Raum. Das kalte Grausen überkommt einen, wenn Despoten und Verbrecher aller Art sich für unschuldig erklären. Der Umgang mit Schuld und Versagen ist darum eine Zukunftsfrage ersten Ranges.
In der Begegnung Jesu mit der Sünderin, die heraus will aus einem Leben, das keines ist, „lernt der Gastgeber: Es gibt ein Heraus. Es gibt die Chance des Neubeginns. „Ihr sind ihre vielen Sünden vergeben“, sagt Jesus, „weil sie mir so viel Liebe gezeigt hat.“ Und dann fällt das rettende Wort: „Deine Sünden sind dir vergeben.“ „Dein Glaube hat dir geholfen. Geh in Frieden.“

Zur dritten Frage: Was geschieht, wenn ein Mensch in der Tiefe seiner Existenz geheilt worden ist? Was geschieht, wenn er Last abwerfen, wieder zu sich kommen durfte?
Wie der Dekalog die Lebensweisheit der Menschheit bündelt, so sagt die Erfahrung der Jahrtausende auch: Wer Barmherzigkeit erfahren hat, zu einem neuen Dasein befreit wurde, sieht die Welt und sich selbst mit neuen Augen. Aus unverdientem Entgegenkommen, das zu Herzen gegangen ist, erwächst die Bereitschaft und meist auch die Kraft, sich für das Leben anderer einzusetzen mit Kopf, Hand und Herz.
Große Gestalten der Geschichte kommen oft von der Talsohle des Lebens her. Sie haben Abgründe erlebt, sind aber nicht darin hängen geblieben. Sie haben sich, wie der verlorene Sohn im Gleichnis, auf den Heimweg gemacht und sich in die Arme des Vaters geworfen. Denken wir an Augustinus und seine Confessiones. Der Raum der Confessio, des Bekenntnisses, der Raum vollmächtiger Vergebung, ist neu zu entdecken, um der Menschen und der Zukunft willen. Vielleicht auch ein Thema für die Synode.
Wer festsitzt, bedarf im Namen Gottes der befreienden Zusage: Deine Sünden sind dir vergeben. Geh in Frieden.

Zwölfter Sonntag im Jahreskreis

Erste Lesung Sach 12,10-11;13,1

10 Doch über das Haus David und über die Einwohner Jerusalems werde ich einen Geist des Mitleids und des flehentlichen Bittens ausgießen. Und sie werden auf mich blicken, auf ihn, den sie durchbohrt haben. Sie werden um ihn klagen, wie bei der Klage um den Einzigen; sie werden bitter um ihn weinen, wie man um den Erstgeborenen weint. 11 An jenem Tag wird die Klage in Jerusalem so groß sein wie die Klage um Hadad-Rimmon in der Ebene von Megiddo. 13,1 An jenem Tag wird für das Haus David und für die Einwohner Jerusalems eine Quelle entspringen gegen Sünde und Unreinheit.

Geisterfüllte Erneuerung

Ein Anliegen der Liturgiekonstitution des Zweiten Vatikanischen Konzils war es, dass „der Tisch des Wortes Gottes reicher gedeckt werde." Daraus erwachsen ist der Dreijahreszyklus der Schrifttexte zu den Sonntagen des Kirchenjahres. Es reicht aber nicht, das neu Aufgetischte nur flüchtig anzuschauen. Sein „Nährwert" ist zu erheben mit Blick auf den Zustand des Gottesvolkes und die Chancen des Glaubens in dieser Zeit.

Dies entspräche der Entstehung des Buches Sacharja, in das zwischen dem fünften und dem dritten bzw. zweiten Jahrhundert vor Christus immer wieder aktuelle Bezüge aufgenommen wurden. Ging es doch darum, immer wieder neu aus der Hoffnungslosigkeit einer Situation herauszuführen und zu einem Neubeginn zu befähigen. Nie wieder darf es danach zum Beispiel einen Rückfall in frühere Machtansprüche geben. Gott wird dann nicht nur über Jerusalem, sondern über die Menschen aller Zeiten den Geist des Mitleids und des flehentlichen Bittens (neue Übersetzung) ausgießen, wenn sie sich dafür öffnen. Eine Quelle wird entspringen „zur Reinigung von Sünde und Unreinheit". Also geisterfüllte Erneuerung nicht von außen sondern von innen.

Geheimnisvoll und rätselhaft bleibt in unserem Text die messianische Gestalt, die man wohl mit Gewalt aus dem Weg geräumt hat. Zu spät kommt die Erkenntnis, dass sie ein Hoffnungsträger war, die hätte aufhelfen können. Man wird ihren Tod beklagen, heißt es. Das Johannesevangelium bringt diese Gestalt in Beziehung zu Jesus, den am Kreuz Durchbohrten. Alttestamentliche Texte sind zweifellos grundlegend für die Botschaft des Neuen Testamentes. Aber der Tisch des Wortes Gottes wird erst dann reicher gedeckt, wenn die „neuen" Texte mit ihrem jeweiligen Kontext für die Wirksamkeit des Glaubens und der Kirche in dieser Zeit fruchtbar gemacht werden.

Zweite Lesung Gal 3,26-29

26 Denn alle seid ihr durch den Glauben Söhne Gottes in Christus Jesus. 27 Denn ihr alle, die ihr auf Christus getauft seid, habt Christus angezogen. 28 Es gibt nicht mehr Juden und Griechen, nicht Sklaven und Freie, nicht männlich und weiblich; denn ihr alle seid einer in Christus Jesus. 29 Wenn ihr aber Christus gehört, dann seid ihr Abrahams Nachkommen, Erben gemäß der Verheißung.

Berufen zur Freiheit

Paulus hatte bei seiner zweiten Missionsreise wohl auch in Galatien Gemeinden gegründet, einer heidnischen Region in der Nähe des heutigen Ankara. Neuland! Für Paulus gerade richtig, da er nicht erst „abräumen" muss, sondern gleich etwas Neues aufbauen kann, das erschließen kann, was ihm selbst vor den Toren von Damaskus aufgegangen ist: dass Leben nur gelingen kann, wenn man es als geschenkte Existenz begreift, dass ein Mensch nur weitergeben kann, was er selbst empfangen hat: Güte, Verständnis, Wohlwollen, Entgegenkommen. Es entstehen heidenchristliche Gemeinden. Aber dann kommen judenchristliche Lehrer, die Christus wie ein Gewand nur über- und nicht wirklich „angezogen" haben, sich nicht in IHM bewegen und sind. Sie versuchen die Heidenchristen auf den „alten Weg" einzuschwören, darauf, dass die Beschneidung und die Verpflichtung auf das ganze Gesetz auch für die Christen gilt. Paulus ist empört. Gleich zu Beginn seines Briefes an die Galater verflucht er darum jene, die ein anderes Evangelium verkünden, als er es getan hat. Es geht ja um viel. Er macht in diesem Brief die Freiheit des Christenmenschen zum Thema und wozu diese gut ist und gut macht. Er betont die Einheit in Christus. Die Unterscheidung zwischen Juden und Griechen, Sklaven und Freien, Männern und Frauen ist damit hinfällig geworden. Etwas völlig Neues in der antiken Welt. Paulus löst dies auch selber ein, wenn er zum Beispiel in Philippi eine Frau, die Purpurhändlerin Lydia mit der Gemeindeleitung beauftragt, und in Korinth ein Ehepaar in seinem Team hat, Aquila und Priscilla. Denen, die aus dem Judentum kommen, baut er eine Brücke zu Abraham, der Gott recht war, weil er auf Vertrauen hin seinen Weg gegangen ist.

Evangelium Lk 9,18–24

In jener Zeit 18 betete Jesus für sich allein und die Jünger waren bei ihm. Da fragte er sie: Für wen halten mich die Leute? 19 Sie antworteten: Einige für Johannes den Täufer, andere für Elíja; wieder andere sagen: Einer der alten Propheten ist auferstanden. 20 Da sagte er zu ihnen: Ihr aber, für wen haltet ihr mich? Petrus antwortete: Für den Christus Gottes. 21 Doch er befahl ihnen und wies sie an, es niemandem zu sagen. 22 Und er sagte: Der Menschensohn muss vieles erleiden und von den Ältesten, den Hohepriestern und den Schriftgelehrten verworfen werden; er muss getötet und am dritten Tage auferweckt werden. 23 Zu allen sagte er: Wenn einer hinter mir hergehen will, verleugne er sich selbst, nehme täglich sein Kreuz auf sich und folge mir nach. 24 Denn wer sein Leben retten will, wird es verlieren; wer aber sein Leben um meinetwillen verliert, der wird es retten.

Christus als Gewand anlegen

Stellen Sie sich vor, da kommt einer und sagt: Gleiches Ansehen, gleiche Entwicklungschancen für alle in diesem Land: für Einheimische und Zugezogene, schwarz oder weiß, Mann oder Frau, beruflich selbstständig oder nicht.
Die meisten würden dazu Ja sagen, auch wenn viele anders denken. Denn was jemand lebensgeschichtlich an Einstellungen erworben hat, sitzt tief und kann nicht von heute auf morgen verändert werden. Es entscheidet aber darüber, ob und wie es weitergeht in einer veränderten neuen Situation.

Damit hatte auch Paulus ein Problem. Er verkündet in der antiken Welt, in der heutigen Türkei und in Griechenland, das Evangelium von Gottes unbedingtem Entgegenkommen. Viele lassen sich vom „neuen Weg“, wie Paulus sagt, überzeugen, lassen sich taufen und schließen sich in Gemeinden zusammen. Aber kaum ist er weitergezogen, fallen viele in die alten Denkmuster zurück. Er muss reagieren und schreibt im Galaterbrief, aus dem wir eben einen Abschnitt gehört haben: „Die ihr auf Christus getauft seid, habt Christus als Gewand angelegt. Es gibt nicht mehr Juden und Griechen, nicht mehr Sklaven und Freie, nicht Mann und Frau, denn ihr alle seid ‚einer' in Christus.“
„Es gibt nicht mehr Juden und Griechen“, heißt: Es ist gleich, auf welchem Weg jemand zum Glauben an Christus kommt, ob er vorher Jude oder Heide war. Entscheidend ist, dass er den neuen Weg für sich entdeckt. Papst Franziskus macht dies erneut bewusst: Der Weg zum Glauben, der Weg in die Nachfolge Jesu kann in Afrika und Lateinamerika anders aussehen als in Europa oder Asien. Wer Christus wie ein Gewand angezogen und nicht nur zur Dekoration oder Tarnung übergezogen hat, weiß, worauf es ankommt, nämlich bei den Menschen zu sein, vor allem bei denen, die sich nicht weiterentwickeln konnten oder am Rande leben.
Paulus sagt weiter: In einer christlichen Gemeinde, also in der Kirche, ist die Unterscheidung von Frau und Mann hinfällig geworden. Er selbst hat Frauen und Männer als Mitarbeiterinnen und Mitarbeiter und überträgt die Verantwortung für die neuen Gemeinden denen, die dazu fähig sind. Diesbezüglich rumort es heute noch, weil viele noch überkommenen Rollenbildern verhaftet sind. Wenn Bischof Stephan sagt, dass es bei der Synode keine Tabuthemen geben dürfe, dann wird man sich auch dieser Frage stellen und im Rahmen des Möglichen konkrete Schritte tun.
Geradezu revolutionär für die damalige Welt ist das, was Paulus drittens sagt: Die Unterscheidung von Sklaven und Freien ist in einer christlichen Gemeinde aufgehoben. Die Taufe gibt allen die gleiche Würde. Sklaven im damaligen Sinne gibt es heute nicht mehr, dafür umso mehr Versklavte in einer vom Markt beherrschten Leistungs- und Wettbewerbsgesellschaft, Menschen, die permanent unter Druck stehen, ferngesteuert und austauschbar. Keine Sklaven, aber Versklavte.

„Christus als Gewand anlegen“, sagt Paulus. Es ist kein Sonntagsgewand, sondern strapazierfähig für den Alltag, muss es doch den täglichen Herausforderungen und Zerreißproben standhalten.

Ein Blick in die Gegenwart: Die Weltbevölkerung zählt inzwischen über acht Milliarden Menschen. 60 Millionen davon sind derzeit auf der Flucht. Die Weltbevölkerung ist medial vernetzt, aber auch den Bedingungen des Weltmarktes unterworfen. Von Kontinent zu Kontinent, von Land zu Land leiden Unzählige unter Armut und fehlenden Entwicklungschancen, unter Spannungen und Gewalt. Eine große Wanderbewegung ist im Gange. Von den 83 Millionen Bürgerinnen und Bürgern unseres Landes kommt ein großer Teil aus anderen Regionen der Welt.
In der Pfarreiengemeinschaft Malstatt in Saarbrücken leben Menschen aus 130 Nationen. Sie bringen nicht dieses oder jenes, sondern sich selbst mit, das, was sie lebensgeschichtlich geprägt hat, sozial, kulturell und religiös. Unsere Gesellschaft wird noch bunter, noch vielgestaltiger werden.

Vielfalt zu gestalten ist die Herausforderung unserer Zeit und, wenn ich es recht sehe, der spezifische Auftrag der Kirche, die das Konzil als Zeichen und Werkzeug der Einheit sieht. Was Paulus als Kennzeichen der christlichen Gemeinde sieht, hat Modellcharakter für die ganze Menschheit.
Viel Erfreuliches gibt es diesbezüglich schon in unserem Land: Farbige und weiße Kinder sitzen in einer Schulbank und sind Freunde. In Fabriken, Krankenhäusern und im Dienstleistungsbereich arbeiten Einheimische und zu uns Gekommene kollegial zusammen. In einem Studierendenwohnheim in Trier, dem Cusanushaus, leben derzeit 170 Studierende aus 31 Nationen in gemischten Wohngruppen. Eine Mutter hat mir vor wenigen Tagen erzählt, dass sie ihre Kinder bewusst in einer Kindertagesstätte untergebracht hat, wo es viele Kinder nichtdeutscher Herkunft gibt. Was unter die Haut gehen soll, was befähigen soll, die Herausforderungen von morgen zu meistern, muss früh gelernt und eingeübt werden.

Christus wie ein Gewand anziehen, nicht nur zum Schein oder zur Tarnung überziehen, ist die Antwort auf die großen Herausforderungen heute, also den tiefgreifenden Wandel geistreich und geisterfüllt mitzugestalten.
Tausende junge Leute werden jedes Jahr gefirmt. Ich habe ihnen immer gesagt: Als Gefirmte, mit Gottes Geist Begabte, wird man euch daran erkennen, dass ihr Türen öffnet, Brücken baut, wo noch Gräben sind. Wenn ihr denen Ansehen schenkt, die noch keins haben, Netze knüpft, durch die keiner durchfällt. Ein großartiger Auftrag, bei dem man auch selbst Mensch wird, ein Mitmensch.

Wer sonst soll sich für die heutigen Gestaltungsaufgaben stark machen, wenn nicht jene, die im biblischen Hoffnungshorizont leben. In diesem werden sich am Ende der Zeit die Völker aus allen vier Winden auf den Weg machen, um auf dem Zion ein großes Friedensfest zu feiern. Was da utopisch erscheint, wird heute bereits da und dort verortet, wird Wirklichkeit.

Aber woher nehmen wir die Kraft und den Mut, uns an diesem anspruchsvollen Projekt zu beteiligen, auch gegen Widerstände?
Die alles entscheidende Frage dazu stellt Jesus im heutigen Evangelium: Wer bin ich für euch? Wer bin ich für dich?
Ich versuche zu antworten: Du hast den Bund Gottes mit seinem Volk ganz neu zur Geltung gebracht und auf alle Menschen ausgeweitet. Du hast der Freiheit und der Gerechtigkeit eine Perspektive gegeben, indem du Gottes Barmherzigkeit, sein bedingungsloses Entgegenkommen, über alles gestellt und erfahrbar gemacht hast. Du bist der von Gottes Geist erfüllte Neue Adam, letzte Menschenmöglichkeit, der von Gott Bestätigte, der Auferweckte, A und O der Geschichte.
Und wenn es im heutigen Evangelium dann heißt, dass jeder sein Kreuz auf sich nehmen soll, dann meint dies, dass wir uns den Herausforderungen unseres Lebens stellen, die Lasten miteinander tragen. Denn wer sich getragen weiß, wird selbst tragfähig.

Dreizehnter Sonntag im Jahreskreis

Evangelium Lk 9,51–62

*51 Als sich die Tuge erfüllten, dass er hinweggenommen wer-
den sollte, fasste Jesus den festen Entschluss, nach Jerusalem
zu gehen. 52 Und er schickte Boten vor sich her. Diese gingen
und kamen in ein Dorf der Samaríter und wollten eine Un-
terkunft für ihn besorgen. 53 Aber man nahm ihn nicht auf,
weil er auf dem Weg nach Jerusalem war. 54 Als die Jünger
Jakobus und Johannes das sahen, sagten sie: Herr, sollen wir
sagen, dass Feuer vom Himmel fällt und sie verzehrt? 55 Da
wandte er sich um und wies sie zurecht. 56 Und sie gingen in
ein anderes Dorf. 57 Als sie auf dem Weg weiterzogen, sagte
ein Mann zu Jesus: Ich will dir nachfolgen, wohin du auch
gehst. 58 Jesus antwortete ihm: Die Füchse haben Höhlen und
die Vögel des Himmels Nester; der Menschensohn aber hat kei-
nen Ort, wo er sein Haupt hinlegen kann. 59 Zu einem ande-
ren sagte er: Folge mir nach! Der erwiderte: Lass mich zuerst
weggehen und meinen Vater begraben! 60 Jesus sagte zu ihm:
Lass die Toten ihre Toten begraben; du aber geh und verkünde
das Reich Gottes! 61 Wieder ein anderer sagte: Ich will dir
nachfolgen, Herr. Zuvor aber lass mich Abschied nehmen von
denen, die in meinem Hause sind. 62 Jesus erwiderte ihm:
Keiner, der die Hand an den Pflug gelegt hat und nochmals
zurückblickt, taugt für das Reich Gottes.*

Den Ruf hören und annehmen

Samariter verweigern Jesus und seinen Jüngern die Gastfreundschaft. Jakobus und Johannes sind empört. Haben sie vergessen, dass ihre eigenen Leute die Samariter verachten, weil sie sich vor Jahrhunderten mit Angehörigen der assyrischen Fremdmacht vermischt haben? Für die Samariter ist Jerusalem darum tabu. Und wer von Galiläa aus den direkten Weg nach Jerusalem durch Samaria geht (heute Westbank), bekommt es zu spüren. Warum wählt Jesus dennoch diesen Weg? Weil er das Vorurteil seiner Landsleute und deren Verachtung der Samariter nicht teilt.
Im Gegenteil, er stellt denen einen Samariter als Vorbild vor Augen, die vom Tempel kommen, aber nicht sehen, dass da am Weg jemand halbtot liegt, der von Räubern überfallen wurde. Und das gilt besonders denen, die, wie im Gleichnis vom barmherzigen Samariter, zum Tempelpersonal gehören, die gerade vom Tempel kommen, aber blind und fühllos geblieben sind.

Wenden wir uns dem eigentlichen Thema dieses Sonntags zu. Es geht um Berufungen. In der Lesung war von Elischas Berufung die Rede. Im Evangelium von Männern, die den Anruf Jesu hören, von dem, was er sagt und tut, angetan sind, aber sich zunächst entschuldigen. Der eine will erst nach Hause gehen, um seinen Vater zu begraben. Und bekommt zu hören: „Lass die Toten die Toten begraben, du aber geh und verkünde das Reich Gottes." Einem anderen, der sich erst von seiner Familie verabschieden will, ergeht es genauso. Harsche, befremdliche Worte aus dem Munde Jesu. Was steckt hinter dieser Radikalität? Gilt diese immer noch? Der Ruf Jesu in die Nachfolge ergeht ja auch heute noch und wird auch heute noch gehört, auch wenn die Antwort angesichts veränderter Umstände sehr unterschiedlich sein kann.

Wir können aber nicht so ohne weiteres sagen, wer Jesus heute wirklich nachfolgt oder nur so tut. Wir wissen nicht, wer sich wirklich in die Gottesbeziehung Jesu hineingenommen weiß und daraus konsequent – heißt „nachfolgend" denkt, lebt und entscheidet, jeweils an seinem Platz. Die Jesusnachfolger sind nicht statistisch zu erfassen, weil die Wirkkraft des Gottesgeistes nicht in Fragebogen und in Zahlen erfasst werden kann.

Berufung, Nachfolge. Da denken wir natürlich zunächst an die geistlichen Berufungen: die Berufung zur Ordensfrau, zum Ordensmann, zum Priester. Die Berufungen in diesem Sinne haben drastisch abgenommen.
In diesem Jahr wurde in unserem Bistum nur ein Mann zum Priester geweiht. Auch den Orden fehlt der sogenannte Nachwuchs. Viele haben ihre Niederlassungen aufgegeben, auch in Trier. Die Klarissen vom Petrisberg sind im letzten Jahr nach Mainz gegangen. Die Jesuiten haben in diesem Jahr Trier verlassen. Auch die Weißen Väter haben ihre Niederlassung in Trier aufgegeben, ebenso die Redemptoristen und die Weißen Schwestern.

Und doch ruft Jesus immer noch: Folge mir nach, wenn ja, dann ohne Wenn und Aber. Denn die Ansage des Evangeliums duldet keinen Aufschub, heute nicht und in Zukunft noch weniger, wenn wir nicht noch mehr dem Marktdenken und Marktgeschehen verfallen wollen, der Markt noch mehr die Herrschaft übernimmt.

Von Berufungspastoral ist neuerdings häufiger zu hören. Gut so. Und ich wünsche mir, dass wir in den nächsten Jahren nicht nur über den Grenzverlauf der neuen „Pfarreien der Zukunft" reden, sondern dass pfingstliches Feuer die Gläubigen – oder sind es nur Gemeindemitglieder – erfasst. Pastoral meint erlebbare, erfahrbare Hirtensorge. Wie viel Hirtensorge nach dem Vorbild des guten Hirten Jesus muss heute und morgen erfahrbar werden, dass auch junge Menschen sagen können: Ich habe verstanden. Ich mache mit. Ich übernehme Verantwortung, ohne mich zu übernehmen. Ich beobachte in der jungen Generation eine neue Sensibilität für das, was keinen Aufschub duldet, weil es um den Weg in eine menschenwürdige Zukunft geht, um Gerechtigkeit, Frieden und die Bewahrung der Schöpfung. Ich sehe, wie sich junge Menschen stark machen für das Friedensprojekt Europa und den Nationalisten die Stirn bieten. Grenzen überwinden wollen, über alle Unterschiede der Hautfarbe, der Sprache und der kulturellen Prägung hinweg.
Ich werde erinnert an ein Wort des Propheten Joel, der mit Blick auf eine geistreiche Zukunft sagt: „Eure Söhne und Töchter werden Propheten sein … und eure jungen Männer haben Visionen." Heißt, sehen, was ist, in Alternativen denken und sich für das entscheiden, was Zukunft hat.

Berufungen sind immer eine Antwort auf neue Herausforderungen. Dies gilt durchgängig in der Bibel. Denken wir an Moses, die Propheten, die Jünger Jesu, an Paulus und andere. Dies gilt aber auch für die Orden und geistlichen Gemeinschaften, die im Laufe der Zeit entstanden sind. Ihre Gründer haben in einer bestimmten historischen Situation den Anruf Gottes vernommen und konsequent angenommen, haben die Spur Jesu aufgenommen. Denken wir an die Gemeinschaften der Benediktinerinnen und Benediktiner, der Franziskaner und Klarissen, der Dominikaner und der Jesuiten. Denken wir an die Barmherzigen Brüder, die den Handlungsbedarf bei Kranken und Alten gesehen haben, oder an die Salesianer, die sich für verwahrloste Jugendliche engagiert haben und noch engagieren.

Jede Zeit hat ihre eigenen Herausforderungen. Und es kommt darauf an, sie wahrzunehmen und anzunehmen. Der Ruf Gottes zum Dienst am Menschen und der Menschheit ergeht weiterhin. Er wird wahrgenommen und aufgenommen von Frauen und Männern im politischen Raum, im Raum der Bildung, in der Kunst und von jungen Menschen, die für das einstehen, was ihnen zu Herzen gegangen ist, oft ohne Wenn und Aber. Gottes Geist weht, wo er will. Er erfasst Menschen, die zu Wegbereitern des Friedens und der Versöhnung werden. Gott sei Dank.
Dies gilt auch für die Neuorientierung der Kirche und die aktuelle Situation unseres Bistums. Aber ich wünsche mir, dass das, was an neuen Wegen beschritten wird, beherzt und konsequent, dann nicht der Presse, den Medien, sondern Gott übergeben wird. Nur er kann zu einem wirklichen Neubeginn verhelfen.

Zur Konzilszeit hat der Theologe Rudolf Schnackenburg ein Buch herausgegeben unter dem Titel: „Ihr alle seid Geistliche“. Ihr alle, die ihr auf den Namen Jesu getauft und mit der Gabe Gottes, dem Heiligen Geist besiegelt seid.
Beten wir darum, dass der Ruf Gottes in unserer Zeit durchdringt, und nicht von den Marktschreiern übertönt wird.

Vierzehnter Sonntag im Jahreskreis

Evangelium Lk 10,1–9

1 In jener Zeit suchte der Herr zweiundsiebzig andere aus und sandte sie zu zweit vor sich her in alle Städte und Ortschaften, in die er selbst gehen wollte. 2 Er sagte zu ihnen: Die Ernte ist groß, aber es gibt nur wenig Arbeiter. Bittet also den Herrn der Ernte, Arbeiter für seine Ernte auszusenden! 3 Geht! Siehe, ich sende euch wie Schafe mitten unter die Wölfe. 4 Nehmt keinen Geldbeutel mit, keine Vorratstasche und keine Schuhe! Grüßt niemanden auf dem Weg! 5 Wenn ihr in ein Haus kommt, so sagt als Erstes: Friede diesem Haus! 6 Und wenn dort ein Sohn des Friedens wohnt, wird euer Friede auf ihm ruhen; andernfalls wird er zu euch zurückkehren. 7 Bleibt in diesem Haus, esst und trinkt, was man euch anbietet; denn wer arbeitet, ist seines Lohnes wert. Zieht nicht von einem Haus in ein anderes! 8 Wenn ihr in eine Stadt kommt und man euch aufnimmt, so esst, was man euch vorsetzt. 9 Heilt die Kranken, die dort sind, und sagt ihnen: Das Reich Gottes ist euch nahe!

Weggefährten im Glauben werden

Am ersten Januar gehen die ersten 15 „Pfarreien der Zukunft“ an den Start. Viele fragen: Wie soll das gehen? Antwort: Indem alle, die es angeht, sich bewegen. Wohin?
Dazu gibt das heutige Evangelium eine Antwort, und auch die eindrucksvolle Lesung enthält einen wichtigen Hinweis.

Im Hintergrund hören wir den auferstandenen Herrn, der bei seinem ersten nachösterlichen „Auftritt“ die noch verschreckten Jünger anspricht mit den Worten: „Der Friede sei mit euch. Wie mich der Vater gesandt hat, so sende ich euch.“ Tragt den Frieden weiter, den ich gebracht habe, und geht dabei den Weg, den ich gegangen bin.

Das heutige Evangelium wird konkreter und ich möchte daraus ein paar Äußerungen hervorheben, weil sie die Kirche der Zukunft, auch unsere Trierer Kirche in einem neuen Licht erscheinen lassen. Wer den Glauben an die Zukunft der Kirche verloren hat, weil es derzeit augenscheinlich mehr Abbruch als Aufbruch gibt, wird den Auftrag der Kirche in einem neuen Licht sehen, mehr noch, sich selbst als Glied der Kirche neu sehen lernen.

Und davon wird es abhängen, wie es weitergeht.

Wir brauchen dazu keinen neuen Pastoralplan. Davon gab es in den letzten Jahrzehnten in unserem Bistum mehrere, die abgeheftet oder in der Schublade verschwunden sind.

Was also ist die wegweisende Botschaft des heutigen Evangeliums für die Kirche der Zukunft. Ich nenne vier Punkte:

1. Wir sind als Christen in der Nachfolge Jesu dem Frieden verpflichtet, wie bereits gesagt, und müssen diesen erfahrbar machen.
2. Wenn das Evangelium von 72 Jüngern spricht, die zu zwei und zwei ausgesandt werden, dann sind nach der Zahlensymbolik alle gemeint.
3. Sie sollen dorthin gehen, heißt es ausdrücklich, wohin Jesus selber kommen will. Sind und bleiben also Wegbereiter für ihn. Nicht irgend jemand soll bei den Menschen ankommen, sondern er selbst.
4. Der Weg geht in die Häuser. Gewährte und angenommene Gastfreund schaft ist in den ersten Jahrhunderten entscheidend dafür, dass sich die Kirche in der ganzen alten Welt ausbreitet. Es entstehen Hauskirchen – auch in Trier fängt alles mit einer Hauskirche an, die vor ein paar Jahren archäologisch freigelegt wurde, keine 50 Meter von hier entfernt.

Hauskirchen entstehen, die einen familiären Charakter haben. Tischgemeinschaften entstehen, an denen auch die teilhaben, die selbst kaum etwas einbringen können. Menschen erfahren, wo sie hingehören, wo sie unbedingt erwünscht sind, wo Menschen im Geiste Jesu füreinander einstehen.

So sieht der Friedensweg aus, der der Kirche aufgetragen wurde. Es gibt keinen anderen, heute nicht und auch in Zukunft nicht.

Ich darf die vier Punkte etwas entfalten.

Das heutige Evangelium hilft uns in einer Zeit der Wende und der Neuorientierung, fast 1700 Jahre nach der Konstantinischen Wende, die den weiteren Gang der Kirche bestimmt hat, die Prioritäten neu zu sehen, die sich aus der Sendung der Kirche ergeben. Prioritäten, die das Evangelium, näherhin Jesus selbst vorgibt mit dem, was er gesagt, getan und in Treue durchgehalten hat bis in den Tod. Der Weg der Kirche in die Zukunft wird ein Friedensweg sein, wenn es nicht in erster Linie um Positionen, wer immer sie wahrnimmt, nicht um Verwaltung und Finanzen geht, sondern ob wir selbst einlösen, was Menschen, die dem Markt ausgeliefert sind oder sich dem Markt selbst ausliefern, aufleben lässt, was Beheimatung bietet und Versöhnung in einem umfassenden Sinn ermöglicht.
Sie gründet in dem Herzstück des Glaubens, dass wir Gottes unbedingtes Entgegenkommen genießen dürfen, das uns befähigt, es im alltäglichen Leben mit Entgegenkommen zu beantworten, in der Familie, im Beruf, in den kirchlichen Weggemeinschaften, in den Kommunen bis hin zu den internationalen Beziehungen.
Auf dem Hintergrund immer neuer traumatischer Erfahrungen von Gewalt und Krieg, von Ausgrenzung und Ausbeutung durchzieht die Sehnsucht nach einem dauerhaften, tragfähigen Frieden die ganze Geschichte. Hier ist der Auftrag der Kirche angesiedelt.
Wenn Gott, wie in Jesus geschehen, in dieser Welt menschlich ankommen will, dann müssen die Wegbereiter zeigen, ob sie selbst als Weggefährten taugen. Dann kann es keine Solisten geben. So verstehe ich den Hinweis, dass die Jünger zu zwei und zwei ausgesandt werden.
Wenn sie in ein Haus kommen, soll ihr erstes Wort sein: Friede diesem Haus. Es wird sich dann zeigen, wie der Friedenswunsch ankommt und wie sich das Leben im Haus verändert, etwa so, dass Kranke wieder zu Kräften kommen, weil ein belebender Geist Einzug gehalten hat, ein Geist, der aufatmen lässt, der aufrichtet und aufbaut, und so, dass Verstummte wieder zu Wort kommen und Taube erfahren, dass sie das Beste am Leben noch vor sich haben.
Menschen Frieden zusprechen heißt immer auch, etwas dazu beitragen, dass dieser Friede Wurzeln schlagen kann, dass Menschen von ihrer Zerrissenheit und Angst befreit werden und noch einmal aus sich herausgehen.

Noch einmal zu der Zahl 72, die für alle steht, alle, die erreicht werden sollen durch alle, die auf den Namen Jesu getauft sind, beauftragt und befähigt, das Friedensnetz zu knüpfen, über das Gott in dieser Welt erfahrbar werden will, vor Ort ein Netzwerk entstehen zu lassen, das stark genug ist, die Schwachen mitzutragen.

„Die Ernte ist groß". Wir sind alle als Erntearbeiter gefragt. Und das kann heißen, beherzt bei anderen anzuklopfen und die eigene Tür zu öffnen. Eine neue Gastfreundschaft, die nicht vorsortiert oder aussortiert, wird ein wichtiges Markenzeichen der Gemeinden der Zukunft sein.

Noch ein kurzes Wort zur Lesung aus dem Buch Jesaja. Ein belebendes Wort an diejenigen, die die Exilszeit hinter sich haben und vor einem völlig neuen Anfang stehen, ohne zu wissen, wie es weitergeht. Stunde Null. Da bedarf es nicht der Bedenkenträger und der Schwarzseher, sondern der Botschaften, die Hoffnung wecken, und der Botschafter, die Freude ausstrahlen und in ihrer Person Mut machen, den neuen Anfang zu gestalten, die vorgehen. Wie heißt es da: Freut euch mit Jerusalem. Jubelt in der Stadt, alle, die ihr sie liebt. Seid fröhlich mit ihr, alle, die ihr über sie traurig wart. Denn „so spricht der Herr: ... Ihre Kinder wird man auf den Armen tragen und auf den Knien schaukeln. ... Wenn ihr das seht, wird euer Herz sich freuen und ihr werdet aufblühen wie frisches Gras".

Wer formuliert den Hymnus, mit dem wir den Neuanfang heute starten können?

Beten wir um die Vertiefung unseres Glaubens. Die Früchte werden sich dann wie von selbst einstellen.

Schulfest an der École St. Joseph in Bjumbura am 12. Juli 2019, vor dem 75-jährigen Jubiläum des Trägers, der Kongregation der Brüder Bene Yosefu am 15. Sonntag im Jahreskreis

Schülerinnen und Schüler in Festtagsstimmung

Generaloberer Fr. Alexis und Schulleiter Fr. Claver zeichnen Schüler mit Urkunden und Buchgeschenken aus.

Werner Wallenfang und Dirk Johann überreichen Frère Cyriaque und dem Schulleiter vier Koffer mit Sportartikeln aus Trier, Auswahl im Netz.

Herbert Hoffmann unter Trommlern

Fünfzehnter Sonntag im Jahreskreis

Evangelium Lk 10,25–37

In jener Zeit 25 stand ein Gesetzeslehrer auf, um Jesus auf die Probe zu stellen, und fragte ihn: Meister, was muss ich tun, um das ewige Leben zu erben? 26 Jesus sagte zu ihm: Was steht im Gesetz geschrieben? Was liest du? 27 Er antwortete: Du sollst den Herrn, deinen Gott, lieben mit deinem ganzen Herzen und deiner ganzen Seele, mit deiner ganzen Kraft und deinem ganzen Denken, und deinen Nächsten wie dich selbst. 28 Jesus sagte zu ihm: Du hast richtig geantwortet. Handle danach und du wirst leben! 29 Der Gesetzeslehrer wollte sich rechtfertigen und sagte zu Jesus: Und wer ist mein Nächster? 30 Darauf antwortete ihm Jesus: Ein Mann ging von Jerusalem nach Jéricho hinab und wurde von Räubern überfallen. Sie plünderten ihn aus und schlugen ihn nieder; dann gingen sie weg und ließen ihn halbtot liegen. 31 Zufällig kam ein Priester denselben Weg herab; er sah ihn und ging vorüber. 32 Ebenso kam auch ein Levit zu der Stelle; er sah ihn und ging vorüber. 33 Ein Samaríter aber, der auf der Reise war, kam zu ihm; er sah ihn und hatte Mitleid, 34 ging zu ihm hin, goss Öl und Wein auf seine Wunden und verband sie. Dann hob er ihn auf sein eigenes Reittier, brachte ihn zu einer Herberge und sorgte für ihn. 35 Und am nächsten Tag holte er zwei Denáre hervor, gab sie dem Wirt und sagte: Sorge für ihn, und wenn du mehr für ihn brauchst, werde ich es dir bezahlen, wenn ich wiederkomme. 36 Wer von diesen dreien meinst du, ist dem der Nächste geworden, der von den Räubern überfallen wurde? 37 Der Gesetzeslehrer antwortete: Der barmherzig an ihm gehandelt hat. Da sagte Jesus zu ihm: Dann geh und handle du genauso!

Brücken der Freundschaft bauen

Ich freue mich, nach acht Jahren noch einmal bei Ihnen zu sein. Diesmal mit Werner Wallenfang, Schulleiter in Bitburg, der auch vor acht Jahren dabei war und seitdem für die Korrespondenz in französischer Sprache sorgt, und mit Dirk Johann, damals Leiter einer Bistumsschule in Koblenz, heute in der Abteilung Schule/Hochschule im Bischöflichen Generalvikariat in Trier zuständig für die 19 Bistumsschulen mit über 10.000 Schülerinnen und Schülern. Er war damals von dem Schulprojekt in Burundi so angetan, dass er mit seinen Schülerinnen und Schülern in kurzer Zeit über 17.000 Euro für die Schule in Bujumbura zusammengebracht hat. Schön, dass er in diesen Tagen den jetzigen Leiter der Schulabteilung, meinen Nachnachfolger Albrecht Adam vertritt.

Ich freue mich über die Brücke und Partnerschaft, die zwischen der St. Joseph-Schule in Bujumbura und den Trierer Bistumsschulen entstanden ist. Ich freue mich über die Freundschaft mit dem Generaloberen Frère Alexis und mit Frère Czyriaque, die mehrmals zu Gast in Trier waren. Mit ihnen begegnen wir heute den Brüdern der Gemeinschaft Bene Jozefu. Wir feiern mit ihnen und der Schulgemeinschaft Eucharistie und danken dafür, dass wir miteinander in der Spur Jesu gehen dürfen, der uns mit seinem Geist beschenkt und bestärkt hat.

Wir erleben in dieser Stunde ein Stück Weltkirche:
Wir hören das Evangelium, das heute weltweit in den katholischen Kirchen zu hören ist.
Wir erleben uns als Schwestern und Brüder unter den Händen eines guten Vaters.
Wir teilen miteinander die Überzeugung, dass wir zu einer weltweiten Friedensbewegung gehören, die von Christus selbst angeführt wird, der „unser Friede“ ist, die den verheißenen neuen Himmel und die neue Erde zum Ziel hat, in denen Gerechtigkeit wohnt. Noch sind wir von diesem Ziel weit entfernt.
Aber wir dürfen aus Gottes Entgegenkommen leben, das uns zum Entgegenkommen befähigt über alle Unterschiede der Hautfarbe, der Sprache und der kulturellen Prägung hinweg.

Das macht die Kirche zur Weltkirche, und wir gehören dazu. Weltweit hören Christen heute als Evangelium das Gleichnis vom Barmherzigen Samariter. Es ist für unseren Glauben so wichtig, dass ich dazu einen Holzschnitt mitgebracht habe, der wichtige Inhalte veranschaulicht.
Zwei Männer auf dem Weg von Jerusalem nach Jericho. Sie kommen vom Tempel, aber sehen und hören nicht, was sich am Wegrand ereignet hat. Ein Mann wurde von Räubern überfallen, ausgeplündert und halbtot liegen gelassen. Sie gehen nach Hause, jeder für sich. Zwei Männer, die zum Tempelpersonal gehören, ein Priester und ein Levit.
Schauen wir uns die beiden näher an. Geradezu gespenstisch kommen sie daher. Der Hintere gesichtslos. Der Vordere mit versteinerter Miene. Es sind weder Hände noch Arme zu sehen. Zwei Männer ganz in sich gekehrt, unfähig zu tun, was getan werden muss, wenn Gott in dieser Welt vorkommen soll, menschlich vorkommen will und darum selbst Mensch geworden ist.
Abseits des Weges, oben links, viel kleiner – liegt einer am Boden. Wie gesagt, überfallen und dann halbtot liegen gelassen. Und eine Gestalt, die zu Hilfe eilt, mit offenen Augen, offenen ausgestreckten Armen und einem offenen Herzen, der barmherzige Samariter. Er leistet nicht nur erste Hilfe. Er schafft, wie wir gehört haben, den Überfallenen in eine Herberge und sorgt für ihn, bis dieser wieder auf eigenen Beinen stehen kann.

Zwei Fragen hatte der Gesetzeslehrer am Anfang des Evangeliums:
Meister, was muss ich tun um das ewige Leben zu gewinnen? Und: Wer ist mein Nächster?
Die Antwort auf die erste Frage kennt er. Es ist das Herzstück der Weisung vom Sinai. „Du sollst den Herrn, deinen Gott lieben mit ganzem Herzen und ganzer Seele, mit all deiner Kraft und all deinen Gedanken, und Deinen Nächsten sollst du lieben wie dich selbst."
Das Leben ist eine Herzensangelegenheit oder es ist kein Leben, wie der Schöpfer es gedacht hat. Darum ist er selbst Mensch geworden. Er kommt also in dieser Welt menschlich vor oder gar nicht. Menschlich in den Menschen, die nach rechts und links schauen, die ein Herz haben für jene, die der Hilfe bedürfen, und die nicht nur ihre Nachbarn und Landsleute, sondern alle Menschen im Blick haben, die in ihrem Leben und in ihrer Entwicklung behindert werden.

Der Gesetzeslehrer hatte gefragt, wie er das ewige Leben gewinnen kann. Es ragt bereits hinein in unser irdisches Leben. Denn wir befinden uns nicht im Wartesaal der Gottesherrschaft. Sie ist bereits angebrochen und nahegekommen in dem, was Jesus gesagt und getan hat.
In diesem Zusammenhang sehe ich die Brücke zwischen Deutschland und Burundi, dem Land im Herzen Afrikas, das selbst die Gestalt eines Herzens hat.
In diesem Zusammenhang sehe ich die Partnerschaft zwischen den Trierer Bistumsschulen und der École St. Joseph in Bujumbura als eine Herzensangelegenheit, die weiterzuentwickeln ist. Und ich sehe In diesem Zusammenhang die gewachsene Freundschaft über eine Distanz von ca. 4000 Kilometern.
Ein letzter Gedanke: In der Lesung aus dem Buch Deuteronomium stand: Du sollst zum Herrn, deinem Gott, mit ganzem Herzen und mit ganzer Seele zurückkehren. Offenbar neigen wir Menschen immer wieder dazu, uns an andere Götter und Götzen zu hängen und merken dann, dass wir blind und taub werden für das, was in unsere Nähe geschieht, menschlich verkrüppelt wie die beiden Gestalten auf dem Holzschnitt. Der Gang zum Tempel bewahrt noch nicht davor, blind, taub, herzlos zu werden. Das gilt auch für die weltweite Christenheit, wenn sie zum Gottesdienst einlädt.
Ich habe vor acht Jahren hier in Burundi Gottesdienste erlebt, die zu Herzen gingen, geprägt und erfüllt von einem froh machenden Glauben und einer tragfähigen Hoffnung. Wir müssen uns in Zukunft wechselseitig daran erinnern, dass immer wieder Umkehr angesagt ist, mit ganzem Herzen und mit ganzer Seele zu Gott zurückzukehren, hellhörig zu werden und zu bleiben und dankbar für sein Entgegenkommen. Wir dürfen miteinander weltweit an einem Friedensnetz knüpfen, das die Schwachen mitträgt, so, dass niemand mehr durch's Netz internationaler Solidarität fällt. Nur so kann die Kirche weltweit zum Licht der Völker werden, zum „Lumen gentium", wie das Konzil sagte, zum Wegweiser in eine Welt, in der niemand mehr halbtot am Wegrand liegen bleibt.
Die Kongregation der Brüder des hl. Josef hat als Leitwort ein Wort aus dem zweiten Titusbrief gewählt, das ich mir auch selbst zu eigen gemacht habe und das mich mit Ihnen verbindet:
„Je sais, en qui j´ai cru." (2 Tim 1,12) Ich weiß, wem ich Glauben geschenkt habe. Ich weiß, auf wen und was ich mich eingelassen habe: auf den, der wie kein anderer in Wort und Tat Gottes Liebe bezeugt hat. Auf den, der den Blick nach unten gelenkt hat auf jene, die der Hilfe bedürfen, und auf den, der letzte Menschenmöglichkeit verkörpert hat, ganz offen für Gott und die Menschen.

Holzschnitt zum Gleichnis vom Barmherzigen Samariter

Sechzehnter Sonntag im Jahreskreis

Evangelium Lk 10,38–42

In jener Zeit 38 kam Jesus in ein Dorf. Eine Frau namens Marta nahm ihn gastlich auf. 39 Sie hatte eine Schwester, die Maria hieß. Maria setzte sich dem Herrn zu Füßen und hörte seinen Worten zu. 40 Marta aber war ganz davon in Anspruch genommen zu dienen. Sie kam zu ihm und sagte: Herr, kümmert es dich nicht, dass meine Schwester die Arbeit mir allein überlässt? Sag ihr doch, sie soll mir helfen! 41 Der Herr antwortete: Marta, Marta, du machst dir viele Sorgen und Mühen. 42 Aber nur eines ist notwendig. Maria hat den guten Teil gewählt, der wird ihr nicht genommen werden.

Im Zeichen der Gastfreundschaft

Abraham und Sara bekommen Besuch. Zur Zeit der Mittagshitze ... stehen auf einmal drei Männer vor dem Zelteingang. Abraham lädt sie ein, im Schatten Platz zu nehmen und bewirtet sie fürstlich. Dann ziehen sie weiter mit der Zusage an Abraham und Sara, die alt und kinderlos sind, dass sie übers Jahr einen Sohn haben werden.

Eine hintergründige Geschichte, die nicht auf den ersten Blick ihr Geheimnis preisgibt. Dies gilt auch für das Evangelium, in dem Jesus bei einer befreundeten Familie, bei Martha und Maria einkehrt. Es befremdet sogar, dass Martha die Arbeit schafft, etwas zum Essen vorbereitet, während Maria Jesus zu Füßen sitzt und ihm zuhört. Und dann auch noch, dass sie den guten Teil erwählt hat. Das soll ein Mensch verstehen. Worüber wird Jesus wohl gesprochen haben? Wir kommen darauf zurück. Gastfreundschaft ist etwas anderes als Partykultur. Was erleben wir, wenn wir Gastfreundschaft erleben? Ich bin willkommen, werde freundlich begrüßt. Ich werde eingeladen, Platz zu nehmen. In der Regel gibt es einen Begrüßungstrunk. Ich darf erzählen, was mich im Augenblick oder schon länger beschäftigt und es hört jemand zu. Und auch der oder die Gastgeber erzählen, was sie bewegt. Gastfreundschaft zu erleben tut gut. Zur Ruhe kommen in einer Atmosphäre, die einen zu sich selbst finden lässt.

Nirgendwo habe ich Gastfreundschaft so intensiv erlebt wie im Orient. Du bist fremd, aber willkommen. Du musst dich nicht ausweisen. Du kannst einfach da sein. Ein Mokka, ein Tee oder Saft weckt die Lebensgeister. Keiner schaut auf die Uhr. Zeit, sich kennenzulernen. Nähe, Vertrauen, Zuwendung ohne Hintergedanken. Etwas, was den Menschen im Innersten trifft, ihn aufleben lässt in einer sonst fremden Umgebung. Eine Erfahrung, die ganz neue Horizonte eröffnen kann.

Das ist der Grund, warum die Bibel immer wieder von gewährter und dankbar angenommener Gastfreundschaft erzählt. Sie macht damit bewusst, wer wir Menschen sind und wessen wir im Innersten unseres Wesens bedürfen. So werden diese Geschichten zu Orten der Gotteserfahrung, eben weil sie davon sprechen, was den Menschen, jeden Menschen, unbedingt angeht. Der Himmel öffnet sich, indem sich die Herzen und Hände von Menschen öffnen. Davon wird Jesus gesprochen haben, als Maria ihm zu Füßen saß und ihm zuhörte. Sie hatte damit wirklich einen guten Teil erwählt. Jesus gibt zu verstehen, dass wir uns nicht im Wartesaal der sogenannten Gottesherrschaft befinden, dass Gott uns bereits menschlich nahe ist, wenn wir Menschen beieinander ankommen. Auf dem Hintergrund der biblischen Texte dürfen wir also sagen: Gott kommt in dieser Welt menschlich vor oder gar nicht. Warum sonst wäre er Mensch geworden? Gotteserfahrung hat immer mit dem zu tun, was zu Herzen geht. So auch das Erleben von Gastfreundschaft.

Jesus wird dann nicht erst am Ende der Tage, sondern schon heute sagen: Ich war müde und durfte bei dir ausruhen. Ich war fremd und du hast mir die Tür aufgemacht. Ich war verwundet und du hast für mich gesorgt. Was ihr dem Bedürftigen getan habt, das habt ihr mir getan.

Eingeladen sein in eine göttliche Tischgemeinschaft – und dann selbst zum Gastgeber werden. Wer die Tür auch für Fremde öffnet, gibt sich zu erkennen. Wer sie nicht öffnet, auch. In der aktuellen Migrationsfrage und Flüchtlingsfrage geben wir uns zu erkennen. Es ist keine politische und keine wirtschaftliche Frage, sondern zutiefst eine Anfrage an uns Europäer, wer wir sind, wie wir uns verstehen. Eine Anfrage an unsere Wurzeln, an die Weltsicht und an den Hoffnungshorizont der Europäer.

Ikone Heilige Dreifaltigkeit

Achtzehnter Sonntag im Jahreskreis

Evangelium Lk 12,13–21

In jener Zeit 13 bat einer aus der Volksmenge Jesus: Meister, sag meinem Bruder, er soll das Erbe mit mir teilen! 14 Er erwiderte ihm: Mensch, wer hat mich zum Richter oder Erbteiler bei euch eingesetzt? 15 Dann sagte er zu den Leuten: Gebt Acht, hütet euch vor jeder Art von Habgier! Denn das Leben eines Menschen besteht nicht darin, dass einer im Überfluss seines Besitzes lebt. 16 Und er erzählte ihnen folgendes Gleichnis: Auf den Feldern eines reichen Mannes stand eine gute Ernte. 17 Da überlegte er bei sich selbst: Was soll ich tun? Ich habe keinen Platz, wo ich meine Ernte unterbringen könnte. 18 Schließlich sagte er: So will ich es machen: Ich werde meine Scheunen abreißen und größere bauen; dort werde ich mein ganzes Getreide und meine Vorräte unterbringen. 19 Dann werde ich zu meiner Seele sagen: Seele, nun hast du einen großen Vorrat, der für viele Jahre reicht. Ruh dich aus, iss und trink und freue dich! 20 Da sprach Gott zu ihm: Du Narr! Noch in dieser Nacht wird man dein Leben von dir zurückfordern. Wem wird dann das gehören, was du angehäuft hast? 21 So geht es einem, der nur für sich selbst Schätze sammelt, aber bei Gott nicht reich ist.

„Ich weiß, wem ich Glauben geschenkt habe"

„Der Sinn des Lebens besteht nicht darin, dass ein Mensch aufgrund seines großen Vermögens im Überfluss lebt", hieß es am Anfang des Evangeliums.

Ich füge hinzu: Der Sinn des Lebens und erst recht der Geschichte kann aber auch nicht darin bestehen, dass Menschen in Armut und Unterentwicklung verharren und vergeblich auf bessere Zeiten hoffen.

Dies habe ich vor drei Wochen in Burundi in Zentralafrika erlebt, in einem der ärmsten Länder der Welt. Durchschnittseinkommen pro Tag 1,00 Euro. 80 Prozent der ca. zwölf Millionen zählenden Bevölkerung sind Analphabeten. Die Lebenserwartung liegt bei 56 Jahren.

Und eine Entwicklung ist nicht in Sicht bei einem Staatspräsidenten, der vor ein paar Jahren seine Wiederwahl mit Gewalt erzwungen hat, der von einem neuen Königtum träumt und jede Art von Opposition bekämpft.

„Der Sinn des Lebens besteht nicht darin, dass ein Mensch im Überfluss lebt“, die Scheunen vergrößert, wie es im Evangelium heißt, und auf seinem Besitz sitzt, während andere leer ausgehen, unter Arbeitslosigkeit, Armut und Unterentwicklung leiden.

Wir sind heute weltweit in einer Situation, in der wir die extrem ungleiche Verteilung der Güter und Lebenschancen im Sinne des Evangeliums mit Nachdruck anprangern und politisch gegensteuern müssen. Nicht die weltweiten Flüchtlingsbewegungen vor allem in Afrika und Lateinamerika sind eigentlich das Thema, sondern die Gründe, die in die Flucht treiben. Diese habe ich in Burundi hautnah erlebt, wo ich vor zehn Jahren ein Schulprojekt auf den Weg gebracht habe, eine Schule, die zur Zeit von 1300 Schülerinnen und Schülern besucht wird.

Im heutigen Evangelium begegnen wir einem Mann, der Schätze sammelt und über Nacht abberufen wird. Er nimmt von all dem nichts mit, wie wir sagen. Keine gute Nachricht. Eine gute Nachricht dagegen habe ich aus Burundi mitgebracht, die das Ganze des Evangeliums aufnimmt. Es ist das Glaubenszeugnis von 140 Männern, die einer ordensähnlichen Gemeinschaft angehören, der Kongregation der Brüder des Hl. Joseph. Sie wurde 1944 gegründet und hat jetzt mit Tausenden von Menschen ihr 75-jähriges Bestehen gefeiert in einem Gottesdienst, der mich als Konzelebrant überwältigt hat. Als in Europa der Zweite Weltkrieg tobte, der 50 Millionen Menschen das Leben gekostet hat, hat ein belgischer Missionsbischof 1944 diese Gemeinschaft gegründet, die sich verstärkt im Bildungsbereich und im Gesundheitsbereich engagiert.

Ihr Leitwort aus 2 Tim 1,12: „Je sais en qui j'ai cru“ – Ich weiß, wem ich Glauben geschenkt habe. Dies stand den Brüdern, wo immer ich ihnen begegnet bin, in den Augen geschrieben. Auch den neun Novizen, die im Jubiläumsgottesdienst ihr zeitliches Gelübde abgelegt haben, und dem Neupriester, dem auch ich die Hände auflegen durfte.
Ich weiß, wem ich Glauben geschenkt habe, sagt jeder einzelne von Ihnen. Ich weiß, auf wen ich mich eingelassen habe. Er ist Grund der Hoffnung, Grund der Lebensfreude und Grund der Motivation, auch in einer fast hoffnungslosen Situation Lebenszeichen zu setzen.

Ich weiß – so könnte man das Leitwort der Brüder weiter übersetzen, dass es zu dem Weg, den Jesus gegangen ist, keine Alternative gibt, wenn Burundi, wenn Afrika, wenn die gesamte Menschheit eine Zukunft haben soll, der Mensch nicht dem Markt geopfert werden soll. Ich weiß, dass Entwicklung in dieser Welt nur stattfinden kann, wenn Gerechtigkeit und Frieden einen tragenden Grund bekommen, wenn Menschen sich weiterentwickeln dürfen auf jene letzte Menschenmöglichkeit hin, die in Jesus ansichtig geworden ist.
In den Augen der Brüder stand geschrieben, dass auf Gott Verlass ist, der sich in Jesus, dem Christus definitiv als Gott des Lebens zu erkennen gegeben hat, der das Tor in eine Welt aufgestoßen hat, in der Grenzen überwunden werden und dem Nationalismus in welcher Form auch immer eine Absage erteilt wird.
In eine Welt, in der Solidarität nicht nur beschworen, sondern eingelöst wird, über Seenotrettung nicht nur diskutiert, sondern die Not der Menschen in ihren Herkunftsländern wahrgenommen und ernst genommen wird. In eine Welt, in der das Trump'sche Dealdenken nicht noch weiter Schule macht und nachgeahmt wird.

„Ich weiß, wem ich Glauben geschenkt habe.“ Können wir das auch sagen, Sie und ich?
Ich weiß aus Erfahrung, wem ich in meinem Leben Glauben geschenkt habe, auf wen ich meine Hoffnung gesetzt habe, auch wenn der Tod das Leben durchkreuzt hat. Hätten wir den Mut, dies auch vor anderen zu bekennen?

Der Reiche in unserem Evangelium setzt auf volle Scheunen und bleibt doch letztendlich arm und hoffnungslos zurück. Das Echo ist noch zu hören: „Du

Narr, noch in dieser Nacht wird man dein Leben fordern." Ich habe dem eben eine gute Nachricht, eine hoffnungsvolle Erfahrung aus Burundi gegenübergestellt.

Mehr denn je müssen wir heute die Armut und den Reichtum in der Welt und auch vor Ort zusammendenken und nach den Gründen fragen, warum sich die Schere immer weiter öffnet. Ich erlebe aber auch, dass in einigen Medien ein neues Denken angemahnt wird, weil wir uns mit unserem „Rundum-sorglos-Versichertsein" bereits in einer Sackgasse befinden, kaum noch fähig, den großen Herausforderungen unserer Zeit zu begegnen.
Ich habe in Burundi das Zeugnis gelebten Glaubens erlebt, während wir uns hier vor Ort über alles Mögliche den Kopf zerbrechen, aber die Versteppung der kirchlichen Landschaft zunimmt, und nur sehr wenige nach dem Quellwasser fragen, das sie aufhalten könnte.
Ich weiß, wem ich Glauben geschenkt habe, 2 Tim 1,12. In diesem Glauben feiern wir nun Eucharistie, die Feier des Brotbrechens.

Neunzehnter Sonntag im Jahreskreis

Evangelium Lk 12,35–40

In jener Zeit sprach Jesus zu seinen Jüngern: 35 Eure Hüften sollen gegürtet sein und eure Lampen brennen! 36 Seid wie Menschen, die auf ihren Herrn warten, der von einer Hochzeit zurückkehrt, damit sie ihm sogleich öffnen, wenn er kommt und anklopft! 37 Selig die Knechte, die der Herr wach findet, wenn er kommt! Amen, ich sage euch: Er wird sich gürten, sie am Tisch Platz nehmen lassen und sie der Reihe nach bedienen. 38 Und kommt er erst in der zweiten oder dritten Nachtwache und findet sie wach – selig sind sie. 39 Bedenkt: Wenn der Herr des Hauses wüsste, in welcher Stunde der Dieb kommt, so würde er verhindern, dass man in sein Haus einbricht. 40 Haltet auch ihr euch bereit! Denn der Menschensohn kommt zu einer Stunde, in der ihr es nicht erwartet.

Sich vertrauensvoll auf den Weg machen

Vor ein paar Tagen fragte mich eine Frau über 90, geistig hellwach, ob man heute noch vom Menschen als „Krone der Schöpfung“ sprechen könne. Ihre beiden Söhne sind Mediziner, die Tochter Apothekerin. Offenbar spricht sie mit ihren Kindern hin und wieder über solche Fragen, ob zum Beispiel die künstliche Intelligenz mit dem, was sie vermag, einmal dem Menschen den Rang ablaufen könnte. Als wäre diese vom Himmel gefallen.
Ich brauchte nicht lange zu überlegen. Der Mensch ist und bleibt die sogenannte „Krone der Schöpfung“, solange er sich dem Schöpfer verbunden

weiß, solange er sich dem Schöpfer gegenüber verantwortlich weiß. Also nicht der Maßlosigkeit verfällt, von Gott abfällt, sich an dessen Stelle setzt und dann zum Abfall der Geschichte wird. Damit hatte die Frau nicht gerechnet, dass hier der Schöpfer, Gott selbst, ins Spiel kommt.
Künstliche Intelligenz entstammt menschlicher Existenz. Und wir stehen oft staunend und meist auch dankbar vor dem, was menschliche Intelligenz hervorgebracht hat, zum Beispiel an technischem und medizinischem Fortschritt. Der Mensch bleibt solange die Krone der Schöpfung, wie er in Kontakt mit seinem Schöpfer bleibt, voll Vertrauen und hellwach für das, was die Stunde geschlagen hat, hellwach für die Unwägbarkeiten und Herausforderungen des Lebens.

Modell eines hellwachen Menschen ist Abraham, der Vater des Glaubens für Juden, Christen und Muslime. Vor zwei Wochen war bereits von ihm die Rede. Als Gastgeber, als dem, der in gewährter und angenommener Gastfreundschaft Gott selbst begegnet.
Heute begegnen wir ihm erneut im Hebräerbrief, in der Lesung, als dem, der auf Vertrauen hin seine Heimat verlässt und dem Ruf Gottes folgt in ein fremdes Land, ins Land der Verheißung. Und wir begegnen dem, der noch im hohen Alter mit Sara, seiner Frau, einen Sohn bekommt mit der Zusage, dass seine Nachkommen zahlreich sein werden wie die Sterne am Himmel und der Sand am Meer.
Was macht Abraham zum Modell eines empfänglichen Menschen, zu einem hellwachen Menschen, zu einem Wegweiser im Glauben?
Eine Darstellung aus dem 6. Jahrhundert soll uns helfen, der Gestalt des Abraham etwas näher zu kommen.
Abraham wird gesagt: „Geh in das Land, das ich dir zeigen werde." Über Abraham der Sternenhimmel und eine Hand, die die Richtung zeigt.
Unter dem Sternenhimmel die Gestalt des Abraham, in vorgerücktem Alter. Ernst schaut er drein und zugleich vertrauensvoll, den Blick nach oben gerichtet. Er breitet die Arme aus. Mit seinem Gewand bilden sie eine Schale. Ein Zeichen seiner Offenheit und Empfänglichkeit.
Er steht noch, die Füße beieinander. Heißt: erst hören, das Unerhörte hören, es annehmen und mit ganzem Herzen dazu Ja sagen. Dem trauen, dessen Wege wir nicht kennen. Sich auf den einlassen, der mit auf dem Weg ist, auch wenn dieser eng und steinig werden kann.

Abraham, das Modell eines Menschen, der sich vertrauensvoll auf den Weg macht. Es ist das, was den Menschen erst zum Menschen macht unter den Händen eines barmherzigen Vaters.
Was wir im Evangelium gehört haben, geht in die gleiche Richtung. Zunächst stehen bleiben, aber den Gürtel nicht ablegen, die Lampe nicht löschen, sondern bereit sein, dem entgegenzugehen, der auf uns zukommt, auf jeden einzelnen von uns. Empfänglich zu bleiben für den, der ein Leben lang mit uns auf dem Weg ist und bleibt.

Was ist von dieser Empfänglichkeit geblieben, bei uns selbst und bei der nächsten und übernächsten Generation? Und was kann das dann für uns heißen, wenn das Evangelium sagt: „Haltet euch bereit. Denn der Menschensohn kommt zu einer Stunde, in der ihr es nicht vermutet." Die Rede ist vom wiederkehrenden Christus, in dem die Hoch-Zeit der Geschichte vollendet wird, der zum großen Mahl lädt, bei dem er der Reihe nach alle bedient, wie es heißt. Oder aber der zum Richter wird für diejenigen, die sich verschlossen haben, die Tür hinter sich zugemacht haben und zulassen, auch wenn die Zeit gekommen ist endlich aufzumachen.
Anders als Lukas spricht das Johannesevangelium später davon, dass sich die Vollendung der Geschichte bereits in der Gegenwart ereignet. Das Johannesevangelium bringt es auf den einfachen Nenner: „Wer glaubt, wird nicht gerichtet. Wer nicht glaubt, ist schon gerichtet". Inwiefern? Weil er sich in seiner Verschlossenheit und Fühllosigkeit selbst zugrunde richtet, buchstäblich ums Leben bringt.

Die heute weit verbreitete Angst, wir könnten um etwas gebracht werden, was uns gehört, die Angst, die rechte Populisten für ihre Zwecke nutzen, ist im Letzten Zeichen eines Glaubensverlustes, Zeichen der Angst, sich der veränderten Situation im Verlauf der Geschichte zu stellen und sie geistreich und kraftvoll zu gestalten.
Wir Christen müssen in diesem Prozess als Salz und Sauerteig wirken, der zum Gehen bringt, wo andere stehen bleiben oder versuchen, das Rad der Geschichte zurückzudrehen. Salz und Sauerteig zu sein, wo andere bereits den Gürtel abgelegt und die Lampe gelöscht haben. Beten wir um den Geist der Wachsamkeit, die Zeichen der Zeit zu erkennen, vertrauensvoll darauf zu antworten.

Maria Himmelfahrt

Evangelium Lk 1,39–56

39 In jenen Tagen machte sich Maria auf den Weg und eilte in eine Stadt im Bergland von Judäa. 40 Sie ging in das Haus des Zacharías und begrüßte Elisabet. 41 Und es geschah: Als Elisabet den Gruß Marias hörte, hüpfte das Kind in ihrem Leib. Da wurde Elisabet vom Heiligen Geist erfüllt 42 und rief mit lauter Stimme: Gesegnet bist du unter den Frauen und gesegnet ist die Frucht deines Leibes. 43 Wer bin ich, dass die Mutter meines Herrn zu mir kommt? 44 Denn siehe, in dem Augenblick, als ich deinen Gruß hörte, hüpfte das Kind vor Freude in meinem Leib. 45 Und selig, die geglaubt hat, dass sich erfüllt, was der Herr ihr sagen ließ. 46 Da sagte Maria: Meine Seele preist die Größe des Herrn 47 und mein Geist jubelt über Gott, meinen Retter. 48 Denn auf die Niedrigkeit seiner Magd hat er geschaut. Siehe, von nun an preisen mich selig alle Geschlechter. 49 Denn der Mächtige hat Großes an mir getan und sein Name ist heilig. 50 Er erbarmt sich von Geschlecht zu Geschlecht über alle, die ihn fürchten. 51 Er vollbringt mit seinem Arm machtvolle Taten: Er zerstreut, die im Herzen voll Hochmut sind; 52 er stürzt die Mächtigen vom Thron und erhöht die Niedrigen. 53 Die Hungernden beschenkt er mit seinen Gaben und lässt die Reichen leer ausgehen. 54 Er nimmt sich seines Knechtes Israel an und denkt an sein Erbarmen, 55 das er unsern Vätern verheißen hat, Abraham und seinen Nachkommen auf ewig. 56 Und Maria blieb etwa drei Monate bei ihr; dann kehrte sie nach Hause zurück.

Aufgenommen in den Himmel – Marias Weg und Vollendung

Bilder zur Muttergottes begleiten uns seit Kindertagen: Maria mit dem Kind, die Schutzmantel-Madonna, Maria unterm Kreuz, Maria, die auf ihrem Schoß den toten Sohn hält. Alle diese Bilder sprechen unser Bedürfnis nach Geborgenheit, nach Schutz und Beistand an. Und betend erfahren wir auch diesen Schutz, ihre liebende Fürsorge.
Das heutige Fest der Aufnahme Mariens in den Himmel umfasst ihren ganzen Weg und das Ziel ihres Weges: die Vollendung in Gott an der Seite ihres Sohnes, dessen Auferstehung wir an Ostern feiern.
Und so wie der Weg Jesu, seine Botschaft, sein Wirken und seine durchgehaltene Treue bis in den Tod von Gott angenommen und bestätigt wird, so sagt auch das Fest der Aufnahme Marias in den Himmel, dass ihre ganze Geschichte, Ihr Jawort dem Engel gegenüber bis hin zum Abschied von ihrem Sohn unterm Kreuz in Gott vollendet ist.

Warum hat das Dogma von der Aufnahme Marias in den Himmel von 1950 noch einmal die leibliche Aufnahme Marias in den Himmel betont – Maria mit Leib und Seele aufgenommen in den Himmel – ? Weil wir in ihr nicht eine Göttin vor uns haben, sondern einen Menschen, der seinen Weg gegangen ist, alles, was sie gedacht, gesagt, gefühlt, ertragen und durchlitten hat, leiblich vermittelt war, in Leib und Seele Ausdruck gefunden hat.
Der gleiche Grund, warum noch nach dem Tod Jesu am Kreuz die Evangelien von Begegnungen mit dem Auferstandenen erzählen, wobei es müßig ist, sich einen Auferstehungsleib vorzustellen. Die Geschichten von den österlichen Erscheinungen wollen nur eines sicherstellen: Jesus ist mit seinem ganzen Leben, seinen unzähligen heilenden Begegnungen, seinen Auseinandersetzungen mit den Pharisäern, mit den Spuren seiner Geißelung, den durchbohrten Händen und Füßen und der mit der Lanze geöffneten Seite von Gott bestätigt worden. Gott hat diesem einmaligen Leben den Stempel des Endgültigen aufgedrückt. So bekennen wir ihn, das nachvollziehend, was er gewirkt hat, als Tor zum Leben, als Licht der Welt, als das A und O der Geschichte und ich füge immer gerne hinzu als „letzte Menschenmöglichkeit", ganz und gar offen für Gott und ganz und gar offen für die Menschen, die der Nähe, der Vergebung, der Heilung bedürfen.

Auch was wir Maria, der Mutter Jesu, an Ehrentiteln zugedacht haben, versucht das zu fassen und zu deuten, was Maria als Mutter Jesu und Gottesmutter für uns, nein, für die ganze Menschheit bedeutet. Denn wenn Jesus Christus das A und O der Geschichte ist, woran uns immer wieder die Osterkerze erinnert, dann hat Maria Teil an dieser überzeitlichen und weltumspannenden Bedeutung ihres Sohnes. Die Lauretanische Litanei kommt an kein Ende mit ihrem Lobpreis Marias, wenn sie Maria anruft als Mutter der Barmherzigkeit, als Mutter des guten Rates, als Mutter der schönen Liebe, als Mutter der Kirche, als Sitz der Weisheit, als Ursache unserer Freude, als geheimnisvolle Rose, die im Grundriss von Liebfrauen Gestalt angenommen hat, als Pforte des Himmels, als Zuflucht der Sünder, als Königin der Patriarchen, als Königin der Propheten, als Königin der Apostel, als Königin der Märtyrer, als Königin des Friedens. (GL 567)

Was aber ist es, was sie zu einer einmaligen Frau macht, die in ihrer Einmaligkeit in der Vollendung angekommen ist, die uns wie ihr auferstandener Sohn voraus ist zu unserem letzten Ziel, der Aufnahme in den Beziehungsreichtum Gottes, in das Geheimnis letzter Liebe und Erfüllung?
Darauf gibt das Magnificat eine Antwort. Maria sieht sich darin ganz und gar in Dienst genommen von dem, was Gottes letzte Antwort an uns Menschen ist, dass er uns menschlich nahe sein will, in Jesus, dem Christus uns nahe ist und bleibt. Dazu sagt sie Ja. Und das Echo dazu haben wir im Evangelium gehört, im Lobpreis Mariens:
„Meine Seele preist die Größe des Herrn, und mein Geist jubelt über Gott, meinen Retter.
Denn auf die Niedrigkeit seiner Magd hat er geschaut. Siehe, von nun an preisen mich selig alle Geschlechter."
Was dann folgt, sozusagen das Glaubensbekenntnis Marias, ist in der gesamten Theologie nicht zu überbieten und der Maßstab, an dem auch wir unseren Glauben ausrichten müssen und dürfen, wenn sie sagt: „Er, der Mächtige, erbarmt sich von Geschlecht zu Geschlecht über alle, die ihm in Ehrfurcht begegnen. Er zerstreut, die im Herzen voll Hochmut sind; er stürzt die Mächtigen vom Thron und erhöht die Niedrigen. Die Hungernden beschenkt er mit seinen Gaben und lässt die Reichen leer ausgehen."
Noch hat sich das nicht erfüllt, auch wenn Reiche immer wieder an ihrem Reichtum scheitern, und andere, die im Hoffnungshorizont des christlichen Glaubens leben, auch als politisch Verantwortliche, nicht nur nicht

resignieren, sondern immer wieder zum Aufbruch blasen, zur Umkehr aufrufen und helfen, die Weichen neu zu stellen.
Weil das Credo Marias zum Zentrum unseres Glaubens gehört, kann sie als Königin des Friedens angerufen werden. Eines Friedens, in dem wir Gottes gnädiges Entgegen-kommen annehmen und glaubend und beherzt mit Entgegenkommen beantworten, über alle Grenzen und Gräben hinweg. Sie möge uns weiterhin eine Fürsprecherin beim Vater sein.

Zwanzigster Sonntag im Jahreskreis

Evangelium Lk 12,49–53

In jener Zeit sprach Jesus zu seinen Jüngern: 49 Ich bin gekommen, um Feuer auf die Erde zu werfen. Wie froh wäre ich, es würde schon brennen! 50 Ich muss mit einer Taufe getauft werden und wie bin ich bedrängt, bis sie vollzogen ist. 51 Meint ihr, ich sei gekommen, um Frieden auf der Erde zu bringen? Nein, sage ich euch, sondern Spaltung. 52 Denn von nun an werden fünf Menschen im gleichen Haus in Zwietracht leben: Drei werden gegen zwei stehen und zwei gegen drei; 53 der Vater wird gegen den Sohn stehen und der Sohn gegen den Vater, die Mutter gegen die Tochter und die Tochter gegen die Mutter, die Schwiegermutter gegen ihre Schwiegertochter, und die Schwiegertochter gegen die Schwiegermutter.

Die Geister scheiden

Das soll ein Evangelium, eine frohe Botschaft sein? Vordergründig ebenso wenig wie die Botschaft, dass Jesus am Kreuz gestorben ist. Was aber kann gemeint sein, wenn dieser im heutigen Evangelium sagt, dass er nicht gekommen sei, um Frieden zu bringen, sondern Spaltung? Wie kann der Epheserbrief dann sagen: „Er ist unser Friede", er hat die Spaltung aufgehoben? Und wie können wir dann weiter vollmundig singen: „Herr, dein Reich ist Reich der Wahrheit, Gnade und Gerechtigkeit, Reich des Friedens und der Liebe, Gottes Reich in Ewigkeit"?

Wir hören Jesus aber heute sagen: „Ich bin gekommen, um Feuer auf die Erde zu werfen. Wie froh wäre ich, es würde schon brennen." Feuer hat doch eine vernichtende Wirkung. Denken wir an die alljährlich auftretenden Waldbrände, zuletzt in Sibirien, in Griechenland in Australien und Kalifornien.

Das Evangelium spricht aber von der reinigenden Kraft des Feuers, von der Macht zu trennen und zu scheiden. Jesus ruft mit dem, was er sagt und tut, in die Entscheidung. Die Reaktion darauf kann sehr unterschiedlich sein. Es kann dabei Streit entstehen. Richtungsentscheidungen sind immer strittig. Das kennen wir aus der Politik. Wer geht mit, wenn es um ein neues, wichtiges Ziel geht? Und wer verweigert sich, bietet sogar alles auf, eine notwendige Richtungsänderung zu vereiteln?

Denken wir an den Umgang mit Notleidenden, die der Armut und/oder der Gewalt entkommen wollen. Denken wir an die Frage, ob der Mensch selbst über das Ende seines Lebens befinden kann, seinem Leben selbst ein Ende setzen darf.

Denken wir an die Frage, wie frei der Markt sein kann in einer Welt, in der der Reichtum der einen ins Unermessliche steigt, während große Regionen der Welt, was die Entwicklung betrifft, auf der Stelle treten.

Darüber kann Streit entstehen. Und manchmal geht er bis hinein in die Familien, wo es aufgrund des Alters, der Bildung und der Lebenserfahrung unterschiedliche Sichtweisen geben kann, die bis zu Zerwürfnissen in den Familien führen.

„Ich bin gekommen, um Feuer auf die Erde zu werfen. Wie froh wäre ich, es würde schon brennen". Es käme wirklich zur Scheidung der Geister, eine neue Entschiedenheit würde spürbar. Es wäre also endgültig Schluss mit der Gleichgültigkeit, die alles für gleich gültig erklärt, so dass Menschen heute dem und morgen dem nachlaufen, was gerade propagiert wird, und oft zu spät erkennen, dass sie in die falsche Richtung mitgelaufen sind. Dafür bietet die Geschichte immer neue Beispiele, in Europa und weltweit.

Jesus ist mit dem, was er gesagt und getan hat, bei Menschen angekommen, sehr früh aber auch auf Widerstand gestoßen. Schon früh überlegen seine Gegner, wie man ihn aus dem Weg schaffen kann. Jesus geht für seine Botschaft und für seine Lebenszeichen in den Tod, so dass jemand sagen konnte, das Markusevangelium sei eine Passionsgeschichte mit ausführlicher Einleitung, das ganze Evangelium die Geschichte eines sich zuspitzenden Konfliktes.

Was aber war und ist der Konfliktstoff? Worin besteht das Feuer, das Jesus gelegt hat, das immer wieder erstickt wurde und auch heute noch erstickt wird?

Gleich zu Beginn des Markusevangeliums sagt er: „Die Zeit ist erfüllt, das Reich Gottes ist nah. Kehrt um und glaubt an das Evangelium." Es ist so etwas wie eine Ouvertüre zum Markusevangelium, in der bereits alle wichtigen Themen anklingen.

Die geradezu revolutionäre Botschaft Jesu besteht darin, dass er vom Reich Gottes nicht als einem Zukunftsprojekt spricht, sondern von dem, das bereits angebrochen ist. Worauf warten, wenn Gott seine Nähe zugesagt hat und diese bereits erfahrbar wird, wo Menschen sein Entgegenkommen mit Entgegenkommen beantworten, indem sie seine Nähe erfahrbar machen, Wunden heilen, Trost spenden und das, was sie haben, miteinander teilen. Die Mahlzeiten werden zu besonderen Orten der Gotteserfahrung, weil Menschen hier nicht nur das Lebensnotwendige miteinander teilen, sondern sich selbst mitteilen, Einblick geben in ihr Inneres und anderen Mut machen, sich zu öffnen, sich zu erkennen zu geben.

Wenn Jesus von Umkehr spricht, dann meint er diese erneute Hinwendung zum Menschen, der ohne diese Hinwendung nicht Mensch werden kann, sich nicht entfalten kann. Hier bekommt das Raum, was Menschen auf der Seele brennt. Jesus erlebt Menschen, auch gläubige Menschen, die sich hinter ihrer Leistung verschanzen, den Weg zu Gott an den Menschen vorbei suchen und sich damit letztendlich ums Leben bringen, um ein erfülltes, ein froh machendes Leben.

Alles das klingt an im dritten Thema der Markus-Ouvertüre: „Glaubt an das Evangelium." Heißt: Nehmt Gottes zuvorkommende Liebe an und lebt daraus.

„Ich bin gekommen, Feuer auf die Erde zu bringen, und wie froh wäre ich, es würde schon brennen." Es ist pfingstliches Feuer, das dem Geist Jesu Raum geben will in der Geschichte, dem Geist, der die Geister scheidet.

Dieser Geist muss einziehen in unsere Bildungseinrichtungen, damit junge Menschen nicht der Werbung und dem Anpassungsdruck erliegen. Diesem Geist müsste auch Raum gegeben werden in den Familien, wo altersbedingte Lebenserfahrung zu unterschiedlichen Sichtweisen und Lebensentwürfen führen kann. Entscheidend ist, dass zur Sprache kommt, was den Menschen auch angesichts veränderter Lebensbedingungen zum Menschen macht, zum Mitmenschen.

Und ich denke, es ist auch an der Zeit, dass in den Gemeinden, nicht erst in den Gemeinden der Zukunft, dem direkten Austausch Raum gegeben wird. Dass zu Gesprächsrunden eingeladen wird, in denen unterschiedliche Sichtweisen und Bewertungen ausgesprochen werden, das zur Sprache kommt, was Christen in dieser Zeit bewegt und bewegen muss.

Es geht nicht um Streit an sich, wohl aber um eine feurige Auseinandersetzung mit dem, was die Kirche vor Ort und darüber hinaus zu einer Lerngemeinschaft macht, die Modellcharakter hat für andere, die Kirche erfahrbar macht als Kirche auf dem Weg, bewegend und befreiend für jene, die ihr angehören.

Einundzwanzigster Sonntag im Jahreskreis

Erste Lesung Jes 66,18-21

18 Ich kenne ihre Taten und ihre Gedanken und komme, um alle Nationen und Sprachen zu versammeln, und sie werden kommen und meine Herrlichkeit sehen. 19 Ich stelle bei ihnen ein Zeichen auf und schicke von ihnen einige, die entronnen sind, zu den Nationen: nach Tarschisch, Pul und Lud, die den Bogen spannen, nach Tubal und Jawan, zu den fernen Inseln, die noch keine Kunde von mir gehört und meine Herrlichkeit noch nicht gesehen haben. Sie sollen meine Herrlichkeit unter den Nationen verkünden. 20 Sie werden alle eure Brüder aus allen Nationen als Opfergabe für den HERRN herbeibringen auf Rossen und Wagen, in Sänften, auf Maultieren und Kamelen, zu meinem heiligen Berg nach Jerusalem, spricht der HERR, so wie die Söhne Israels ihre Opfergabe in reinen Gefäßen zum Haus des HERRN bringen. 21 Und auch aus ihnen nehme ich einige zu levitischen Priestern, spricht der HERR.

Bedenkzeit und Neuorientierung

Was wird am Ende sein? Wer wird gerettet? Fragen, die die ganze Bibel durchziehen.

Unser Augenmerk gilt heute eher der Gegenwart, denen, die sich selbst zugrunde richten und denen, die zu richtigen Menschen heranreifen, zu Mitmenschen.

Die Zielperspektive am Ende des Jesajabuches – unser Text – muss auf dem Hintergrund der geschichtlichen Erfahrung Israels verstanden werden, der Erfahrung des Exils (589-533 v. Chr.). Eine Zeit völliger Entwurzelung, aber auch der Chance, dass der Glaube an Gott neue Wurzeln schlagen kann. Über die Klärung der Gottesvorstellung und eine Neubegründung des Glaubens weitet sich die Enge des Exils in eine Heilszusage Gottes an alle Völker. Israel findet sich neu im Rahmen einer universalen Sammlung, die von Gott selbst ausgeht. Die Bekehrten aus den Völkern stellen sich in den Dienst dieser Bekehrung und Sammlung. Ziel der endzeitlichen Sammlung ist Jerusalem, der Zion, der Tempel. Sie wird erzählt als eine prachtvolle Gabenprozession zu einer Zeit, als nach der Zerstörung des ersten Tempels ein neuer Tempel gebaut wird. Alle Hoffnung ist auf das Heiligtum, auf Gott selbst gerichtet. Nie wieder soll ein Gericht über die Bekehrten, die Heimgekehrten hereinbrechen.

Zweite Lesung Hebr 12, 5-7.11-13

5 und ihr habt die Mahnung vergessen, die euch als Söhne anredet: Mein Sohn, verachte nicht die Zucht des Herrn und verzage nicht, wenn er dich zurechtweist! 6 Denn wen der Herr liebt, den züchtigt er; er schlägt mit der Rute jeden Sohn, den er gern hat. 7 Haltet aus, wenn ihr gezüchtigt werdet! Gott behandelt euch wie Söhne. Denn wo ist ein Sohn, den sein Vater nicht züchtigt? 11 Jede Züchtigung scheint zwar für den Augenblick nicht Freude zu bringen, sondern Leid; später aber gewährt sie denen, die durch sie geschult worden sind, Gerechtigkeit als Frucht des Friedens. 12 Darum macht die erschlafften Hände und die wankenden Knie wieder stark, 13 schafft ebene Wege für eure Füße, damit die lahmen Glieder nicht ausgerenkt, sondern vielmehr geheilt werden!

Reflektierte Einsicht
Am liebsten würde man diesen Text überlesen, wäre da nicht der Schluss, der auch unsere Situation trifft: Ermüdungs- und Auflösungserscheinungen. Der Glaube ist oft in den Kinderschuhen steckengeblieben, zu eng, um lebensbestimmend zu werden oder seine Wurzeln reichen nicht mehr heran an das Grundwasser der Glaubenstradition.
Der Hebräerbrief wird am Ende des ersten Jahrhunderts geschrieben, um diese Entwicklung aufzuhalten und umzukehren. Den Christen wird das Leben schwer gemacht. Benachteiligt werden sie, angefeindet oder gar verfolgt. Der Hebräerbrief macht Mut, dem Druck nicht nachzugeben, nicht auszuweichen, erneut den Grund der Hoffnung freizulegen und den eingeschlagenen Weg fortzusetzen. Er bedient sich dabei aber einer von uns heute nicht mehr nachzuvollziehenden pädagogischen Weisheit, „Züchtigung" zu ertragen, um gestärkt und gereift daraus hervorzugehen. Er verweist auf den Weg Jesu, auf die ertragenen Anfeindungen bis zum Tod. Aber nicht „Züchtigungen" von außen bestimmen dessen Weg, sondern die Einsicht in den Willen Gottes, dessen unbedingtes Entgegenkom-

men zu bezeugen, bis zum Äußersten. Reflektierte Einsicht in den Grund christlicher Hoffnung und ein entsprechendes Zeugnis sind der Weg zu Frieden und Gerechtigkeit zu jeder Zeit.

Evangelium Lk 13, 22–30

In jener Zeit 22 zog Jesus auf seinem Weg nach Jerusalem von Stadt zu Stadt und von Dorf zu Dorf und lehrte. 23 Da fragte ihn einer: Herr, sind es nur wenige, die gerettet werden? Er sagte zu ihnen: 24 Bemüht euch mit allen Kräften, durch die enge Tür zu gelangen; denn viele, sage ich euch, werden versuchen hineinzukommen, aber es wird ihnen nicht gelingen. 25 Wenn der Herr des Hauses aufsteht und die Tür verschließt und ihr draußen steht, an die Tür klopft und ruft: Herr, mach uns auf!, dann wird er euch antworten: Ich weiß nicht, woher ihr seid. 26 Dann werdet ihr anfangen zu sagen: Wir haben doch in deinem Beisein gegessen und getrunken und du hast auf unseren Straßen gelehrt. 27 Er aber wird euch erwidern: Ich weiß nicht, woher ihr seid. Weg von mir, ihr habt alle Unrecht getan! 28 Dort wird Heulen und Zähneknirschen sein, wenn ihr seht, dass Abraham, Isaak und Jakob und alle Propheten im Reich Gottes sind, ihr selbst aber ausgeschlossen seid. 29 Und sie werden von Osten und Westen und von Norden und Süden kommen und im Reich Gottes zu Tisch sitzen. 30 Und siehe, da sind Letzte, die werden Erste sein, und da sind Erste, die werden Letzte sein.

Universale Blickrichtung

Es trifft sich gut, dass die heutigen Schrifttexte mit ihrer universalen Ausrichtung zum universalen Geist des Nikolaus Cusanus passen, den wir heute ein wenig kennenlernen wollen. Er wurde 1401 hier in Kues geboren und war bis zum 30. Lebensjahr nur bekannt unter dem Namen Nikolaus Krebs, moselfränkisch Nikolaus Kryffts. Der Krebs ist auch sein Wappentier.

Ein genialer und universaler Geist: Rechtsgelehrter, Mathematiker, Naturwissenschaftler, Philosoph, Theologe, Mystiker. Als Legat des Papstes in den letzten Lebensjahren war er um die Erneuerung der Kirche bemüht, was ihm aber nur leidlich gelungen ist. Dazu bedurfte es 50 Jahre später des Impulses der Reformation.

Ein universaler Geist auch in ökumenischer Hinsicht. Unter dem Eindruck der Eroberung Konstantinopels durch die Türken 1453, damit dem Ende des Oströmischen Reiches, eröffnete er mit seiner Schrift „De pace fidei",– „Vom Frieden im Glauben" den ökumenischen Dialog vor allem mit den Juden und Muslimen. Sein Ziel: Einheit in Verschiedenheit. Einheit in versöhnter Vielfalt. Für Hans Küng Voraussetzung für den Weltfrieden. Darüber hinaus hatte Nikolaus von Kues ein Herz für die Armen. Das St. Nikolaus-Hospital, in dem wir uns befinden, belegt es. Die Stiftungsurkunde vom 3.Dezember 1458 verfügt, dass es 33 arme, nämlich abgearbeitete Greise von 50 Jahren und darüber aufnehmen soll. 33 – dem Lebensalter Jesu entsprechend. Mehr zum Leben und Werk hören und sehen wir nachher im Geburtshaus, wo wir um 11:30 Uhr erwartet werden.

Nun zu den beiden heutigen Schrifttexten und ihrer universalen Ausrichtung. In der Lesung hieß es: „So spricht der Herr: Ich kenne die Taten und die Gedanken der Völker aller Sprachen und komme, um sie zusammenzurufen, und sie werden kommen und meine Herrlichkeit sehen" (Jes 66). Geschrieben im fünften oder vierten Jahrhundert v. Chr., also in der nachexilischen Zeit. Nicht alle waren nach Israel, nach Jerusalem zurückgekehrt, sondern hatten sich unter die Völker gemischt. Wenn man so will, die erste große Diaspora. Der Verfasser unseres Textes macht sich Sorgen um sie. Ob sie wohl in der Völkerwelt noch nach dem Gesetz leben, die Reinheitsvorschriften, die Speisevorschriften und das Sabbatgebot befolgen? Sein Wunsch ist es, dass alle noch einmal ins Land der Väter zurückkehren, alle wie eine Opfergabe zum Zion, zum Tempel gebracht werden. Und er lässt sich etwas einfallen, wie dieser große Opfergang, diese Opferprozession aussieht: Die da heimkehren, werden herbeigebracht auf Rossen und Wagen, in Sänften, auf Maultieren und Dromedaren.

Aber es stellt sich die Frage, was denn vom Auftrag Israels her sein soll. Aus allen Völkern heimholen oder unter den Völkern zu einem Zeichen werden, zum Licht für die Völker, wie es an einer anderen Stelle bei Jesaja heißt. Bei der Staatsgründung des neuen Israel 1948 hat man sich daran erinnert, was Israel einmal aufgetragen worden war: ein Licht zu sein für die Völker, Modell eines Staates zu sein, der nicht ausschließt, sondern anderen Raum gibt. Leider ist das heutige Israel zum Gegenmodell geworden, zum Beispiel mit seiner rücksichtslosen Siedlungs- und das heißt Enteignungspolitik. Das muss man der Wahrheit wegen aussprechen dürfen. Netanjahu sagte kürzlich: „Israel ist nicht der Staat all seiner Bürger. Israel ist der Nationalstaat allein des jüdischen Volkes." Das schließt die 20 Prozent arabisch-israelischen Staatsbürger aus.

Eine Lesung mit einem universalen Blickwinkel, aber nach der Devise: Retten, was zu retten ist. Bewahren, bewahren. Ein Licht und Wegweiser für die Völkerwelt wird man dadurch nicht. Das gilt nebenbei gesagt auch für die Kirche, die sich als „Lumen gentium" versteht (II. Vatikanum).

Zum Evangelium: Hier am Schluss ein wunderbarer universaler Ausblick: „Man wird von Osten und Westen und von Norden und Süden kommen und im Reich Gottes zu Tische sitzen."
Das erinnert an das große Festmahl am Ende der Tage, von dem Jesaja 25 spricht, „ein Festmahl mit den besten Speisen und den erlesensten Weinen." Das ist auch für Jesus die Zielperspektive der Geschichte. Aber was im heutigen Evangelium vorausgeht, schockiert eher. Es gibt ein Zuspät! Es gibt die verpasste Chance. Wenn die Tür zu ist, ist sie zu. Da hilft kein Klopfen mehr. Und es rührt den Hausherrn nicht, wenn die, die vor der verschlossenen Tür stehen, sagen: Du kennst uns doch. Das kannst du doch nicht machen. Wir haben doch mit dir gegessen und getrunken. Und du hast uns auf unseren Straßen gelehrt. Die Antwort: Ich kenne euch nicht. Weg von mir. Und er setzt noch eins drauf. „Ihr werdet heulen und mit den Zähnen knirschen, wenn ihr seht, dass Abraham, Isaak und Jakob und alle Propheten im Reich Gottes sind, ihr selbst aber ausgeschlossen seid".

Es gibt ein Zu-spät. Es gibt die verpasste Chance. Dazu gehören und doch nicht dazu gehören. Angeblich gehen, sich bewegen und doch auf der Stelle treten. Das heißt, nicht ausgeschlossen werden, sondern sich selbst ausschließen. Und es gilt auch für das Gericht, von dem die Schrift öfter spricht: Es kommt nicht von außen oder von oben, sondern so, dass sich Menschen selbst zugrunde richten, sich ums Leben bringen, um ein menschen-würdiges Leben, das einmal in ein Fest einmünden sollte.

Leben, richtig leben, wie geht das? Heute in einem universalen und globalen Kontext? Das World Wide Web gibt darauf keine Antwort. Wir versuchen die Antwort zu finden mit einem Bild aus dem 6. Jahrhundert, das uns Abraham zeigt.

Modell eines hellwachen Menschen ist Abraham, der Vater des Glaubens für Juden, Christen und Muslime.

Was macht Abraham zum Modell eines hellwachen, empfänglichen Menschen, zum Wegweiser im Glauben für Juden, Christen und Muslime?

Abraham ist das Modell eines Menschen, der sich vertrauensvoll auf den Weg gemacht hat und erst unterwegs zu dem wird, der er ist. Wie wichtig die Erfahrung des Weges, auch eines gemeinsamen Weges ist, wissen wir. Sonst wären wir nicht hier.

Nikolaus von Kues, Kardinal, Theologe und Philosoph (*1401 in Kues + 1464 in Rom)

Cusanus sorgt sich „um die innere Reform der Kirche, wobei er Reform nicht im Sinne eines Umbruchs, sondern in der Weise einer Rückbesinnung auf Ursprünge versteht“. (Klaus Kremer)

Zweiundzwanzigster Sonntag im Jahreskreis

Erste Lesung Jesus Sirach 3,17-18.20.28-29

17 Kind, bei all deinem Tun bleibe bescheiden und du wirst geliebt werden von anerkannten Menschen!
18 Je größer du bist, umso mehr demütige dich und du wirst vor dem Herrn
Gnade finden! 20 Denn groß ist die Macht des Herrn, von den Demütigen wird er gerühmt.
28 Es gibt keine Heilung für das Unglück des Hochmütigen, denn eine Pflanze
der Bosheit hat in ihm Wurzel geschlagen. 29 Das Herz eines Verständigen wird einen Sinnspruch überdenken und das Ohr des Zuhörers ist die Sehnsucht des Weisen.

Die Folgen bedenken
Das Buch Jesus Sirach gehört zur alttestamentlichen Weisheitsliteratur, die ihrerseits aus der Weisheit der alten Kulturräume Ägypten und Mesopotamien schöpft. Das Buch wurde um 180 v. Chr. in Hebräisch verfasst und etwa 50 Jahre später ins Griechische übersetzt. Im dritten Kapitel geht es um die Kardinaltugenden der Bescheidenheit und Barmherzigkeit. Die Mahnung zur Bescheidenheit ist die Antwort auf die immer neuen Beispiele von Hochmut und Gigantomanie und deren zerstörerische Folgen. Wer im Gegenüber zu Menschen bescheiden ist, ist es auch Gott gegenüber und wird geschätzt.
Der Zusammenhang von Tun und Ergehen, von Tat und sich daraus ergebender Konsequenz, ist kennzeichnend für die alttestamentliche Weisheitsliteratur. Aber oft geht dies nicht auf, wenn zum Beispiel Bescheidenheit als Schwäche ausgenutzt wird.
Die Bibel bietet aber eindeutige Beispiele: So folgt dem Turmbau zu Babel, Ausdruck grenzenloser Überheblichkeit, Sprachverwirrung und Zerstreuung. Man versteht den anderen nicht mehr. Babylon wird so zum Inbegriff der Gottesferne und der Entfremdung zwischen den Menschen. „Hochmut kommt vor dem Fall“. Im Gegensatz dazu heißt es im Christushymnus des

Philipperbriefes: Der sich entäußert und Knechtsgestalt angenommen hat, wird über alles erhöht.

Zweite Lesung Hebr 12,18-19.22-24a

18 Denn ihr seid nicht zu einem sichtbaren, lodernden Feuer hinzugetreten, zu dunklen Wolken, zu Finsternis und Sturmwind, 19 zum Klang der Posaunen und zum Schall der Worte, bei denen die Hörer flehten, diese Stimme solle nicht weiter zu ihnen reden; 22 Ihr seid vielmehr zum Berg Zion hinzugetreten, zur Stadt des lebendigen Gottes, dem himmlischen Jerusalem, zu Tausenden von Engeln, zu einer festlichen Versammlung 23 und zur Gemeinschaft der Erstgeborenen, die im Himmel verzeichnet sind, und zu Gott, dem Richter aller, und zu den Geistern der schon vollendeten Gerechten, 24 zum Mittler eines neuen Bundes, Jesus, und zum Blut der Besprengung, das mächtiger ruft als das Blut Abels.

Österliche Hoffnung leben

Was muss noch alles gesagt werden, um den im Glauben Ermüdeten wieder aufzuhelfen? Der Verfasser des Hebräerbriefes stellt den Bund vom Sinai in einen scharfen Gegensatz zu dem von Christus gestifteten Neuen Bund. Aber gründet dieser nicht im Alten, im ersten Bund? Ist nicht die dramatisch gestaltete Szenerie des Bundesschlusses am Sinai erzählt in Anlehnung an die Szenerie des Morgenopfers im Tempel zu Jerusalem, wenn da die Rede ist von Feuer, Rauch, Posaunenklang und einer Schranke? Hat nicht Jesus selbst mit seinen Jüngern am Tempelgottesdienst teilgenommen, auch wenn er dessen Veräußerlichung scharf kritisiert hat? Alles das wusste auch der Verfasser des Hebräerbriefes. Aber jetzt, am Ende des ersten Jahrhunderts muss ein neues Motiv her, um die unter Druck Geratenen zu ermutigen, dem Glauben treu zu bleiben, beieinander zu bleiben, füreinander einzustehen. Sie gehören, obwohl noch mit beiden Beinen auf der Erde, bereits dem himmlischen Jerusalem an. Österlich gesprochen trifft dies auch zu. Denn wer dem auferweckten Herrn angehört, der bereits am Ziel angekommen ist, hat schon teil an der „himmlischen Festversammlung“. Ein Grund mehr, sich zu bewähren, österliche Hoffnung zu leben, dem Frieden zu dienen.

Evangelium Lk 14,1.7–14

---

1 Jesus kam an einem Sabbat in das Haus eines führenden Pharisäers zum Essen. Da beobachtete man ihn genau. 7 Als er bemerkte, wie sich die Gäste die Ehrenplätze aussuchten, erzählte er ihnen ein Gleichnis. Er sagte zu ihnen: 8 Wenn du von jemandem zu einer Hochzeit eingeladen bist, nimm nicht den Ehrenplatz ein! Denn es könnte ein anderer von ihm eingeladen sein, der vornehmer ist als du, 9 und dann würde der Gastgeber, der dich und ihn eingeladen hat, kommen und zu dir sagen: Mach diesem hier Platz! Du aber wärst beschämt und müsstest den untersten Platz einnehmen. 10 Vielmehr, wenn du eingeladen bist, geh hin und nimm den untersten Platz ein, damit dein Gastgeber zu dir kommt und sagt: Mein Freund, rück weiter hinauf! Das wird für dich eine Ehre sein vor allen anderen Gästen. 11 Denn wer sich selbst erhöht, wird erniedrigt, und wer sich selbst erniedrigt, wird erhöht werden. 12 Dann sagte er zu dem Gastgeber: Wenn du mittags oder abends ein Essen gibst, lade nicht deine Freunde oder deine Brüder, deine Verwandten oder reiche Nachbarn ein; sonst laden auch sie dich wieder ein und dir ist es vergolten. 13 Nein, wenn du ein Essen gibst, dann lade Arme, Krüppel, Lahme und Blinde ein. 14 Du wirst selig sein, denn sie haben nichts, um es dir zu vergelten; es wird dir vergolten werden bei der Auferstehung der Gerechten.

Im Zeichen der Begegnung

Die Bibel ist kein Knigge für gute Manieren, auch wenn es sich im ersten Teil des heutigen Evangeliums so anhört. Was mir daran nicht gefällt, ist die Begründung, den untersten Platz einzunehmen bis dann jemand kommt, der den Ehrenplatz zuweist. Aber lassen wir das auf sich beruhen.

Nachdenklich macht dagegen der zweite Teil des Evangeliums mit der Frage: Wen laden wir ein, Sie und ich? Mit wem sprechen wir und mit wem nicht? Wen haben wir im Blick und wen übersehen wir?
Es ist schon provozierend, wenn Jesus dem Gastgeber sagt: „Wenn du ein Essen gibst, dann lade Arme, Krüppel, Lahme und Blinde ein … , denn sie können es dir nicht vergelten." Da ist keine Gegeneinladung zu erwarten, zumindest nicht zu einem Festessen.

Wie hat es Jesus denn selbst gehalten? Ich weiß von keiner Einladung zum Essen, es sei denn zum Abschiedsmahl, zum letzten Abendmahl. Andererseits hören wir, dass er immer wieder zum Essen eingeladen wird, so auch im heutigen Evangelium ins Haus eines führenden Pharisäers. Immer wieder sehen wir ihn aber auch am Tisch mit Menschen, deren Haus sonst kein gläubiger Jude betreten würde. Das machen ihm diese sogar zum Vorwurf und sagen hinter vorgehaltener Hand: Mit diesem Mann aus Nazareth kann etwas nicht stimmen. Ein Lehrer am Tisch mit Zöllnern und Sündern, das geht doch nicht. Er kehrt bei Menschen ein, die das Gesetz weder kennen noch halten, also notorische Sünder sind.
Beispielhaft für Jesus ist die ausdrückliche Bitte an den Zöllner Zachäus, bei ihm einkehren zu dürfen. Wie es dann weitergeht, wissen wir. Kennzeichnend für den Weg Jesu ist, dass er sich in besonderer Weise denen zuwendet, die behindert, oft vielfach behindert sind bzw. am Leben gehindert werden, weil sich niemand um sie kümmert, sich niemand ihrer annimmt.

So hören wir unten in Jericho den Schrei des blinden Bartimäus: „Jesus, Sohn Davids, erbarme dich meiner." Jesus lässt ihn zu sich bringen. Und es gehen ihm die Augen auf. Oder er berührt einen Taubstummen mit dem Machtwort „Effata, öffne dich." Und dieser kommt zu Wort. Oben in Kafarnaum wird Jesus ein Gelähmter vor die Füße gelegt. Er heilt ihn von innen, indem er ihm Vergebung zuspricht. Und der Gelähmte kommt wieder auf die Beine. Und noch ein Beispiel.
In Jerusalem schleppt sich schon 38 Jahre ein Gelähmter an den Betesteich und sucht dort Heilung. Aber, so heißt es bei Johannes, es ist niemand da, der ihn, wenn es gilt, ins wallende Wasser bringt.
Jesus an der Seite von Blinden, Lahmen, Aussätzigen und Besessenen. Eine von ihnen, die von sieben Dämonen besessen war, wie es bei Lukas heißt, wird zu neuem Leben erweckt, Maria von Magdala. Sie wird

zur ersten Zeugin der Osterbotschaft. Wer nichts erfahren hat, kann auch nichts bezeugen.
Zurück zu der Frage: Wen haben wir im Blick? Mit wem reden wir? Wen laden wir ein, nicht nur zum Essen, sondern zum Austausch überhaupt, so, dass nicht nur die Eingeladenen, sondern auch wir selbst dabei die Welt mit anderen Augen sehen lernen, einen neuen Blick für die Wirklichkeit bekommen, nicht nur die Eingeladenen, sondern auch wir selbst dabei erneut aufleben? Es also keine Belohnung am Ende der Tage geben muss, weil die Einladung und neuartige Begegnung schon ihren Belohnungswert in sich birgt. Dies kann sich auch in der ernsthaften Begegnung mit Behinderten ereignen, wobei sich zeigen kann, wer mehr behindert ist.

Unvergesslich ist mir die mehrjährige Begegnung mit körperbehinderten Kindern und Jugendlichen in den Diakonie-Anstalten in Bad Kreuznach, mit denen ich mich als Kaplan einmal die Woche zum Religionsunterricht getroffen habe. Alle geistig fit, mit einer Ausstrahlung und Lebensfreude, die ich nie vergessen werde, trotz ihrer spastischen Lähmung und bei einigen auch trotz der Sprachbehinderung.
Unvergesslich ist für mich auch die große Gruppe von Kriegsblinden, mit denen ich vor Jahren in einer besonderen Einrichtung in der Schweiz die Kar- und Osterliturgie gefeiert habe. Menschen, die das Geschenk der Erlösung buchstäblich ertastet haben, indem sie mit ihren Händen auf einem Kreuz der Gestalt des Verwundeten und Gekreuzigten nachgegangen sind. Ihr Sprecher war ein tiefgläubiger und lebensfroher Mann, der für die Behinderten im Stadtrat von Saarbrücken saß und in meiner Nähe wohnte.

Das erleben Sie sicher auch: Für Behinderte wird heute mehr getan als je zuvor, durch die Angehörigen, die Kommunen, in Einrichtungen der Caritas und anderer Träger. Behinderte, die dennoch ein schweres Los zu tragen haben, das sie nicht jeden Tag in der gleichen Weise annehmen können.
Bleiben wir im Sinne des Evangeliums als Ganzem bei der Frage: Wer ist uns willkommen? Auf wen lassen wir uns ein? Mit wem suchen wir einen ernsthaften Dialog in einer Zeit, in der das World Wide Web fortwährend perfektioniert wird und gleichzeitig die Abschottungstendenzen zunehmen? In einer Zeit, in der der Zusammenhalt in der Gesellschaft und auch in der Kirche gefährdet ist, weil der Dialog ausbleibt oder verweigert wird, der aber unerlässlich ist angesichts der unterschiedlichen Sichtweisen, wie

heute und morgen das Evangelium gelebt werden kann und soll.
Zu denken ist auch an einen ernsthaften Dialog mit Menschen anderer religiöser Orientierung, zum Beispiel mit Muslimen, die in unserer Mitte leben, die als Ärzte am OP-Tisch stehen oder als Arbeiter am Fließband.

Eine Zeitschrift hat vor wenigen Wochen getitelt: War Goethe ein Muslim? War er nicht.
Aber er war einer, der sich im „west-östlichen Divan“, den er vor genau 200 Jahren verfasst hat, ernsthaft mit dem Islam und dem Koran auseinandergesetzt und vieles darin geschätzt hat.

Darum plädiere ich erneut dafür, dass wir in der Kirche vor Ort, dort wo sich die Menschen begegnen, sich mehr oder weniger kennen, zum Beispiel über Nachbarschaftshilfe Gesprächsgruppen anbieten, in denen man dem Leben und dem Glauben und dem, was für den Glauben zentral ist, auf den Grund gehen kann. Warum sollte man dazu nicht auch Muslime einladen, endlich beginnen mit einem interreligiösen Austausch, der den einen wie den anderen guttut, den Horizont weitet und dabei erneut einführt in den Hoffnungshorizont des Alten und Neuen Testaments. Einem Austausch, der auf Dauer zur Grundlage eines gedeihlichen Zusammenlebens wird, Einheit in gelebter Vielfalt ermöglicht, wie Nikolaus Cusanus sagen würde.
Beten wir um den Geist der Offenheit und um die Kraft, in unserer Mitte Einheit in Vielfalt zu gestalten.

Dreiundzwanzigster Sonntag im Jahreskreis

Erste Lesung Weisheit 9,13-19

13 Denn welcher Mensch kann Gottes Plan erkennen oder wer begreift, was der Herr will? 14 Unsicher sind die Überlegungen der Sterblichen und einfältig unsere Gedanken; 15 denn ein vergänglicher Leib beschwert die Seele und das irdische Zelt belastet den um vieles besorgten Verstand. 16 Wir erraten kaum, was auf der Erde vorgeht, und finden nur mit Mühe, was auf der Hand liegt; wer ergründet, was im Himmel ist? 17 Wer hat je deinen Plan erkannt, wenn du ihm nicht Weisheit gegeben und deinen heiligen Geist aus der Höhe gesandt hast? 18 So wurden die Pfade der Erdenbewohner gerade gemacht und die Menschen lernten, was dir gefällt; durch die Weisheit wurden sie gerettet. 19 durch die Weisheit wurden sie gerettet.

Hellhörig werden

Das Buch der Weisheit ist das jüngste Buch des AltenTestamentes, geschrieben zwischen 80 und 30 v. Chr. in Auseinandersetzung mit der griechischen Philosophie. Es wird der Weisheit Salomos (961-931 v. Chr.) zugeschrieben, der als junger König Gott um ein „hörendes Herz" bittet. Geradezu sprichwörtlich ist das „Salomonische Urteil" geworden (1 Kön 3). Weil er die Gerechtigkeit liebt und Gott um Einsicht, wird er zum Vorbild. Sein Gebet um Weisheit in Kapitel 9, der heutige Abschnitt, gehört dazu, ist der Höhepunkt des ganzen Buches. Angesichts der Irrungen und Verwerfungen der Geschichte macht ein weises, weites Herz hellhörig für Gott und für die Nöte der Menschen. „Die Griechen suchen Weisheit", wird Paulus später sagen (1 Kor 1,22). Mit den Stoikern (philosophische Richtung seit dem dritten Jahrhundert v. Chr.) vertritt das Buch der Weisheit die Überzeugung, dass der Tugendhafte der vollkommene Mensch ist, jedoch nicht aufgrund eigener Anstrengung und Askese, sondern aufgrund seiner Empfänglichkeit. Erst Weisheit als erbetene Gottesgabe gibt dem Leben Tiefe und Weite. Sie ermöglicht Heilung und Rettung. Sie hilft, das Angesicht der Erde zu erneuern. Einsicht in die Begrenztheit und Beschränktheit des

Lebens ist der Schlüssel zur Weisheit. „Unsere Tage zu zählen lehre uns, dann gewinnen wir ein weises (weites) Herz.“ (Ps 90,12)

Zweite Lesung Philemon 1,9b-10.12-17

Ich, Paulus, ein alter Mann, jetzt auch Gefangener Christi Jesu, 10 ich bitte dich für mein Kind Onesimus, dem ich im Gefängnis zum Vater geworden bin. 12 Ich schicke ihn zu dir zurück, ihn, das bedeutet mein Innerstes. 13 Ich wollte ihn bei mir behalten, damit er mir an deiner Stelle dient in den Fesseln des Evangeliums. 14 Aber ohne deine Zustimmung wollte ich nichts tun. Deine gute Tat soll nicht erzwungen, sondern freiwillig sein. 15 Denn vielleicht wurde er deshalb eine Weile von dir getrennt, damit du ihn für ewig zurückerhältst, 16 nicht mehr als Sklaven, sondern als weit mehr: als geliebten Bruder. Das ist er jedenfalls für mich, um wie viel mehr dann für dich, als Mensch und auch vor dem Herrn. 17 Wenn du also mit mir Gemeinschaft hast, nimm ihn auf wie mich!

Ans Herz gewachsen

Die Aufteilung in Sklaven und Freie ist für die Antike eine gesellschaftliche und wirtschaftliche Selbstverständlichkeit. Zwischen fünfundzwanzig und fünfzig Prozent der Bevölkerung sind durch Geburt, Kriegsgefangenschaft, die Aussetzung von Kindern, durch Selbstverkauf oder Entführung Sklavinnen und Sklaven. Sie gehören ihrem Herrn, wie immer dieser mit ihnen umgeht. Auch wenn Paulus bereits im Brief an die Galater schreibt, dass durch die Taufe die Unterscheidung von Sklaven und Freien hinfällig geworden ist (Gal 3,28), hat Philemon, ein Christ aus Kolossae, der wohl durch Paulus zum Glauben gekommen ist, einen Sklaven namens Onesimus. Wie dieser nach Rom gekommen ist, wo Paulus als „alter Mann“ um 61 n. Chr. den Philemonbrief schreibt, ist nicht bekannt. Er bedeutet Paulus viel, der in einer Quasi-Gefangenschaft in Rom wohl auch weiterhin missionarisch tätig ist und Menschen um sich versammelt. Er möchte Onesimus, der ihm ans Herz gewachsen ist, als Helfer behalten, auch wenn er keinen Anspruch auf ihn hat. Dies erklärt den gefühlvollen, werbenden Brief an ihn. Philemon hat in Kolossae sein Haus als Versammlungsort zur Verfügung gestellt, einer „Hauskirche“. So geht der Brief des Paulus an die ganze Gemeinde. Alle sollen wissen, dass die Taufe Menschen zu Söhnen und Töchtern macht, und die Gotteskindschaft sich äußert in einem vertrauensvollen, liebenden Miteinander.

Vierundzwanzigster Sonntag im Jahreskreis

Erste Lesung Ex 32,7-11.13-14

*7 Da sprach der HERR zu Mose: Geh, steig hinunter, denn dein Volk, das du aus
dem Land Ägypten heraufgeführt hast, läuft ins Verderben. 8 Schnell sind sie von
dem Weg abgewichen, den ich ihnen vorgeschrieben habe. Sie haben sich ein ge-
gossenes Kalb gemacht, sich vor ihm niedergeworfen und ihm Opfer geschlachtet,
wobei sie sagten: Das sind deine Götter, Israel, die dich aus dem Land Ägypten
heraufgeführt haben. 9 Weiter sprach der HERR zu Mose: Ich habe dieses Volk
gesehen und siehe, es ist ein hartnäckiges Volk. 10 Jetzt lass mich, damit mein
Zorn gegen sie entbrennt und sie verzehrt! Dich aber will ich zu einem großen
Volk machen. 11 Mose aber besänftigte den HERRN, seinen Gott, indem er sag-
te: Wozu, HERR, soll dein Zorn gegen dein Volk entbrennen, das du mit großer
Macht und starker Hand aus dem Land Ägypten herausgeführt hast. 13 Denk
an deine Knechte, an Abraham, Isaak und Israel, denen du selbst geschworen
und gesagt hast: Ich will eure Nachkommen zahlreich machen wie die Sterne am
Himmel, und: Dieses ganze Land, von dem ich gesprochen habe, will ich euren
Nachkommen geben und sie sollen es für immer besitzen. 14 Da ließ sich der
HERR das Unheil reuen, das er seinem Volk angedroht hatte.*

Moses Statue im Palastgarten in Trier

Dem Herzstillstand vorbeugen

Die dramatische Geschichte vom Bundesbruch und dem Tanz um's goldene Kalb spannt den Bogen von der Verheißung an die Väter über die Befreiung aus Ägypten bis hin zur erneuten Zusage Gottes, seinem Volk treu zu bleiben, trotz Abfall an selbst erdachte und gemachte Götzen. Hintergrund ist die fortwährende Untreue Israels, die sich äußert im Machtmissbrauch der Mächtigen, in der sozialen Fühllosigkeit und einem veräußerlichten Kult. Das „goldene Kalb“ der Anfangszeit steht für die gegossenen Stierbildnisse, die nach der Reichsteilung 921 v. Chr. an den Hauptkultstätten des Nordreiches in Dan und Betel aufgestellt wurden. Nicht dass hier Stierbilder angebetet wurden. Das Stierbildnis steht für die Kraft und Leben spendende Macht Jahwes. Aber die Nähe zu den Kultbildern der kanaanäischen Religion führt leicht zur Vermischung von Jahweglauben und den kanaanäischen Fruchtbarkeitsriten.

Mit dem Schwinden des Vertrauens in Gott schwindet dann auch das sittliche Empfinden. Die einstmals Befreiten werden selbst zu Unterdrückern und Ausbeutern. Der vorliegende Text ist ein literarisches Glanzstück, wenn man bedenkt, wie Moses Gott davon abbringt, sein Volk bis auf einen Rest auszulöschen. Alles wäre doch umsonst gewesen, wenn Gott sich selbst untreu würde.

Es bleibt die Warnung, dass der Tanz um Gold und Geld früher oder später zum „Herzstillstand“, zum Kollaps führt. Die Gefahr ist dann am größten, wenn die Frage nach dem Woher und Wohin des Menschen verstummt und die Angst in den Unsinn treibt.

Zweite Lesung 1 Tim 1,12-17

---

12 Ich danke dem, der mir Kraft gegeben hat: Christus Jesus, unserem Herrn. Er hat mich für treu gehalten und in seinen Dienst genommen, 13 obwohl ich früher ein Lästerer, Verfolger und Frevler war. Aber ich habe Erbarmen gefunden, denn ich wusste in meinem Unglauben nicht, was ich tat. 14 Doch über alle Maßen groß war die Gnade unseres Herrn, die mir in Christus Jesus den Glauben und die Liebe schenkte. 15 Das Wort ist glaubwürdig und wert, dass man es beherzigt: Christus Jesus ist in die Welt gekommen, um die Sünder zu retten. Von ihnen bin ich der Erste. 16 Aber ich habe gerade darum Erbarmen gefunden, damit Christus Jesus an mir als Erstem seine ganze Langmut erweisen konnte, zum Vorbild für alle, die in Zukunft an ihn glauben, um das ewige Leben zu erlangen. 17 Dem König der Ewigkeit, dem unvergänglichen, unsichtbaren, einzigen Gott, sei Ehre und Herrlichkeit in alle Ewigkeit.

210 **Vorbild**

Der erste Timotheusbrief gehört zu den sogenannten Pastoralbriefen, die um 100 n.Chr, (etwa 40 Jahre nach dem Tod des Paulus) als pastorale Orientierung für die jungen Gemeinden geschrieben wurden, hier v.a. für die Gemeinde in Ephesus. Es geht um die Frage einer überzeugenden Leitung und um den Zusammenhalt der Gemeinde. Paulus, der selbst nicht der Verfasser, wie auch Timotheus, sein früherer Mitarbeiter, nicht der persönliche Adressat ist, empfiehlt sich am Anfang des Briefes als Vorbild, weil er einmal die Christen verfolgt hat und dann zu einem glühenden Zeugen für Christus geworden ist. An ihm kann man ablesen, wie groß das Erbarmen und die Geduld Gottes ist. So wird sein Leben zur Einladung, Gottes Entgegenkommen anzunehmen und zur Absage an alle esoterischen Selbsterlösungspraktiken, zu einer Einladung auch, in seinen Lobpreis Gottes einzustimmen.

Fünfundzwanzigster Sonntag im Jahreskreis

Erste Lesung Am 8,4–7

4 Hört dieses Wort, die ihr die Armen verfolgt und die Gebeugten im Land unterdrückt! 5 Ihr sagt: Wann ist das Neumondfest vorbei, dass wir Getreide verkaufen, und der Sabbat, dass wir den Kornspeicher öffnen können? Wir wollen das Hohlmaß kleiner und das Silbergewicht größer machen, wir fälschen die Waage zum Betrug, 6 um für Geld die Geringen zu kaufen und den Armen wegen eines Paars Sandalen. Sogar den Abfall des Getreides machen wir zu Geld. 7 Beim Stolz Jakobs hat der Herr geschworen: Keine ihrer Taten werde ich jemals vergessen.

Beherrschende Gewinnsucht

Amos, der „rote Hahn" unter den Propheten. Keiner hat die sozialen Verhältnisse in seinem Land so scharf kritisiert wie er. Er stammt aus Tekoa, in der Nähe von Jerusalem, ist von Hause aus Bauer und Schafzüchter und tritt um 760 v. Chr. im Nordreich Israel als Prophet auf. Sein Blick geht vor allem auf Samaria, das politische und religiöse Zentrum des Nordreiches. Amos unterscheidet sich von den Sozialkritikern unserer Zeit dadurch, dass er als „Sprachrohr Gottes" seine Kritik mit der Gottesbeziehung Israels in Verbindung bringt. Diese findet sich auch in seinem Namen. Amos ist die Abkürzung von Amas-ja – „Jahwe hat getragen". Wenn Jahwe euch wie auf Adlerflügeln heraus getragen hat aus dem Sklavenhaus Ägypten (Ex 19), wie könnt ihr dann die Armen und Schwachen in eurer Mitte fallen lassen, ihre Schwäche zudem noch schamlos ausnutzen und sie zu Sklaven machen? Dies wurde durch die Gesetzgebung begünstigt. Der älteste Sohn erbte Zweidrittel des Grundbesitzes, während die anderen sich den Rest teilen mussten. Winzige Grundstücke waren es. Bei einer Missernte musste man einen Kredit aufnehmen, um überleben zu können. Konnte man diesen nicht zurückzahlen, musste man sich selbst in Zahlung geben. Aus einem Freien wurde ein Sklave. Himmelschreiende Zustände, für die vor allem die reiche Oberschicht verantwortlich war. Sie konnte kaum das Ende des Vollmondfestes und des Sabbat erwarten, um wieder Geschäfte machen zu können. Erst in nachexilischer Zeit wird der Sabbat zum Tag des dankbaren Rückblicks auf Gottes Schöpfungshandeln und das Vollmondfest im Frühling, Pessach, zur dankbaren Vergegenwärtigung der Befreiung aus Ägypten. Für Habsüchtige eine verstörende Erinnerung. Was Amos als Unrecht anprangert, dauert an bis heute. Der Markt und die Gewinnsucht beherrschen das Feld. Menschen werden zu bloßen Marktteilnehmern degradiert oder auch selbst vermarktet, legal, versteht sich.

Zweite Lesung 1 Tim 2,1–8

---

1 Vor allem fordere ich zu Bitten und Gebeten, zu Fürbitte und Danksagung auf, und zwar für alle Menschen, 2 für die Herrscher und für alle, die Macht ausüben, damit wir in aller Frömmigkeit und Rechtschaffenheit ungestört und ruhig leben können. 3 Das ist recht und wohlgefällig vor Gott, unserem Retter; 4 er will, dass alle Menschen gerettet werden und zur Erkenntnis der Wahrheit gelangen. 5 Denn: Einer ist Gott, Einer auch Mittler zwischen Gott und Menschen: der Mensch Christus Jesus, 6 der sich als Lösegeld hingegeben hat für alle, ein Zeugnis zur vorherbestimmten Zeit, 7 als dessen Verkünder und Apostel ich eingesetzt wurde – ich sage die Wahrheit und lüge nicht –, als Lehrer der Völker im Glauben und in der Wahrheit. 8 Ich will, dass die Männer überall beim Gebet ihre Hände in Reinheit erheben, frei von Zorn und Streit.

Gott kommt allen entgegen

Der erste Timotheusbrief gehört zu den Pastoralbriefen im Neuen Testament, die auf die pastorale Situation der Kirche am Ende des ersten Jahrhunderts antworten. Diese ist von Herausforderungen unterschiedlicher Art geprägt: Die Gemeinden sind größer geworden. Die Leitung ist neu zu regeln und zu profilieren. Irrlehren gefährden den Zusammenhalt und schaden der Glaubwürdigkeit nach außen. Für die Vertreter der römischen Staatsreligion sind die Christen Atheisten, weil sie den Kaiserkult verweigern und so zum Sicherheitsrisiko für das Reich werden. Klarheit in der Lehre, Klarheit in der Organisationsform und ein überzeugendes Zeugnis nach innen und außen setzen eine qualifizierte Leitung voraus. Alles dies soll sich am missionarischen Wirken des Apostels Paulus orientieren, dem die Pastoralbriefe zugeschrieben werden, auch wenn sie erst 40 Jahre später von einem angesehenen Vertreter der Paulusschule in Ephesus verfasst wurden.

Der missionarischen Weite des Völkerapostels entspricht im Text die Aufforderung, für alle Menschen zu beten, besonders für die Machthaber. Von ihnen hängt es ab, ob die Christen ihren Glauben „ungestört“ leben können, und auch davon, dass die Irrlehren überwunden werden. Zur Klarstellung: Der Mensch Christus Jesus ist der Mittler zwischen Gott und den Menschen. Wenn Gott Mensch geworden ist, dann kommt er in dieser Welt menschlich vor oder gar nicht. In der Verbundenheit mit Jesus, dem Christus findet der Mensch zu Gott und zu sich selbst.

Evangelium Lk 16,10–13

In jener Zeit sprach Jesus zu seinen Jüngern: 10 Wer in den kleinsten Dingen zuverlässig ist, der ist es auch in den großen, und wer bei den kleinsten Dingen Unrecht tut, der tut es auch bei den großen. 11 Wenn ihr nun im Umgang mit dem ungerechten Mammon nicht zuverlässig gewesen seid, wer wird euch dann das wahre Gut anvertrauen? 12 Und wenn ihr im Umgang mit dem fremden Gut nicht zuverlässig gewesen seid, wer wird euch dann das Eure geben? 13 Kein Sklave kann zwei Herren dienen; er wird entweder den einen hassen und den andern lieben oder er wird zu dem einen halten und den andern verachten. Ihr könnt nicht Gott dienen und dem Mammon.

Gott oder dem Mammon dienen

Was kann das heißen: Gott dienen oder dem Mammon, und dass das eine das andere ausschließt? Wir könnten diese Frage getrost auf sich beruhen lassen, wenn sie nicht inzwischen zur Schicksalsfrage geworden wäre, zur Frage nach der Zukunft der Menschheit.
Wohin wird die Entwicklung gehen, wenn die Kluft zwischen Reichen und Armen größer wird; wenn täglich Millionen Dollar oder Euro ausgegeben werden zum Schutz gegen den Terror; wenn ständig neue Sicherheitssys-

teme erfunden werden und dennoch die Angst zunimmt? Wie wollen wir morgen leben, nicht nur überleben?
Ihr könnt nicht beiden dienen, Gott und dem Mammon, sagt Jesus im heutigen Evangelium. Ihr könnt nicht vorgeben, Gott zu dienen, wenn ihr längst Sklaven des Besitzes geworden seid, besessen von dem, was ihr besitzt. Das ist es, was die Bibel Mammon nennt: Es ist das, woran Menschen ihr Herz hängen, was zum trügerischen Dreh- und Angelpunkt ihres Lebens geworden ist, was sie letztlich lähmt.

Ich kenne einen jungen Mann aus reichem Hause, der damit so seine Erfahrungen gemacht hat, der sich alles leisten konnte, ohne dafür etwas zu leisten. Ein Leben „just for fun" würde man heute sagen, zum bloßen Vergnügen. Bis er dieses Leben satt hatte, zu seinem Vater ging und zu ihm sagte: Mein Erbe kannst du behalten. Und die Kleider, die ich am Leibe trage, bekommst du noch dazu. Francesco – Franz von Assisi ist sein Name. In einer Zeit des Überdrusses an Macht und Reichtum wählt er die Armut. Tausende folgen seinem Beispiel. Immer wieder hat es in der Geschichte Phasen gegeben, in denen der trügerische Mammon überfällige Veränderungen und Erneuerungen verhindert hat, letztendlich Menschen unglücklich gemacht hat. Wer festgelegt ist, bewegt sich nicht mehr. Wer nur noch in der Verteidigung des Erreichten verharrt, verpasst die Zukunft. Geld, Besitz und Reichtum sind an sich nichts Böses oder Verwerfliches. Im Gegenteil. Wo aber Menschen ihr alltägliches Leben und ihre Zukunft daran festmachen, bringen sie sich ums Leben.
Das wird uns heute eindrucksvoll auch in der Lesung aus dem Propheten Amos vor Augen geführt. Amos, von Hause aus Maulbeerfeigenzüchter, geißelt die soziale Verrohung im Nordreich Israel im achten Jahrhundert v. Chr.. Ein Gottesmann als Sozialkritiker um Gottes und der Menschen willen. Habsucht, Korruption und Brutalität haben sich ins Unermessliche gesteigert. Das Unrecht schreit zum Himmel, unüberhörbar.
„Wir wollen den Kornspeicher öffnen", sagen die Unersättlichen, „das Maß kleiner, den Preis größer machen und die Gewichte fälschen. Wir wollen mit Geld die Hilflosen kaufen, für ein paar Sandalen die Armen."
Wie kann das sein, sagt sich der Feigenbauer, dass die einen pflanzen und die anderen ernten, das an sich reißen, wofür sie selbst nichts getan haben! Ein Skandal. Das konnte nicht gut gehen. Schon bald gehen darum im Nordreich Israel die Lichter aus, für immer. Am Ende ist das Königtum,

am Ende die Priesterschaft, am Ende ein Gemeinwesen, das sich selbst ruiniert hat.
Wenig später erhebt im Südreich der Prophet Jesaja seine Stimme. „Glaubt ihr nicht, dann bleibt ihr nicht!“, sagt er. Und wie Amos wird auch er zu einem erbitterten Kultkritiker. Wenn der Kult, der Gottesdienst, und sei er noch so feierlich, zur Alibiveranstaltung einer am Besitz fixierten Gesellschaft wird, dann kann ein Prophet nur sagen: „Weg mit dem Lärm eurer Lieder, ich kann eure Opfer nicht mehr riechen, Spruch des Herrn. Vielmehr fließe in eurer Mitte die Gerechtigkeit wie ein nie versiegender Bach.“ „Ihr könnt nicht Gott dienen und dem Mammon!“ Gott dienen, Gottesdienst an der Not der Menschen vorbei wird zur Farce.
Wir könnten unter diesem Vorzeichen, vor allem was den Mammons-Dienst angeht, darüber nachdenken, warum der Ruck in unserem Land ausbleibt, warum die Kirche in Teilen ihren Salz- und Sauerteigcharakter verloren hat, warum die Besitzstandwahrung zum Dogma geworden ist.

Lohnender aber scheint mir an dieser Stelle der Blick auf Menschen, die aus ihrer gläubigen Verwurzelung heraus und im Horizont der bereits angebrochenen Gottesherrschaft Bewegung in die Geschichte gebracht haben oder gar eine Wende herbeigeführt haben. Die dem Mammon nationalen Vormachtstrebens eine Absage erteilt haben, die im Geist des Entgegenkommens und der Solidarität ein Modell des Interessenausgleichs geschaffen und damit die Fundamente für das Haus Europa gelegt haben: Robert Schuman, Konrad Adenauer, Alcide De Gaspari und andere.

Es gibt also durchaus Wege, den Mammon für eine friedvolle Entwicklung nutzbar zu machen. Ich durfte jüngst 65 Jugendlichen das Sakrament der Firmung spenden, die genau auf diesem neuen Weg „firm“ sein wollen, dem Weg, der Menschen in Nord und Süd, in Ost und West zu einer solidarischen Völkerfamilie verbindet. Sie hatten sich in der Zeit der Firmvorbereitung auf Projekte eingelassen, die genau dies zum Ziel hatten, ein Gespür dafür zu entwickeln, dass wir nur das wirklich haben, was wir miteinander teilen. Zwei Gruppen von Firmlingen haben jeweils ein Solidaritätsessen organisiert. Der Ertrag des ersten wird dazu reichen, einer Familie in Indien ein bescheidenes Haus zu bauen. Im anderen Fall waren es Bedürftige in der Nähe, die unmittelbare Hilfe und Unterstützung erfahren haben. Daneben gab es ein Projekt „Fairer Handel“ und ein Caritasprojekt.

„Wer in den kleinsten Dinge zuverlässig ist, der ist es auch in den großen“, heißt es am Beginn des heutigen Evangeliums. Denn wem einmal die Augen geöffnet wurden für die Bedürfnisse anderer, der geht auch mit offenen Augen durchs Leben. Das Textbuch des Willens Gottes, so der frühere Saarbrücker Neutestamentler Josef Blank, sind die Nöte der anderen. Und wer in jungen Jahren gelernt hat hinzuschauen, nicht wegzuschauen, wenn Menschen gedemütigt, verraten und verkauft werden, der weiß auch, was die Stunde geschlagen hat, wenn Gewalt und Terror über Menschen hereinbrechen. Noch haben wir die Lektion des 11. September diesbezüglich nicht gelernt. Als könnte man Terror mit Gewalt bekämpfen! Unser Glaube sagt dagegen: Alle Menschen sind unabhängig von Rasse, Sprache und Kultur von gleicher Würde, alle Geschöpfe Gottes dazu berufen, ihr Leben in schöpferischer Weise selbst in die Hand zu nehmen. Wenn aber die Ökonomie zur beherrschenden Macht im Verhältnis der Völker wird, alles dem Markt unterworfen wird, kann es keine menschenwürdige Zukunft geben.

Die Feier des Brotbrechens, das eucharistische Mahl, ist das Erkennungszeichen der Christen, auch in dieser Stunde. Im Zeichen des Brotbrechens dürfen wir das Leben wagen und dabei Mensch werden.

Sechsundzwanzigster Sonntag im Jahreskreis

Erste Lesung Am 6,1a.4–7

1 Weh den Sorglosen auf dem Zion und den Selbstsicheren auf dem Berg von
Samária! 4 Ihr liegt auf Betten aus Elfenbein und faulenzt auf euren Polstern.
Zum Essen holt ihr euch Lämmer aus der Herde und Mastkälber aus dem Stall.
5 Ihr grölt zum Klang der Harfe, ihr wollt Musikinstrumente erfinden wie Da-
vid. 6 Ihr trinkt den Wein aus Opferschalen, ihr salbt euch mit feinsten Ölen,
aber über den Untergang Josefs sorgt ihr euch nicht. 7 Darum müssen sie jetzt
in die Verbannung, allen Verbannten voran. Das Fest der Faulenzer ist vorbei.

Brüchige Fundamente

Im Nordreich ausgewiesen kommt Amos zurück nach Juda, wo die sozialen Verhältnisse keinen Deut besser sind (Am 7,10ff.). Hier kommen die Sorglosen und Selbstsicheren auf dem Zion in den Blick. Hatte im Nordreich die Geschichtsvergessenheit zu schreiendem Unrecht geführt, zu Menschenverachtung und Ausbeutung, sonnte man sich in Jerusalem in einem vom Tempelkult gestützten trügerischen Erwählungsglauben, der blind und taub machte für die soziale Schieflage. Es kann nichts schief gehen, dachte man, Gott ist im Tempel ja mitten unter uns. Alle Aufmerksamkeit galt darum dem Opferbetrieb, nicht den Armen und Entrechteten. Amos macht dies im fünften Kapitel zum Thema. Obwohl 40 Jahre nach seinem Auftreten im Nordreich bereits die Lichter ausgehen – das Land wird von den Assyrern erobert und tributpflichtig – wiegt man sich in Jerusalem weiter in Sicherheit. Die Wohlhabenden veranstalten üppige Kultmähler, in denen sie sich selbst feiern. Der Tisch wird reich gedeckt mit dem, wofür sich andere schinden müssen. Die Landbevölkerung hatte die Stadt gegen einen Hungerlohn mit Naturalien zu versorgen. Wenn das Buch Amos dann in einem nachexilischen Nachtrag von Verbannung spricht, hat diese bereits stattgefunden. Denn auch im Südreich Juda gehen 586 v. Chr. die Lichter aus.

Immer wieder sind in der alten Welt Großreiche an ihrer sozialen Dekadenz und am religiösen Schwachsinn zugrunde gegangen, der weder Sinn stiftet noch den Schwachen aufhilft. In der jüngsten Vergangenheit sind totalitäre Regime an ihrer ideologischen Verblendung, an Korruption und Menschenverachtung gescheitert. Auch das Haus Europa ist vom Zusammenbruch bedroht. Die Fundamente sind brüchig geworden. Es werden noch christliche Werte beschworen, die aber vom Markt- und Gewinndenken überlagert werden. Solidarität bedarf eines starken Motivs: der Würde des Menschen als Geschöpf Gottes zu entsprechen, dessen Entgegenkommen mit Entgegenkommen zu beantworten.

Zweite Lesung 1 Tim 6,11–16

11 Du, ein Mann Gottes, strebe nach Gerechtigkeit, Frömmigkeit, Glauben, Liebe, Standhaftigkeit und Sanftmut! 12 Kämpfe den guten Kampf des Glaubens, ergreife das ewige Leben, zu dem du berufen worden bist und für das du vor vielen Zeugen das gute Bekenntnis abgelegt hast! 13 Ich gebiete dir bei Gott, von dem alles Leben kommt, und bei Christus Jesus, der vor Pontius Pilatus das gute Bekenntnis abgelegt hat und als Zeuge dafür eingetreten ist: 14 Erfülle deinen Auftrag rein und ohne Tadel, bis zum Erscheinen Jesu Christi, unseres Herrn, 15 das zur vorherbestimmten Zeit herbeiführen wird der selige und einzige Herrscher, der König der Könige und Herr der Herren, 16 der allein die Unsterblichkeit besitzt, der in unzugänglichem Licht wohnt, den kein Mensch gesehen hat noch je zu sehen vermag: Ihm gebührt Ehre und ewige Macht. Amen.

Bewährte Praxis bis heute

Die Lesung aus dem ersten Timotheusbrief enthält ein weiteres Wort der Klärung, diesmal mit einem judenchristliche Bezug. Die Naherwartung der frühen Kirche hat sich nicht erfüllt. Das Erscheinen Jesu Christi ist auf eine unbestimmte Zeit vertagt. Es folgt ein jüdisch geprägtes Bekenntnis: Gott, König der Könige und Herr der Herren, wird das Erscheinen (des Messias) zur „vorherbestimmten Zeit herbeiführen". Bis dahin haben sich die Gläubigen zu bewähren, vor allem jene, die in besonderer Verantwortung sind, die Leiter der Gemeinden, die Zeugen des Wortes.

Die Pastoralbriefe sehen hier wieder Paulus als Vorbild, für den entscheidend ist, dass der Glaube in der Liebe wirksam wird. „Frucht des Geistes" ist für ihn: Liebe, Freude, Friede, Langmut, Freundlichkeit, Güte, Treue,

Sanftmut und Selbstbeherrschung (Gal 5,22). Im Brief an Timotheus, also an die Gemeindeleiter und Gläubigen am Ende des ersten Jahrhunderts, wird dies vertieft. Wir erfahren bei der Gelegenheit auch, wie jemand als Gemeindeleiter eingesetzt wird. Vor „vielen Zeugen“ muss er seinen Glauben bekennen – ein offizielles Glaubensbekenntnis gibt es noch nicht –, der ihn als glaubwürdigen Zeugen und als „Geistlichen“ ausweist, der auch den Irrlehrern in der Gemeinde gewachsen ist. Dann wird er durch Gebet und Handauflegung beauftragt. Bewährte Praxis bis heute.

Evangelium Lk 16,19–31

In jener Zeit sprach Jesus zu den Pharisäern: 19 Es war einmal ein reicher Mann, der sich in Purpur und feines Leinen kleidete und Tag für Tag glanzvolle Feste feierte. 20 Vor der Tür des Reichen aber lag ein armer Mann namens Lázarus, dessen Leib voller Geschwüre war. 21 Er hätte gern seinen Hunger mit dem gestillt, was vom Tisch des Reichen herunterfiel. Stattdessen kamen die Hunde und leckten an seinen Geschwüren. 22 Es geschah aber: Der Arme starb und wurde von den Engeln in Abrahams Schoß getragen. Auch der Reiche starb und wurde begraben. 23 In der Unterwelt, wo er qualvolle Schmerzen litt, blickte er auf und sah von Weitem Abraham und Lázarus in seinem Schoß. 24 Da rief er: Vater Abraham, hab Erbarmen mit mir und schick Lázarus; er soll die Spitze seines Fingers ins Wasser tauchen und mir die Zunge kühlen, denn ich leide große Qual in diesem Feuer. 25 Abraham erwiderte: Mein Kind, erinnere dich daran, dass du schon zu Lebzeiten deine Wohltaten erhalten hast, Lázarus dagegen nur Schlechtes. Jetzt wird er hier getröstet, du aber leidest große Qual. 26 Außerdem ist zwischen uns und euch ein tiefer, unüberwindlicher Abgrund, sodass niemand von hier zu euch oder von dort zu uns kommen kann, selbst wenn er wollte. 27 Da sagte der Reiche: Dann bitte ich dich, Vater, schick ihn in das Haus meines Vaters! 28 Denn ich habe noch fünf Brüder. Er soll sie warnen, damit nicht auch sie an diesen Ort der Qual kommen. 29 Abraham aber sagte: Sie haben Mose und die Propheten, auf die sollen sie hören. 30 Er erwiderte: Nein, Vater Abraham, aber wenn einer von den Toten zu ihnen kommt, werden sie umkehren. 31 Darauf sagte Abraham zu ihm: Wenn sie auf Mose und die Propheten nicht hören, werden sie sich auch nicht überzeugen lassen, wenn einer von den Toten aufersteht.

Die Fundamente tiefer legen

Ich habe im Urlaub in Südtirol mehrere kleine Dorfkirchen besucht. An den Wänden alte, gut erhaltene Fresken zum Weg Jesu, von der Geburt bis zum Kreuz und zur Bestätigung dieses Weges in österlichem Licht. Was nirgendwo fehlte: ein Bild zum Jüngsten Gericht. Meist auf der Rückwand, so dass man beim Verlassen der Kirche oder nach einem Gottesdienst daran erinnert wird, dass der Gottesdienst jetzt erst richtig beginnt, wenn Gottesliebe in Nächstenliebe übergeht. Sicher kennen sie auch Darstellungen vom Jüngsten Gericht, zum Beispiel die in der Kapelle des Cusanus-Hospitals in Kues oder das von Michelangelo an der Stirnwand der Sixtinischen Kapelle in Rom. Ich komme darauf zurück.

Auch das heutige Evangelium vom reichen Prasser und dem armen Lazarus zeichnet ein solches Bild. Wer die Chance nicht wahrgenommen hat, sein Leben mit anderen zu teilen, muss die Konsequenzen tragen. Denn es gibt ein Zu-spät. Wer sein Leben verwirkt hat, dem kann es niemand mehr zurückgeben. Auch Lazarus, der ein Leben lang vor der Tür des Reichen vergeblich auf Hilfe gewartet hat, kann dessen höllischen Durst nach Leben am Ende nicht löschen. Im Tod wird das Leben endgültig.
Kein Bild, sondern traurige Wirklichkeit war das, wovon wir in der Lesung gehört haben. Amos geißelt die sozialen Zustände im Israel seiner Zeit, im achten Jahrhundert v. Chr. Die Könige wie die Reichen haben vergessen, woher sie kommen, haben vergessen, wem sie ihre Freiheit verdanken und das Land, auf dem sie leben. Eine Exodusgabe war es. Vergessen!

Geschichtsvergessenheit führt immer wieder zu neuem Unrecht und verhindert eine Entwicklung, die allen zugutekommt.

Lenken wir den Blick auf die Gegenwart vor Ort und weltweit. Amos, der am Ende der Lesung sagt: „Das Fest der Faulenzer ist vorbei“, würde heute sagen: Die Zeit des Wegsehens und Wegduckens ist vorbei angesichts der globalen Herausforderungen, die wir zu bewältigen haben, wir alle. Neu ist, dass wir die Konsequenzen falscher Entwicklungen unmittelbar zu spüren bekommen. Denken wir an die weltweite Migration und die Folgen des Klimawandels. Neu ist auch, dass die Weltpolitik zunehmend mehr zur Deal-Politik verkommt, wobei man einen Deal nur mit jemand machen kann, der etwas hat, während die Habenichtse außen vor bleiben.

Das ist mir vor kurzem erneut bei einem Besuch in Burundi aufgegangen. 2011 war ich zum ersten Mal da. Seit dem, in acht Jahren, Null-Entwicklung in einem der ärmsten Länder der Welt. Hier begegnet einem beispielhaft, was weltweit Entwicklung behindert oder verhindert: Machtmissbrauch und Korruption vor Ort und global. Dazu die Unfähigkeit der Reichen, die Bedürftigen als Menschen, als Ihresgleichen anzusehen. Es ist auch das Grundübel des zunehmenden Nationalismus weltweit, eine Blickverengung trotz Teilhabe am Weltmarkt und an der globalen medialen Vernetzung.
Tiefgreifende globale Veränderungen zum Wohl aller Menschen setzen darum die tiefgreifende Neuorientierung beim einzelnen Menschen voraus, die sich durch wirtschaftlichen Druck allein nicht einstellt. Was im Großen und Ganzen gelten soll, muss vom einzelnen Menschen gelernt und vor Ort eingeübt werden.

Wir haben als Evangelium das Bild vom reichen Prasser und vom armen Lazarus vor Augen. Aber wie über Armut und Reichtum sprechen in einem Land, das zu den wohlhabendsten gehört? Keine Frage, es gibt bei uns einen Reichtum, der sozial verpflichtet eingesetzt wird, aber auch Reichtum, der ins Unermessliche angehäuft wird. Es gibt auch eine soziale Gesetzgebung, die immer wieder fortgeschrieben wird. Niemand braucht zu hungern, auch die nicht, die zu uns gekommen sind. Ihnen werden neben der materiellen Unterstützung und medizinischen Versorgung vielfältig Brücken gebaut. Ich bin darum dankbar, in einem Land zu leben, in dem die Kirchen zwar leerer werden, aber der Geist des Evangeliums weiter wirksam ist, auch in der Gesetzgebung und in der Politik. Dazu könnten auch Sie Beispiele nennen. Wer nicht nur auf Skandale fixiert ist, die die Schlagzeilen beherrschen, wird feststellen, dass der Geist des Evangeliums vielleicht sogar mehr als in früheren Zeiten wirksam ist in den Parteien, in der Politik, in den Medien und auch in der Kirche. Die Sensibilität für das, was Menschen brauchen, um sinnvoll und hoffnungsvoll leben zu können, nimmt eher zu, gerade auch in der jungen Generation. Die Integrationskraft des Evangeliums, die darin besteht, in jedem Menschen ein von Gott geliebtes Geschöpf zu sehen, wirkt fort. Aber sie wird nur Bestand haben, wenn diese Letztbegründung der Würde des Menschen in Fleisch und Blut übergeht und so verhaltenswirksam wird und bleibt.

Kehren wir zurück zum Jüngsten Gericht an der Stirnwand der Sixtinischen Kapelle. Seit Jahrhunderten findet vor diesem Bild die Papstwahl statt. Wer sonst, wenn nicht der Papst, muss die Geschichte vom Anfang und vom Ende her denken, wenn Jesus der Christus Gottes letztes Wort an uns Menschen ist, Gottes Mensch gewordene Barmherzigkeit, Alpha und Omega der Geschichte, Licht der Welt. Nur in seinem Licht und in seiner Spur kann die Kirche weiterhin „Licht der Völker" sein. Papst Franziskus verkörpert diesen Auftrag der Kirche wie kaum ein anderer vor ihm, was sich kürzlich noch einmal bei seinem Besuch in Mozambik und Madagaskar gezeigt hat. „Der Papst aus der Dritten Welt setzt die Armen auf den ersten Platz", hieß es. „Er kritisiert zugleich den Kleinmut der konservativen Bischöfe und den Egoismus der Reichen". Während sich die Kirche vielerorts in Strukturfragen und Machtfragen ergeht, geht es Franziskus in erster Linie darum, die Botschaft Jesu erfahrbar zu machen und selbst zu leben. Er tut es auch in seinem sehr bescheidenen Lebensstil.

Angesichts der großen Herausforderungen unserer Zeit sind die Fundamente des Glaubens tiefer zu legen und ist der Auftrag der Kirche deutlicher in den Blick zu nehmen. Dann fallen die Lösungen auf die aktuellen Fragen wie von selbst, wie reife Früchte von einem Baum. Aber nicht von heute auf morgen. Jesus hat mit dem, was er gesagt und getan hat bis zur letzten Hingabe recht behalten. Er wird weiterhin recht behalten in den Sackgassen der Geschichte.

Lazarus darf nicht länger vor der Tür der Reichen liegen bleiben. Dazu mahnen die Schrifttexte dieses Sonntags. Neben dem Bild vom Jüngsten Gericht bietet die Bibel aber auch das Bild vom endzeitlichen Völkertreffen auf dem Zion. Von allen vier Winden werden sie zu einem Festmahl kommen, einem Festmahl mit den besten Speisen und den erlesensten Weinen. Es lohnt sich dabei zu sein. Ein hoffnungsvoller Ausblick in einer verschatteten Welt. Machen wir uns schon mal auf den Weg.

Siebenundzwanzigster Sonntag im Jahreskreis

Erste Lesung Hab 1,2-3; 2,2-4

2 Wie lange, HERR, soll ich noch rufen und du hörst nicht? Ich schreie zu dir: Hilfe, Gewalt! Aber du hilfst nicht. 3 Warum lässt du mich die Macht des Bösen sehen und siehst der Unterdrückung zu? Wohin ich blicke, sehe ich Gewalt und Misshandlung, erhebt sich Zwietracht und Streit. 2 Der HERR gab mir Antwort und sagte: Schreib nieder, was du siehst, schreib es deutlich auf die Tafeln, damit man es mühelos lesen kann! 3 Denn erst zu der bestimmten Zeit trifft ein, was du siehst; aber es drängt zum Ende und ist keine Täuschung; wenn es sich verzögert, so warte darauf; denn es kommt, es kommt und bleibt nicht aus. 4 Sieh her: Wer nicht rechtschaffen ist, schwindet dahin, der Gerechte aber bleibt wegen seiner Treue am Leben.

Auch wenn es eng wird, Gott ist da

„Was kommt auf uns zu? Was gibt uns Halt?“, war nach den Terroranschlägen der letzten Zeit auf der Titelseite einer überregionalen Wochenzeitung zu lesen. Der Terror rückt näher.

Eine ähnliche Situation erlebt der Prophet Habakuk wenige Jahre vor dem Untergang des Südreiches Juda, etwa um 606 v. Chr. Wäre Gottes Antwort auf seine Klage auch eine Antwort für die Notleidenden und verzweifelten Menschen heute, zwischen zerbombten Häusern, in Flüchtlingslagern und in der Angst vor neuen Anschlägen? „Schreib nieder, was du siehst.“ Das, was gerade geschieht und das, was sich bereits als Folge daraus abzeichnet. Das Ende wird fürchterlich sein. Verzweifelt nicht, sagt der Prophet, auch wenn das Böse andauert. Wenn Gott treu ist, zu dem steht, was er mit den Seinen begonnen hat, dann darf man sich ihm getrost anvertrauen. Gerade in Zeiten der Angst und der Bedrohung muss sich der Glaube bewähren. Es heißt dann hellhörig zu bleiben für Gottes Wort und für seine Zusage: Ich bin da, auch wenn es eng wird, auch wenn mit der Ratlosigkeit die Versuchung zunimmt, sich „durchzuschlagen“, den Weg des Rechts zu verlassen.

Der heutige Text lässt wie das ganze Buch Habakuk viele Fragen offen, die man nur mit Blick auf die anderen Propheten deuten kann. Was zum Beispiel ist mit der „bestimmten Zeit“ gemeint. Eines ist sicher, sagt Habakuk wie Jesaja und Jeremia: Mit militärischer Gewalt kommt man der Gewalt nicht bei, gibt es keine Lösung. Dies gilt bis heute. Auch Habakuk gibt der Überzeugung Ausdruck, dass alles Fehlverhalten, vor allem das Einsetzen von Gewalt, bereits verheerende Konsequenzen in sich trägt. Der Gerechte, der Treue, ist im biblischen Sprachgebrauch derjenige, der an Gottes Treue festhält, auf Vergeltung verzichtet und dem Recht und dem Frieden den Weg ebnet.

Zweite Lesung: 2 Tim 1,6-8.13-14

6 Darum rufe ich dir ins Gedächtnis: Entfache die Gnade Gottes wieder, die dir durch die Auflegung meiner Hände zuteilgeworden ist! 7 Denn Gott hat uns nicht einen Geist der Verzagtheit gegeben, sondern den Geist der Kraft, der Liebe und der Besonnenheit. 8 Schäme dich also nicht des Zeugnisses für unseren Herrn und auch nicht meiner, seines Gefangenen, sondern leide mit mir für das Evangelium! Gott gibt dazu die Kraft: 3 Als Vorbild gesunder Worte halte fest, was du von mir gehört hast in Glaube und Liebe in Christus Jesus! 14 Bewahre das dir anvertraute kostbare Gut durch die Kraft des Heiligen Geistes, der in uns wohnt!

Das Gebot der Stunde – Dialog

Ging es im ersten Timotheusbrief am Ende des ersten Jahrhunderts um eine neue Gemeindeordnung, so zielt der zweite Timotheusbrief auf eine aufgabengerechte Begründung und Ausgestaltung des kirchlichen Hirtenamtes. Offenbar gibt es Handlungsbedarf, wie die heutige Lesung zeigt: Die Gnade Gottes ist „wieder“ zu entfachen. Ein „Geist der Verzagtheit“ breitet sich aus. Es herrscht Krisenstimmung. Dem einen oder anderen Gemeindeleiter muss sogar gesagt werden: „Schäme dich nicht, dich zu unserem Herrn zu bekennen.“ Die Hauskirchen haben sich inzwischen zum Teil zu Ortsgemeinden weiterentwickelt. Aber aus der heidnisch geprägten Umwelt kommt Gegenwind. Es bedarf Geist erfüllter und kompetenter Gemeindeleiter. Das Amt des Episkopen, ist in erster Linie ein Lehramt, das sich an Paulus zu orientieren hat, der zugleich Verkünder, Lehrer und Seelsorger war. Zur „gesunden Lehre“ gehören sowohl seine Theologie als

auch seine ethischen Impulse. Um seinen Vorbildcharakter zu unterstreichen, gegebenenfalls sogar für das Evangelium zu leiden, lassen die Pastoralbriefe ihn aus dem Gefängnis schreiben. Es gilt zu bewahren, wofür er stand. Dies in scharfer Distanz zu den Irrlehrern. Nicht unbedingt eine Empfehlung für heute.
Jesus selbst hat in der heidnischen Dekapolis, im heidnischen Grenzgebiet, die Auseinandersetzung sogar gesucht. Und auch Paulus drängt es in die „multireligiöse" Völkerwelt, das zu bezeugen, was seinem eigenen Leben eine Wende gegeben hat. Der Dialog zwischen den Weltreligionen ist das Gebot der Stunde: wechselseitiges Verstehen, wechselseitige Wertschätzung auf Augenhöhe, mit dem Ziel einer „Einheit in gelebter Vielfalt", wie Nikolaus Cusanus sie bereits vor 600 Jahren beschworen hat.

Evangelium Lk 17,5–10

In jener Zeit 5 baten die Apostel den Herrn: Stärke unseren Glauben! 6 Der Herr erwiderte: Wenn ihr Glauben hättet wie ein Senfkorn, würdet ihr zu diesem Maulbeerbaum sagen: Entwurzle dich und verpflanz dich ins Meer! und er würde euch gehorchen. 7 Wenn einer von euch einen Knecht hat, der pflügt oder das Vieh hütet, wird er etwa zu ihm, wenn er vom Feld kommt, sagen: Komm gleich her und begib dich zu Tisch? 8 Wird er nicht vielmehr zu ihm sagen: Mach mir etwas zu essen, gürte dich und bediene mich, bis ich gegessen und getrunken habe; danach kannst auch du essen und trinken. 9 Bedankt er sich etwa bei dem Knecht, weil er getan hat, was ihm befohlen wurde? 10 So soll es auch bei euch sein: Wenn ihr alles getan habt, was euch befohlen wurde, sollt ihr sagen: Wir sind unnütze Knechte; wir haben nur unsere Schuldigkeit getan.

Recht behält recht

Es scheint nicht weit her zu sein mit dem Glauben der Apostel, wenn wir auf den ersten Teil des heutigen Evangeliums schauen, wenn diese Jesus ausdrücklich bitten, ihren Glauben zu stärken. Was wir dann hören, ist eher verstörend, wie so viele Worte Jesu, die sich uns nicht unmittelbar erschließen. Kann man denn so mit einem Menschen umgehen, fragen wir, der müde und hungrig von der Arbeit kommt? Dass er zuerst seinem Herrn etwas zu essen machen muss, ihn bedienen muss und sich erst dann stärken kann.
Wie hätten Sie es gemacht? Die anschließende Pointe irritiert dann noch mehr, wenn Jesus sagt: „Wenn ihr alles getan habt, was euch befohlen wurde, sollt ihr sagen: Wir sind unnütze Sklaven, wir haben nur unsere Schuldigkeit getan." Wer soll das verstehen! Wer kann sich so etwas zu eigen machen?

Schauen wir näher hin. Der Glaube an Jesus als Gottes letztes Wort an uns Menschen wird nie zum Selbstläufer, wenn man sich einmal dafür entschieden hat. Zu neu war und ist, wie er von Gott gesprochen hat, von Gottes unbedingtem Entgegenkommen. Neu, wenn vorher der Glaube eine Leistungsveranstaltung war, man sich den Himmel verdienen musste, unter anderem durch strikten Gesetzesgehorsam. Die Gottesrede Jesu ist und bleibt etwas völlig Neues in der Religionsgeschichte. Und ist doch so überzeugend, so dem Menschen gemäß, der ja nur geben kann, was ihm gegeben ist, gratis. Vom ersten Lebenstag an sind wir Empfänger. Und wir bleiben es. Nur als Geliebte, nur als Beschenkte können wir unsere Fähigkeiten entfalten und unseren guten Willen mobilisieren. Glauben heißt zunächst, sich öffnen für das, was uns von Gott her zugedacht ist. Dass er in unserem Leben vorkommen, unseren Weg mitgehen will, gnädig und barmherzig. Kann es ein größeres Geschenk, eine größere Motivationskraft geben? Der Glaube der Apostel war deshalb schwach, weil Jesus mit dem, was er sagte und tat, nur leidlich bei ihnen ankam. Eben weil alles so neu, so ungewöhnlich war.
Wie sonst hätten sich zwei von ihnen unterwegs darüber streiten können, wer von ihnen der Größere ist, und andere sich schon einmal bei Jesus Platzkarten für den Himmel bestellen wollten, rechts und links von ihm. Wie sonst ist es zu erklären, dass sie am Karfreitag auf Distanz blieben und nur die Frauen

und Johannes bis unters Kreuz mitgingen? Schließlich wenn sie das, was die Frauen am Ostermorgen berichten, für leeres Gerede hielten. Ja, mit ihrem Glauben war es nicht weit her, bis pfingstlicher Geist sie ergriff.

Nur pfingstlicher Geist könnte die Kirche aus der gegenwärtigen Krise herausführen, die in erster Linie eine Glaubenskrise ist. Sie besteht darin, dass wir, satt und rundum sorglos versichert, Gott auf weiten Strecken auf Distanz halten, den Gott, der in Jesus unser Bruder geworden ist.
Sicher gibt es derzeit Strukturfragen und Leitungsprobleme in der Kirche. Aber sie lenken leicht vom eigentlichen Problem ab, dass Jesu belebender Geist nicht durchdringt und uns voranbringt. Wo ist er derzeit lebendig, in den Räten, in den Bildungseinrichtungen und vor allem in den Familien, zum Beispiel im vertrauensvollen Gebet? Es gibt Ausnahmen. Gott sei Dank.
Der zweite Teil des Evangeliums geht in die gleiche Richtung, in der immer wieder gefragt wird, wer das Sagen hat und wer es künftig haben soll. Es geht also um Machtfragen. Ich hoffe, dass der Synodale Prozess der deutschen Kirche nicht an der Peripherie der Kirche stehen bleibt, sondern zum Zentrum vorstößt, wo wir als Getaufte und Gefirmte allesamt Ministerinnen und Minister sind, von Jesus selbst in Dienst genommen, zum Dienst an den Menschen bestellt, jeder mit seinen Fähigkeiten, jeder und jede an dem Ort, wo er oder sie gebraucht wird.

Wann immer wir zum Zentrum des Glaubens und der Kirche zurückkehren, fallen die Antworten und Lösungen auf die aktuell gestellten Fragen wie reife Früchte von einem Baum. Aber nicht von heute auf morgen. Ohne eine Zeit der inneren Reifung und Vertiefung des Glaubens wird es nicht gehen. Es gilt ein Glaubensklima zu schaffen, in dem unser Gottvertrauen neu belebt wird und in dem wir beherzt und hoffnungsvoll auf die Aufgaben zugehen, die sich uns stellen. Da gibt es nichts mehr zu befehlen – das Wort fällt im Evangelium. Und „unnütze Knechte" sind wir dann auch nicht, sondern eigenverantwortliche Mitarbeiterinnen und Mitarbeiter im Weinberg Gottes, einschließlich der Steillagen. Die Tageslosung heißt dann immer wieder: Dein Wille geschehe.

Auf diesem Hintergrund können wir nun auch das einordnen, wovon in der Lesung die Rede war. Wenn da jemand verzweifelt an dem, was er alltäglich sieht und hört: Gewalt!

Misshandlung! Zwietracht, Streit, und Gott nicht eingreift, sein lautes Rufen nicht gehört und erhört wird.
In der Lesung bleibt offen, von wem die Gewalt und das Unrecht ausgehen. Vom neubabylonischen Reich, das nach Süden vordringt, 586 v. Chr. Jerusalem erobert und den Tempel zerstört? Oder von Unrechtstätern in den eigenen Reihen, im Königshaus und unter den Reichen und Wohlhabenden des Landes. So oder so, nach der Eroberung Jerusalems beginnt das Exil. Und was sagen die Propheten und die Psalmen im Nachhinein: Wir haben uns das Exil selbst zuzuschreiben. Wo nichts mehr ist, bleibt auch nichts. Es beginnen die 50-jährigen Exerzitien in Babylon. Eine Zeit, den Gott des Exodus und Israels Auftrag neu zu entdecken. Sich zu öffnen für den globalen Heilswillen Gottes. Ohne innere Erneuerung hätte es keinen Neuanfang gegeben.
Und so fragen auch wir heute, was schief läuft in dieser Welt, oft genug auch in nächster Nähe. Wie oft bestimmen Lug und Trug, Gewalt und Korruption, Mord und Totschlag die Schlagzeilen. Wo führt das hin? Die Geschichte zeigt, dass Unrechtssysteme und Lügenkartelle früher oder später in sich zusammenbrechen, Despoten und Ausbeuter sich selbst den Boden entziehen.

Unvergesslich sind mir die Bilder der Maueröffnung am 9.November 1989, aber auch, was ich wenige Wochen später am Fernseher miterlebt habe, als der rumänische Diktator Ceausescu gestellt wurde. Der seine Unschuld beteuerte und wenig später mit seiner Frau Elena vor einer Hauswand von Kugeln getroffen zu Boden sank. Zehn Jahre später habe ich das noch völlig verarmte Rumänien besucht, um Vertreter der ungarischen Minderheit zum internationalen Symposion „Minderheiten in Europa“ in die Katholische Akademie nach Trier einzuladen.
Recht behält der Prophet Habakuk, der am Ende der heutigen Lesung sagt: „Wer nicht rechtschaffen ist, schwindet dahin, der Gerechte aber bleibt wegen seiner Treue am Leben.“ Das Recht behält recht. Gott sei Dank.

Achtundzwanzigster Sonntag im Jahreskreis

Erste Lesung 2 Kön 5,14-17

14 So ging er also zum Jordan hinab und tauchte siebenmal unter, wie ihm
der Gottesmann befohlen hatte. Da wurde sein Leib gesund wie der Leib ei-
nes Kindes und er war rein. 15 Nun kehrte er mit seinem ganzen Gefolge
zum Gottesmann zurück, trat vor ihn hin und sagte: Jetzt weiß ich, dass es
nirgends auf der Erde einen Gott gibt außer in Israel. So nimm jetzt von dei-
nem Knecht ein Dankgeschenk an! 16 Elischa antwortete: So wahr der HERR
lebt, in dessen Dienst ich stehe: Ich nehme nichts an. Auch als Naaman ihn
dringend bat, es zu nehmen, lehnte er ab. 17 Darauf sagte Naaman: Wenn
es also nicht sein kann, dann gebe man deinem Knecht so viel Erde, wie zwei
Maultiere tragen können; denn dein Knecht wird keinem andern Gott mehr
Brand- und Schlachtopfer darbringen als dem HERRN allein.

Gottes Wirken ohne Grenzen

Die Bücher der Könige erzählen die Geschichte des Gottesvolkes Israel, angefangen mit Salomo um 965 v. Chr. bis zum Exil, 400 Jahre später. Näher betrachtet ist es die Geschichte der Könige. Mit ihr verwoben das Auftreten und Wirken der Propheten, die nur selten einen Grund zum Lob finden. Jahwe selbst König sein zu lassen, sich als sein Statthalter zu begreifen, ist kaum einem König Israels gelungen. König zu sein hieß im gesamten Umfeld Israels, niemanden verantwortlich zu sein.

Von besonderer Bedeutung sind in den Königsbüchern die Geschichten um die Propheten Elija und Elischa, die sowohl mit den Königen ins Gericht gehen als auch als Wundertäter bekannt werden. So auch Elischa in der Geschichte von der Heilung des Syrers Naaman. Dieser war an Aussatz erkrankt. Als Kriegsbeute hatte er zu Hause ein israelisches Mädchen, das ihn auf den wundertätigen Propheten Elischa aufmerksam macht. Selbst sein König, der gegen Israel Krieg geführt hatte, verwendet sich für ihn in einem Empfehlungsschreiben an den König Israels, der dem Ansinnen misstraut. So ergreift Elischa selbst die Initiative und lässt Naaman, den

Feldherrn des Königs von Aram (Damaskus), über einen Boten mitteilen, siebenmal im Wasser des Jordan unterzutauchen. Naaman wird geheilt und will sich bei Elischa mit einem Geschenk bedanken. Dieser lehnt ab. Der Dank gebührt allein Gott. Aber der Geheilte will, in seine Heimat zurückgekehrt, weiter dem Gott Israels dienen und ihm Opfer darbringen. Jahwes Macht ist aber auf Israel beschränkt, denkt er. So lässt er Erde Israels in sein Land tragen, um dort Jahwe verehren zu können. Der „beschränkten" Gottesvorstellung Naamans steht die prophetische Weite Elischas gegenüber, die Gottes Wirken keine Grenzen setzt. Sich heute, in einer multireligiösen Situation, daran zu erinnern, würde Christen gut anstehen.

Zweite Lesung 2 Tim 2,8-13

8 Denke an Jesus Christus, auferweckt von den Toten, aus Davids Geschlecht, gemäß meinem Evangelium, 9 um dessentwillen ich leide bis hin zu den Fesseln wie ein Verbrecher; aber das Wort Gottes ist nicht gefesselt. 10 Deshalb erdulde ich alles um der Auserwählten willen, damit auch sie das Heil in Christus Jesus erlangen mit ewiger Herrlichkeit. 11 Das Wort ist glaubwürdig: Wenn wir nämlich mit Christus gestorben sind, werden wir auch mit ihm leben; 12 wenn wir standhaft bleiben, werden wir auch mit ihm herrschen; wenn wir ihn verleugnen, wird auch er uns verleugnen. 13 Wenn wir untreu sind, bleibt er doch treu, denn er kann sich selbst nicht verleugnen.

Gott lässt niemand fallen

Um dem Ernst der Stunde gerecht zu werden und dem Nachdruck zu verleihen, was den Gemeindeleitern in einer krisenhaften Situation zu sagen ist, als Ermutigung und Stärkung wieder ein „Wort aus dem Gefängnis". Nachdem im ersten Timotheusbrief von der neuen Gemeindeordnung die Rede war und dem Profil des Amtsträgers, jetzt eine Zusammenfassung dessen, worum es in Lehre und Verkündigung inhaltlich geht. Der angebliche Schreiber Paulus im Gefängnis, wie ein Verbrecher gefesselt. Nicht gefesselt dagegen Gottes Wort: Mensch geworden in Jesus dem Christus, dem Neuen Adam, dem Beginn einer Neuen Schöpfung. Dieses Wort hat bereits seinen Siegeszug angetreten und keine Macht dieser Welt wird es außer Kraft setzen können. Gottes Mensch gewordenes Wort ist der Weg, die Wahrheit und das Leben, wie das Johannesevangelium sagt, letzte Menschenmöglichkeit, Zugang zu einem Neuen Himmel und einer Neuen Erde, in denen die Gerechtigkeit wohnt. Eine Botschaft, die einleuchtet: Jesu Spur aufnehmen, auf ihn hören, sehen, was unter seiner Hand geschieht und ihm treu bleiben, auch wenn dabei das Leben durchkreuzt wird. Mit ihm sterben und mit ihm auferweckt werden, dort ankommen, wo das

Leben vollendet wird in der Lebensfülle Gottes. Die Pastoralbriefe rechnen mit der Schwäche des Menschen, betonen aber umso nachdrücklicher, dass Gott niemand fallen lässt. Denn gnädig ist er und barmherzig, langmütig und reich an Huld und Treue, – der rote Faden durch die gesamte Theologie der Bibel.

Evangelium Lk 17,11–19

---

11 Es geschah auf dem Weg nach Jerusalem: Jesus zog durch das Grenzgebiet von Samárien und Galiläa. 12 Als er in ein Dorf hineingehen wollte, kamen ihm zehn Aussätzige entgegen. Sie blieben in der Ferne stehen 13 und riefen: Jesus, Meister, hab Erbarmen mit uns! 14 Als er sie sah, sagte er zu ihnen: Geht, zeigt euch den Priestern! Und es geschah: Während sie hingingen, wurden sie rein. 15 Einer von ihnen aber kehrte um, als er sah, dass er geheilt war; und er lobte Gott mit lauter Stimme. 16 Er warf sich vor den Füßen Jesu auf das Angesicht und dankte ihm. Dieser Mann war ein Samaríter. 17 Da sagte Jesus: Sind nicht zehn rein geworden? Wo sind die neun? 18 Ist denn keiner umgekehrt, um Gott zu ehren, außer diesem Fremden? 19 Und er sagte zu ihm: Steh auf und geh! Dein Glaube hat dich gerettet.

Im Zeichen gelebter Dankbarkeit

„Dein Glaube hat dir geholfen“. Was heißt „glauben“ in dieser Zeit, einer Zeit, in der man sich gegen alle möglichen Risiken versichern kann, in der wir rundum versichert sind? Was heißt „glauben“ in einer Zeit, in der auch viele Glaubende lieber auf Nummer sicher gehen als sich dem anzuvertrauen, dem wir das Leben verdanken?

Glauben in dieser Zeit, in der die Medizin den Aussatz im Griff hat, und der Aussatz doch zunimmt, ein Aussatz, der mit der bitteren Erfahrung zu tun hat, nirgendwo hinzugehören, außen vor zu sein. Ein Aussatz, der Menschen zwar äußerlich nicht entstellt, sie aber ihres Ansehens beraubt, weil sie nicht mithalten können. Ein Aussatz, der mit Ohnmacht einhergeht, mit der Erfahrung, nichts machen zu können, ausgeliefert zu sein, was entweder zu Resignation oder zu Gewalt führt. Und denken wir an die Bootsflüchtlinge der letzten Tage und Wochen, die Armut oder Bürgerkrieg zu Aussätzigen gemacht hat, deren Flucht im Tod endete, vor den Toren Europas.
Wer in den Zeitungen und Nachrichten zwischen den Zeilen zu lesen vermag, wenn es um Krieg und Gewalt geht, wird immer wieder auf „Aussätzige" stoßen, die nicht wissen, an wen sie sich wenden können, wie die Aussätzigen im heutigen Evangelium. Eine Welt, in der Gott nicht mehr vorkommt oder im Namen Allahs da und dort Gewalt gerechtfertigt wird, ist dem „Aussatz" nicht gewachsen, heute nicht und morgen erst recht nicht.

Zurück zum Evangelium. Zehn werden geheilt und nur einer kommt zurück, um Dank zu sagen, um Gott die Ehre zu geben. Darum geht es letztlich in allen Heilungs- und Wundergeschichten der Bibel, dass Menschen Gott die Ehre geben, anerkennen, dass sie Menschen sind, die das Leben nicht aus sich heraus haben, anerkennen, dass Leben geschenkte Existenz ist.

Was in den vier Evangelien aber auffällt, ist dies: Es kommen die zurück, von denen man es am wenigsten erwartet. Es sind Fremde aus dem Ausland, aus Tyrus und Sidon zum Beispiel und solche, die man sich als gläubiger Jude vom Leib hält, weil ihre Vorfahren Jahrhunderte vorher mit Angehörigen von Besatzungsmächten, Assyrern und Babyloniern, Mischehen eingegangen sind, die Samariter. Wenn das Etikett „ungläubig" bzw. „nicht rechtgläubig" einmal geklebt ist, hält es über Jahrhunderte.
Das soll es ja auch heute noch geben zwischen Christen verschiedener Konfessionen, 500 Jahre nach der sogenannten Reformation.
Ausgerechnet ein Samariter kehrt zurück, um Dank zu sagen. Ein Samariter ist es auch, der sieht, wo Not am Mann ist, erste Hilfe leistet und dann dranbleibt, der barmherzige Samariter.

Glauben in dieser Zeit, was heißt das? Gelebte Dankbarkeit gegenüber Gott und den Menschen. Darum ist und bleibt die Feier der Eucharistie, das Vermächtnis Jesu, die Mitte des Glaubens und der Kirche. Sie kann es aber nur sein, wenn sich die Gläubigen auch untereinander wahrnehmen, einander Ansehen schenken, ein Ohr, ein Herz füreinander haben, vor allem dann, wenn ganz in der Nähe, in Familie und Berufsalltag Menschen vom „Aussatz“ bedroht oder schon ausgeschlossen sind.

Glaube ist gelebte Dankbarkeit Gott und den Menschen gegenüber.
Jesus selbst hat am Tempelgottesdienst teilgenommen, am Ort der dankbaren Vergegenwärtigung dessen, womit alles anfing, der Vergegenwärtigung der Treue Gottes, auch in „wüsten Zeiten“. „Wenn wir untreu sind“, heißt es in der heutigen Lesung, „bleibt er doch treu, denn er kann sich selbst nicht verleugnen“. Er geht mit, passt sich unserem Schritttempo an.

Der Tempel ist aber auch der Ort, an dem die Psalmen zum Gotteslob einladen und Segen zugesprochen wird, Segen, den Menschen sich nicht selbst zusprechen können. Von Gott her wird Gutes zugesagt, nicht als Belohnung für ein mustergültiges Leben, sondern als Ausdruck seiner Treue zum Menschen. Für Christen ist zugesagter Segen, wie auch am Ende dieses Gottesdienstes, das Hineingenommenwerden in den Beziehungsreichtum Gottes.

Dankbarkeit, die von Herzen kommt und zu Herzen geht, belebt, heilt, macht in den Begegnungen des Alltags Gott erfahrbar. Ein Dankeschön ist immer mehr als eine Geste der Höflichkeit. Sie kann darum nicht früh genug in die Herzen von Kindern eingepflanzt werden. Sie kennen das: Sie schenken einem Kind etwas aus diesem oder jenem Anlass oder einfach so. Und wenn nichts kommt, kommt dies: Wie sagt man denn? Danke! Was nicht gelernt wird, ist nicht da. Und was nicht da ist, kann auch nicht wirksam werden im Leben.
Wie sollte jemand Gott gegenüber dankbar sein, sich als verdankte Existenz begreifen, wenn er nie erfahren hat, dass Dankbarkeit dem Miteinander Tiefe, Weite und Glanz gibt.
Unter dem Titel „Heimat“ blendet ein Film zurück in die Anfänge des 19. Jahrhunderts, als die industrielle Revolution Menschen in Armut und Elend gestürzt hat. Scharenweise verlassen Menschen den Hunsrück, wandern aus, um irgendwo neu zu beginnen, menschenwürdig zu leben. Verdankte Existenz, zum Aufbruch bereit sein, auf Vertrauen hin.

Wie anders sieht doch unsere Lebenswirklichkeit heute aus. Niemand muss auswandern, es sei denn aus einem selbst gebauten Gefängnis, in dem alles und jedes kalkuliert ist, andere nach ihrem Nutzen oder ihrem Marktwert eingestuft werden und die Devise heißt: Anderen immer um eine Nasenlänge voraus sein.
Es geht nicht darum, die soziale Wirklichkeit in unserem Land schwarz in schwarz zu zeichnen. Das ginge an der Wirklichkeit vorbei. Sondern nachzusehen, wo Menschen dabei sind, Mitmenschen zu werden, die mit offenen Augen, mit offenen Händen, mit einem offenen Herzen einander begegnen und sich im gemeinsamen Dank treffen.

Religionslehrerinnen und Religionslehrern der verschiedenen Schularten habe ich immer wieder empfohlen, in ihren Schulen Brunnnenstuben einzurichten, wo man dem Leben und dem Glauben auf den Grund gehen kann. Wo aber auch ein dankbares Echo aufsteigen kann, der Dank an Gott für das Geschenk des Lebens, für seine Treue, für erfahrene Freundschaft und für Gesundheit an Leib und Seele. Dankbarkeit weitet den Blick, überwindet die Angst, macht erfinderisch, führt zusammen.
So bitten wir in diesem Gottesdienst, in dieser Eucharistiefeier, um den Geist der Dankbarkeit.

Neunundzwanzigster Sonntag im Jahreskreis

Erste Lesung Ex 17,8–13

8 In jenen Tagen kam Ámalek und suchte in Réfidim den Kampf mit Israel. 9
Da sagte Mose zu Jósua: Wähl uns Männer aus und zieh in den Kampf gegen
Ámalek! Ich selbst werde mich morgen mit dem Gottesstab in meiner Hand auf
den Gipfel des Hügels stellen. 10 Jósua tat, was ihm Mose aufgetragen hatte,
und kämpfte gegen Ámalek, während Mose, Aaron und Hur auf den Gipfel des
Hügels stiegen. 11 Solange Mose seine Hand erhoben hielt, war Israel stärker;
sooft er aber die Hand sinken ließ, war Ámalek stärker. 12 Als dem Mose die
Hände schwer wurden, holten sie einen Steinbrocken, schoben den unter ihn
und er setzte sich darauf. Aaron und Hur stützten seine Arme, der eine rechts,
der andere links, sodass seine Hände erhoben blieben, bis die Sonne unterging.
13 So schwächte Jósua Ámalek und sein Heer mit scharfem Schwert.

Gott macht den Weg frei

Der Nomadenstamm der Amalekiter war für Israel über Jahrhunderte eine Plage. Über Nacht brachen sie aus der Wüste kommend mit ihren Kamelen ins Kulturland ein oder ließen sich mit ihren Kleinviehherden auf der Suche nach Futter an der Grenze zum Kulturland nieder. Die Bibel verlegt die Auseinandersetzung mit den Amalekitern bereits in die Anfänge, in die Zeit der Wüstenwanderung. Hier stellen sie sich den aus Ägypten Befreiten in den Weg, so die heutige Lesung. Sie drohen den Plan Jahwes für sein Volk zu vereiteln. Vergeblich! Er selbst wird den Weg frei machen. Was als Kampf Josuas gegen die Amalekiter erzählt wird, ist die Glaubensüberzeugung Israels, dass Gott an seiner Seite ist, gerade in „wüsten Zeiten“, wenn der Weg in die Zukunft versperrt scheint. Immer wieder heißt es, dass er mit „hoch erhobenem Arm“ die Seinen rettet. In der heutigen Lesung sehen wir seinen Diener Moses mit hoch erhobenen Händen im Vertrauen auf Gottes Hilfe und Treue. Er ist es, der den Weg frei macht. So sind auch die Landnahme-Geschichten (Num 21) zu lesen. Im Psalm 44 heißt es: „Sie gewannen das Land nicht mit ihrem Schwert, noch verschaffte ihr Arm ihnen den Sieg, nein, deine Rechte (Gott) war es, dein Arm und dein leuchtendes Antlitz." Klarstellung: Es gibt keine „Landnahme" Israels, schon gar keine kriegerische, sondern eine Landgabe als Exodusgabe. Sie vollzieht sich in der friedlichen Besiedlung von nicht oder kaum besiedelten Regionen. Moses musste gestützt werden. Wer aber hilft heute in Israel und anderswo denen auf, deren Weg zu einem friedlichen Miteinander verstellt wird? Und wer greift im neutestamentlichen Gottesvolk denen unter die Arme, die als Verantwortliche in ihrem Gottvertrauen müde geworden sind?

Zweite Lesung 2 Tim 3,14 – 4,2

Mein Sohn!14 Bleibe bei dem, was du gelernt und wovon du dich überzeugt hast. Du weißt, von wem du es gelernt hast; 15 denn du kennst von Kindheit an die heiligen Schriften, die dich weise machen können zum Heil durch den Glauben an Christus Jesus. 16 Jede Schrift ist, als von Gott eingegeben, auch nützlich zur Belehrung, zur Widerlegung, zur Besserung, zur Erziehung in der Gerechtigkeit, 17 damit der Mensch Gottes gerüstet ist, ausgerüstet zu jedem guten Werk. 4,1 Ich beschwöre dich bei Gott und bei Christus Jesus, dem kommenden Richter der Lebenden und der Toten, bei seinem Erscheinen und bei seinem Reich: 2 Verkünde das Wort, tritt auf, ob gelegen oder ungelegen, überführe, weise zurecht, ermahne, in aller Geduld und Belehrung!

Wieder auf die Schrift schauen

Der zweite Brief an Timotheus wendet sich im heutigen Abschnitt mit einem grundlegenden Anliegen an die Verantwortlichen in den Gemeinden. Die Kirche steht an der Schwelle zum zweiten Jahrhundert vor neuen Herausforderungen. In Bezug auf die Struktur der Gemeinden in einem heidnischen Umfeld und in Bezug auf zentrale Inhalte des christlichen Glaubens, die grundlegend sind für den weiteren Weg. Der Verfasser des Briefes kommt aus der Paulusschule in Ephesus und ist darum seiner Theologie verpflichtet, vierzig Jahre nach dessen Tod. Er verpflichtet auch die Gemeindeleiter darauf, die unter dem Namen „Timotheus" angesprochen werden, einem der engsten Mitarbeiter des Paulus. Jedem einzelnen schärft er ein: „Bleibe bei dem, was du gelernt und wovon du dich überzeugt hast", was sich in deinem Leben bewährt hat, nennt aber keine Inhalte. Diese aber müssen erinnert und geklärt werden, wenn man den christlichen Glauben abgrenzen will gegenüber aktuellen Irrlehren, Verzerrungen und philosophischen Lehren. Paulus war vor den Toren von Damaskus aufgegangen, dass der Mensch aus eigener Kraft und aus eigenem Nachdenken nur wenig vermag, wenn ihm Gott dabei nicht gnädig entgegenkommt. Der Gerechte lebt in diesem Glauben, der in der Liebe wirksam wird (Gal 5,6). Ganz anders die sogenannten Irrlehren. Hier ist, verkürzt gesagt, das Erkennen des Menschen, seine intellektuelle Leistung, der Weg zur Erlösung. Auch heute steht die Kirche in einer veränderten Situation vor der Entscheidung, in welchen Strukturen sie ihren Hirtendienst erfüllen will, und wie man einem Rührei-Glauben begegnen will, in dem alles gleich gültig ist und damit belanglos wird. Erneut geht es darum, sich in „Brunnenstuben" am Wort und Geist der Schrift zu orientieren, als Suchende und Glaubende dem Leben und dem Glauben auf den Grund zu gehen und andere dabei mitzunehmen.

Evangelium Lk 18,1–8

In jener Zeit 1 sagte Jesus seinen Jüngern durch ein Gleichnis, dass sie allezeit beten und darin nicht nachlassen sollten: 2 In einer Stadt lebte ein Richter, der Gott nicht fürchtete und auf keinen Menschen Rücksicht nahm. 3 In der gleichen Stadt lebte auch eine Witwe, die immer wieder zu ihm kam und sagte: Verschaff mir Recht gegen meinen Widersacher! 4 Und er wollte lange Zeit nicht. Dann aber sagte er sich: Ich fürchte zwar Gott nicht und nehme auch auf keinen Menschen Rücksicht; 5 weil mich diese Witwe aber nicht in Ruhe lässt, will ich ihr Recht verschaffen. Sonst kommt sie am Ende noch und schlägt mich ins Gesicht. 6 Der Herr aber sprach: Hört, was der ungerechte Richter sagt! 7 Sollte Gott seinen Auserwählten, die Tag und Nacht zu ihm schreien, nicht zu ihrem Recht verhelfen, sondern bei ihnen zögern? 8 Ich sage euch: Er wird ihnen unverzüglich ihr Recht verschaffen. Wird jedoch der Menschensohn, wenn er kommt, den Glauben auf der Erde finden?

Leben aus der Kraft des Betens

„Sollte Gott seinen Auserwählten, die Tag und Nacht zu ihm schreien, nicht zu ihrem Recht verhelfen, sondern zögern? Ich sage euch: Er wird ihnen unverzüglich Recht verschaffen“, heißt es am Ende des Evangeliums. Warum nur seinen Auserwählten und nicht allen, die ihn um Hilfe anrufen? „Unverzüglich Recht verschaffen“? Die Wirklichkeit sieht anders aus.
Da wird jemand von seinem Partner ausgebeutet und bittet Gott um Hilfe. Aber es ändert sich nichts, schon gar nicht unverzüglich.
Da werden indigene Völker im Amazonasgebiet von ihrem Land verdrängt. Ihr Protest bewirkt nichts, und die Bitte an den Himmel, dem Unrecht Einhalt zu gebieten, bleibt unerhört. Zumindest die Amazonas-Synode kümmert sich derzeit darum.
Da werden Palästinenser in der Westbank, Christen und Muslime vom Staat Israel enteignet, und ich höre ihre lauten Schreie der Ohnmacht. Aber das Unrecht dauert an.
Da beten gläubige Juden und Christen seit Jahrhunderten Klage- und Bittpsalmen, Ordensleute sogar Tag und Nacht. Sie bitten Gott, einem Frieden in Gerechtigkeit den Weg zu ebnen, wenn schon nicht unverzüglich, dann doch in einem Friedensprozess. Aber Gewalt, Krieg, Flucht und Ohnmacht dauern an, wie derzeit in Syrien.

Und doch fordert uns Jesus im heutigen Evangelium auf, weiterhin inständig zu beten, auch wenn das Gebet im Lärm der Marktschreier untergeht. Ist es dann ein Trost, wenn es im Psalm 135 heißt: „Alles, was dem Herrn gefällt, vollbringt er, im Himmel, auf der Erde, in den Meeren, in allen Tiefen.“ Was aber „gefällt“ Gott? Was hat er mit uns vor?

Und doch bleibt das, was unserem Leben Sinn, Tiefe und Weite gibt, auf ihn ausgerichtet. Verfehlen wir ihn, verfehlen wir uns selbst. Das ist die Wahrheit unseres Lebens, dessen Wesenstiefe so unergründlich ist wie die Wesenstiefe Gottes, das Geheimnis seiner Nähe und Ferne. Aber indem wir uns betend an ihn wenden – das ist unsere Erfahrung – , weitet sich der Horizont, erscheint alles, alles, was uns drückt und was uns erfreut, in einem neuen Licht. Es waren betende Menschen, die kraftvoll und hoffnungsvoll zu Wegweisern der Geschichte geworden sind. Zu einem von ihnen habe ich eine besondere Beziehung, zu Robert Schuman, der vor nicht ganz 70 Jahren mit zwei anderen christlichen Staatsmännern eine neue Seite in der Geschichte Europas aufgeschlagen hat. „Ein von Gottes Wort ernährter Mensch", wie sein langjähriger Mitarbeiter und Berater René Lejeune vor gut 20 Jahren in einem Vortrag im Robert-Schuman-Haus in Trier gesagt hat.

Auf diesem Hintergrund schauen wir uns die Lesung an, die von einem Kampf zwischen Israel und den Amalekitern erzählt. Die Amalekiter waren ein Wüstenvolk im Sinai, das Israel bis in die späte Königszeit immer wieder zugesetzt hat. Über Nacht fielen sie mit ihren Kamelen ins Kulturland ein, trampelten die Ernte nieder oder steckten sie in Brand. Oder sie drangen mit ihren Kleinviehherden auf der Suche nach Futter ins Land ein. Die ständige Bedrohung war so groß, dass die Bibel sie bereits in die Anfänge Israels, in die Exodusgeschichten aufnimmt, unsere heutige Lesung. Dass die Israeliten die Amalekiter hier mit scharfem Schwert besiegt haben, wie es heißt, ist alttestamentliche Kriegsrhetorik, die nur zum Ausdruck bringen will, dass Gott sich seine Pläne von nichts und niemand durchkreuzen lässt. Hat er einmal mit Moses sein Volk aus dem Sklavenhaus Ägypten herausgeführt, darf es von niemand mehr auf dem Weg in die Freiheit aufgehalten werden. Dies gilt auch für die sehr kriegerisch erzählten Landnahmegeschichten. Da wurde kein Schwert gezückt.
Denn die ins Land Kanaan einziehenden Israel-Stämme lassen sich dort nieder, wo sonst niemand ist, also zunächst auf den Bergen.

Bleiben wir bei der Szenerie der heutigen Lesung. Christliche Pilger haben sie im vierten Jahrhundert auf dem Weg von Suez zum sogenannten Mosesberg im Wadi Firan, im südwestlichen Sinai verortet, in der Lesung Refidim genannt. Eine enge Schlucht, wo man sich das erzählte Geschehen gut vorstellen konnte. Ich habe oft, wenn ich mit Gruppen in den Exodusspuren unterwegs war, in der Palmenoase Firan angehalten. Wir sind dann wie Moses auf eine Anhöhe über der Oase aufgestiegen. Beim letzten Mal sahen wir eine verwüstete Oase. Ein Wolkenbruch hatte kurz vorher den Engpass überflutet und jede Menge Geröll hinterlassen. Ein trauriger Anblick, wie es auch in der Geschichte immer wieder traurige und bedrückende Anblicke gibt.
Auf der Anhöhe ging dann der Blick auf Moses, mit hocherhobenen Armen. Wenn er, wie es heißt, seine Arme zum Himmel reckte, war Israel im Kampf überlegen. Wenn er sie müde und erschöpft fallen ließ, waren

es die Amalekiter. Zwei Begleiter lassen Moses dann auf einem herbei gerollten Stein Platz nehmen und stützen seine Arme, der eine rechts, der andere links. Der da beauftragt war, Israel in die Freiheit zu führen, der Gottesmann Moses, braucht Unterstützung. Und sie wird ihm gewährt.

Ich schaue von dort auf die „Oase Kirche“ heute, die in ihrer 2000-jährigen Geschichte unzählige Menschen gestützt hat, hat aufleben und zu sich finden lassen. Ich sehe das Geröll vor mir, das sich nicht durch einen Wolkenbruch, sondern durch einen brüchigen Glauben angesammelt und mancherorts die Oase Kirche verwüstet hat. Und ich denke an jene, die heute in besonderer Weise in der Verantwortung sind, das, was sich im Laufe der Zeit an Geröll angesammelt hat, wahrzunehmen und wegzuräumen. Ich denke an den Papst und die Bischöfe, die darauf angewiesen sind, dass wir ihnen beim Aufräumen helfen. Denn die Zusage Jesu besteht fort, dass wir alle zur Freiheit und zu einem Leben in Fülle berufen und befähigt sind. Die befreiende Botschaft des Evangeliums darf darum um der Menschen und um der Zukunft willen von nichts und niemand verdunkelt oder aufgehalten werden.

Darüber hinaus beten wir in jedem Gottesdienst im Hochgebet und immer wieder auch in den Fürbitten für den Papst und die Bischöfe. Es ist eine weitere Art, wie wir jene stützen, die wie Moses sicher auch manchmal müde und mutlos werden. So erfüllen wir den Auftrag Jesu im heutigen Evangelium, allezeit zu beten und darin nicht nachzulassen.

Dreißigster Sonntag im Jahreskreis

Erste Lesung Sir 35,15b–17.20–22a

*15 Der Herr ist Richter und es gibt vor ihm kein Ansehen der Person. 16 Er
bevorzugt niemanden gegenüber einem Armen, die Bitte eines ungerecht Behandelten wird er erhören. 17 Er missachtet nicht den Hilferuf der Waise und
die Witwe, wenn sie ihren Jammer ausschüttet. 20 Wer Gott wohlgefällig dient,
wird angenommen und seine Bitte dringt bis in die Wolken. 21 Das Gebet eines
Demütigen durchdringt die Wolken, und bevor es nicht angekommen ist, wird
er nicht getröstet und er lässt nicht nach, bis der Höchste daraufschaut. 22a
Und er wird für die Gerechten entscheiden und ein Urteil fällen.*

Und heute?

Das Buch Jesus Sirach gehört im Alten Testament zu den Büchern der Weisheit und ist in einer theologisch wie politisch kritischen Situation entstanden. Der Glaube Israels ist bedroht wie nie zuvor. Die griechischen Machthaber unterbinden jede religiöse Praxis und betreiben eine lückenlose Anpassung an den griechischen Lebensstil, bis die Makkabäer dagegen aufstehen. In dieser Situation am Anfang des zweiten Jahrhunderts v. Chr. versucht Jesus Sirach, wohl als Tempelschreiber, auf der theologischen Ebene gegenzusteuern und bringt das zur Sprache, was dem Glauben Israels heilig ist, Gottes Nähe und Sympathie mit den Armen und Bedrängten. Aber es wechseln auch die Ebenen. Im ersten Teil der Lesung ist davon die Rede, dass Gott den Armen und Bedrängten ohne Wenn und Aber zur Seite steht, während im zweiten Teil (nur) angenommen und erlöst wird, wer Gott wohlgefällig dient. Der erste Teil wird durch die Gottesoffenbarung am brennenden Dornbusch gestützt: „Ich habe das Elend meines Volkes in Ägypten gesehen und ihre laute Klage über ihre Antreiber habe ich gehört. Ich kenne sein Leid (Ex 3, 7). Der zweite Teil (Verse 20-22a) findet eine Entsprechung in den Psalmen und auch im Magnificat, wo es heißt: „Er (Gott) erbarmt sich von Geschlecht zu Geschlecht über alle, die ihn fürchten", die ihm vertrauensvoll und ehrfürchtig begegnen. Aber wie kommt die Lesung heute bei uns an, bei Millionen von Menschen, die in Armut verharren, die auf der Flucht sind, auf der Flucht ertrinken oder an der Festung Europa abgewiesen werden? Was hilft Gottes Sympathie mit den Armen und Bedrängten, wenn die an ihn Glaubenden die Tür zumachen und einem Lebensstil verhaftet sind, der für den Glauben nicht weniger bedrohlich ist als der damals?

Zweite Lesung 2 Tim 4,6–8.16–18

Mein Sohn! 6 Ich werde schon geopfert und die Zeit meines Aufbruchs ist nahe. 7 Ich habe den guten Kampf gekämpft, den Lauf vollendet, die Treue bewahrt. 8 Schon jetzt liegt für mich der Kranz der Gerechtigkeit bereit, den mir der Herr, der gerechte Richter, an jenem Tag geben wird, aber nicht nur mir, sondern allen, die sein Erscheinen ersehnen. 16 Bei meiner ersten Verteidigung ist niemand für mich eingetreten; alle haben mich im Stich gelassen. Möge es ihnen nicht angerechnet werden. 17 Aber der Herr stand mir zur Seite und gab mir Kraft, damit durch mich die Verkündigung vollendet wird und alle Völker sie hören; und so wurde ich dem Rachen des Löwen entrissen. 18 Der Herr wird mich allem bösen Treiben entreißen und retten in sein himmlisches Reich. Ihm sei die Ehre in alle Ewigkeit. Amen.

Wieder aufstehen

Es ist der Abschluss des zweiten Briefes an Timotheus, ein Quasi-Testament des Paulus, etwa 40 Jahre nach seinem Tod. Der Verfasser des Briefes zieht ein letztes Register, um seinem Anliegen gegenüber den Gemeindeleitern an der Wende zum zweiten Jahrhundert n. Chr. Nachdruck zu verleihen. Was kann es für die im Glauben verunsicherten Gemeinden an Klärung und Neuorientierung geben, was nicht zunächst bei den Gemeindeleitern angekommen ist und Wurzeln geschlagen hat? Nach der Verpflichtung auf die Worte der Schrift, die Quelle des Glaubens, lässt er nun noch einmal in fast dramatischer Weise Paulus zu Wort kommen, der auf den Tod zugeht, „geopfert wird", dessen Vorbild im Glauben und Leben noch einmal aufleuchtet und zu Nachahmung einlädt. Der „Kranz der Gerechtigkeit" liegt als Lohn ja für alle bereit, die „den guten Kampf" kämpfen und Treue bewahren, in Christus sind und bleiben (2 Kor 5,17). Was dann kommt, muss als Klage oder gar als Anklage verstanden werden, wenn er sagt, dass niemand bei seiner ersten Verteidigung für ihn eingetreten ist, dass ihn alle im Stich gelassen haben. Woran denkt der Briefschreiber? In jedem Fall rüttelt er auf und zwingt zum Nachdenken. Immer wieder hat sich Paulus selbst verteidigt. Auch wenn er religiösen und politischen Autoritäten gegenüber Rede und Antwort stehen muss. Und er tut es erfolgreich. Selbst der Statthalter Festus und König Agrippa hören Paulus gebannt zu. Sie würden ihn frei lassen, wenn er nicht an den Kaiser in Rom appelliert hätte (Apg 26,30–32). Im Stich gelassen? Wann, von wem? Hier ist mitzudenken, was Paulus bereits 55 n. Chr. im zweiten Korintherbrief schreibt: „Unsere Kraft war so sehr erschöpft, dass wir am Leben verzweifelten“ (2 Kor 1,8). Aber er steht wieder auf.

Allerheiligen

Evangelium Mt 5,1–12a

In jener Zeit, 1 als Jesus die vielen Menschen sah, die ihm folgten, stieg er auf den Berg. Er setzte sich und seine Jünger traten zu ihm. 2 Und er öffnete seinen Mund, er lehrte sie und sprach: 3 Selig, die arm sind vor Gott; denn ihnen gehört das Himmelreich. 4 Selig die Trauernden; denn sie werden getröstet werden. 5 Selig die Sanftmütigen; denn sie werden das Land erben. 6 Selig, die hungern und dürsten nach der Gerechtigkeit; denn sie werden gesättigt werden. 7 Selig die Barmherzigen; denn sie werden Erbarmen finden. 8 Selig, die rein sind im Herzen; denn sie werden Gott schauen. 9 Selig, die Frieden stiften; denn sie werden Kinder Gottes genannt werden. 10 Selig, die verfolgt werden um der Gerechtigkeit willen; denn ihnen gehört das Himmelreich. 11 Selig seid ihr, wenn man euch schmäht und verfolgt und alles Böse über euch redet um meinetwillen. 12a Freut euch und jubelt: Denn euer Lohn wird groß sein im Himmel.

Wegweiser

Wir gedenken heute aller Heiligen, unserer Namenspatrone, der Patronin dieser Kirche, Maria von Magdala, aller Heiligen, die Fürsprecher für uns sind bei Gott. Und wir gedenken am Schluss dieses Gottesdienstes unserer Verstorbenen, an deren Gräber wir anschließend gehen.

Ein Menschenleben geht zu Ende, früh, zu früh, oder in hohem Alter. Wenn wir jemand zu Grabe tragen, wird uns bewusst, dass auch unser Leben endlich ist. Im Psalm 90 heißt es:
„Unsere Tage zu zählen lehre uns! Dann gewinnen wir ein weises Herz." Wir spüren in uns, wenn wir es zulassen, die Unruhe, zwar immer wieder Ziele zu erreichen, aber das Ziel noch vor uns zu haben.
Zutreffend kommt dies in dem Lied zum Ausdruck: „Wir sind nur Gast auf Erden und wandern ohne Ruh der ewigen Heimat zu." Ein Geschenk des Glaubens ist es, wenn wir in der dritten Strophe singen dürfen: „Einer gibt Geleite, das ist der Herre Christ, er wandert treu zur Seite, wenn alles uns vergisst."
Unruhig zu sein, das war auch die Erfahrung des großen Kirchenlehrers Augustinus, der nach einem bewegten Leben mit Höhen, Tiefen und auch Umwegen bekennt: „Du hast uns auf dich hin geschaffen, Gott, und unruhig ist unser Herz, bis es Ruhe findet in dir."
Beeindruckend ist in diesem Zusammenhang auch, was der Schriftsteller Heinrich Böll, der sich mit dem Glauben und mehr noch mit der Kirche schwer getan hat, am Ende seines Lebens sagt: Ja, ich glaube an Gott, weil der Mensch selbst ein Gottesbeweis ist, „wir alle eigentlich wissen, auch wenn wir es nicht zugeben, dass wir hier auf der Erde nicht zu Hause sind, nicht ganz zu Hause sind. Dass wir also noch woanders hingehören und von woanders herkommen ... weil wir Widersprüche gesellschaftlicher Art, persönliche Konfliktsituationen und Brüche erfahren."
Menschsein heißt unterwegs sein. Für Christen ist es das Unterwegssein auf Christus hin, der, wie wir bereits im Kyrie gesagt haben, letzte Menschenmöglichkeit verkörpert hat, auf die hin auch wir uns entfalten können: ganz offen zu sein für Gott und ganz offen und empfänglich für die Menschen.

Bereits mit ihm am Ziel sind die Menschen, die wir als Heilige verehren, Menschen, die in der Spur Jesu ihr Leben angenommen und bewältigt haben. Es sind nicht nur jene, die im Heiligenkalender stehen, sondern auch Menschen in unserer Mitte. die ganz für andere da waren oder noch da sind. Mit Bewunderung schauen wir auf sie. Wir schauen dankbar auf sie, wenn wir selbst den Eindruck haben, überfordert zu sein.

Es waren und es sind Menschen, die Jesus im heutigen Evangelium seligpreist, wenn er sagt: „Selig, die arm sind vor Gott", also ganz und gar offen

und empfänglich für Gottes Wille, der sich in dem zeigt, was Menschen zum Leben brauchen, – „denn ihnen gehört das Himmelreich."
„Selig, die keine Gewalt anwenden, denn sie werden das Land erben.
Selig die Barmherzigen, denn sie werden Erbarmen finden.
Selig die Frieden stiften; denn sie werden Söhne Gottes genannt werden."
Es werden Menschen beglückwünscht, die auf ihrem Weg immer wieder andere haben aufatmen, aufstehen und aufblühen lassen: Heilige, zu denen wir aufschauen.

Wer in Rom auf den Petersdom zugeht, kommt zunächst an die Kolonaden, die riesigen Säulen, die wie zwei große Arme den Petersplatz umschließen. Auf den Kolonaden überlebensgroße Figuren, die sich wie in einer Prozession Richtung Petersdom bewegen. Heilige, die als Pilger unterwegs waren, mit offenen Augen, offenen Ohren, und einem offenen Herzen. Wer zu ihnen aufschaut, erkennt einmal mehr, was unserem Leben Tiefe und Weite geben kann.
Ein wichtiger Hinweis war es, dass das Zweite Vatikanum vor 50 Jahren die Kirche als „Pilgerndes Gottesvolk" gesehen hat. Dies könnte uns heute auch in unserem Bistum weiterbringen. Sich als pilgerndes Gottesvolk zu begreifen. Denn wir werden als Christen nicht schon mobiler, beweglicher, zukunftsgerichteter, wenn wir Immobilien abstoßen, die nicht mehr gebraucht werden oder wenn wir uns vorrangig damit beschäftigen, wo und wie künftig der Besitz der Pfarreien verwaltet werden soll. Auf Besitz fixiert sein heißt eben nicht, sich bewegen. Entscheidend für die Zukunft wird sein, wie unser Glaube und unsere Hoffnung, und der Glaube der nachwachsenden Generation neu belebt werden kann. Die Heiligen können uns dabei Wegweiser sein. Gott sei Dank.

Einunddreißigster Sonntag im Jahreskreis

Erste Lesung Weish 11,22 – 12, 2

Herr, 22 die ganze Welt ist ja vor dir wie ein Stäubchen auf der Waage, wie ein Tautropfen, der am Morgen zur Erde fällt. 23 Du hast mit allen Erbarmen, weil du alles vermagst, und siehst über die Sünden der Menschen hinweg, damit sie umkehren. 24 Du liebst alles, was ist, und verabscheust nichts von dem, was du gemacht hast; denn hättest du etwas gehasst, so hättest du es nicht geschaffen. 25 Wie könnte etwas ohne deinen Willen Bestand haben oder wie könnte etwas erhalten bleiben, das nicht von dir ins Dasein gerufen wäre? 26 Du schonst alles, weil es dein Eigentum ist, Herr, du Freund des Lebens. 12, 1 Denn in allem ist dein unvergänglicher Geist. 2 Darum bestrafst du die Sünder nur nach und nach; du mahnst sie und erinnerst sie an ihre Sünden, damit sie sich von der Schlechtigkeit abwenden und an dich glauben, Herr.

Gottes Entgegenkommen

Ein Text, der glaubende Menschen aufatmen lässt. Ein Lobpreis auf Gottes Größe und Geduld, hineingesprochen in eine Zeit, die von Katastrophenmeldungen und scheinbar unlösbaren Konflikten geprägt ist, und Gott als Schöpfer und Freund des Menschen zunehmend mehr aus dem Blick gerät. Ein Hymnus auf Gottes Macht und Barmherzigkeit. Die Nähe zum Evangelium von Gottes unbedingtem Entgegenkommen, das in Jesus Menschengestalt angenommen hat, ist unübersehbar. Eine Einladung ist es damals wie heute, erneut dem zu vertrauen, bei dem der Mensch in guten Händen ist, sich weiter entwickeln darf, Umwege nicht im Aus enden müssen, sondern den Menschen reifen lassen. Eine Chance, erneut zu klären, wo die Reise hingeht und wer mit auf dem Weg ist. „Die Furcht des Herrn ist der Weisheit Anfang" (Ps 111,10), das ehrfurchtsvolle Zurückfinden zur Quelle des Lebens. Für Juden in die Verbindlichkeit des Bundes und seiner Verheißung. Für Christen zu dem, der mit seinem Leben und Sterben von Gott als letzte Menschenmöglichkeit und als A und O der Geschichte bestätigt worden ist. Gottes Größe besteht in der Sympathie mit seinen Geschöpfen, seine Gerechtigkeit in seiner Barmherzigkeit. Sie gilt auch denen, „die zwischen rechts und links nicht unterscheiden können" (Jona 4). Gottes Entgegenkommen zielt auf die Umkehr zum Leben und ermöglicht sie zugleich. Dies ist nicht nur der Weisheit Anfang, sondern ihr bleibender Grund. Verständnisvolles, gütiges Entgegenkommen ist auch der Dreh- und Angelpunkt aller Erziehung, wenn sie dem Wachsen und Reifen eines Menschen dienen will, bis hin zur Begleitung von Straftätern.

Zweite Lesung 2 Thess 1,11 – 2, 2

Schwestern und Brüder! 11 Wir beten immer für euch, dass unser Gott euch eurer Berufung würdig mache und in seiner Macht allen Willen zum Guten und das Werk des Glaubens vollende. 12 So soll der Name Jesu, unseres Herrn, in euch verherrlicht werden und ihr in ihm, durch die Gnade unseres Gottes und Jesu Christi, des Herrn. 2, 1 Brüder und Schwestern, wir bitten euch hinsichtlich der Ankunft Jesu Christi, unseres Herrn, und unserer Vereinigung mit ihm: 2 Lasst euch nicht so schnell aus der Fassung bringen und in Schrecken jagen, wenn in einem prophetischen Wort oder einer Rede oder in einem Brief, wie wir ihn geschrieben haben sollen, behauptet wird, der Tag des Herrn sei schon da!

Klärungsbedarf

Paulus hat die Gemeinde in Thessalonich auf seiner zweiten Missionsreise 50/51 n. Chr. gegründet, war aber nur kurze Zeit dort. In der Synagoge fand er Gehör, in der Stadt aber wurde er heftig bekämpft, sogar bis zur nächsten Station Beröa verfolgt (Apg 17). Wenig später wendet er sich bereits in einem Brief an die neue Gemeinde. Ein Beispiel nachgehender Seelsorge. Er lobt die Gemeindemitglieder und macht ihnen Mut, den begonnenen Weg fortzusetzen. Die kleine Flamme, die er entfacht hat, darf in den Widersprüchen und Stürmen der Zeit nicht wieder verlöschen. Jahre später geht der Brief eines unbekannten Verfassers ein, der sich an den Brief des Paulus anlehnt und darum ihm auch zugeschrieben wird. Auch hier Lob, Anerkennung und Ermutigung zum Glauben. Es gibt aber neuen Klärungsbedarf, der sich auf die angeblich bereits erfüllte Naherwartung und ihre Schlussfolgerungen bezieht. Auch Paulus teilte noch die Erwartung, dass der auferstandene Herr bald wiederkommen und sein Werk vollenden wird. Seine ganze Aufmerksamkeit galt aber der Gegenwart, dem pastoralen Anliegen „in Christus zu sein" (2 Kor 5,17), lebendige, geisterfüllte Gemeinde zu sein, in der unterschiedliche Begabungen segensreich zusammenwirken. Eine endgültige Antwort auf die sogenannte Naherwartung gibt erst das Johannesevangelium. Danach ereignet sich Endgültiges bereits im Heute, wenn Gottes Nähe in Nähe, sein gnädiges Entgegenkommen in Entgegenkommen übersetzt wird. Wir befinden uns ja nicht im Wartesaal der sogenannten Gottesherrschaft. Gott wird bereits erfahrbar, belebend und versöhnend, wenn wir uns vom Geist Jesu leiten lassen, wenn wir uns als Reben am Weinstock Christus begreifen, denen „vollkommene Freude" zugesagt ist (Joh 15). Zur nachgehenden Seelsorge: Wird es sie in Zukunft noch geben, oder wird nur die Mitgliederzahl nach unten korrigiert?

Zweiunddreißigster Sonntag im Jahreskreis

Erste Lesung 2 Makk 7,1–2.7a.9–14

In jenen Tagen 1 geschah es, dass man sieben Brüder mit ihrer Mutter festnahm. Der König Antíochus wollte sie zwingen, entgegen dem göttlichen Gesetz Schweinefleisch anzurühren, und ließ sie darum mit Geißeln und Riemen peitschen. 2 Einer von ihnen ergriff für die andern das Wort und sagte: Was willst du uns fragen und was willst du von uns lernen? Eher sterben wir, als dass wir die Gesetze unserer Väter übertreten. 7a Als der Erste der Brüder auf diese Weise gestorben war, führten sie den Zweiten zur Folterung. 9 Als er in den letzten Zügen lag, sagte er: Du Unmensch! Du nimmst uns dieses Leben; aber der König der Welt wird uns zu einem neuen, ewigen Leben auferstehen lassen, weil wir für seine Gesetze gestorben sind. 10 Nach ihm folterten sie den Dritten. Als sie seine Zunge forderten, streckte er sie sofort heraus und hielt mutig die Hände hin. 11 Dabei sagte er gefasst: Vom Himmel habe ich sie bekommen und wegen seiner Gesetze achte ich nicht auf sie. Von ihm hoffe ich sie wiederzuerlangen. 12 Sogar der König und seine Leute staunten über den Mut des jungen Mannes, dem die Schmerzen nichts bedeuteten. 13 Als er tot war, quälten und misshandelten sie den Vierten genauso. 14 Dieser sagte, als er dem Ende nahe war: Gott hat uns die Hoffnung gegeben, dass er uns auferstehen lässt. Darauf warten wir gern, wenn wir von Menschenhand sterben. Für dich aber gibt es keine Auferstehung zum Leben.

Kulturkampf

Eine Mutter geht mit ihren sieben Söhnen in den Tod, weil sie sich weigern, bei einem verordneten heidnischen Opfermahl Schweinefleisch zu essen, weil sie ihrem Glauben treu bleiben. War's das? Gibt es keine Gerechtigkeit über den Tod hinaus? Unser Text, geschrieben um 100 v. Chr., antwortet so darauf: „Gott hat uns die Hoffnung gegeben, dass er uns wieder auferweckt. Darauf warten wir gern, wenn wir von Menschenhand sterben." Das ist wohl der Grund, warum der Text in die Reihe der Sonntagslesungen aufgenommen wurde. Er gipfelt später in dem Glauben, dass

Gott Jesus von den Toten auferweckt hat und alle, die mit ihm leben und leiden zum Leben auferweckt werden. Das Judentum erlebt in der griechischen Zeit einen Kulturkampf ungeahnten Ausmaßes. Jüdisches Leben soll durch den griechischen Lebensstil ersetzt werden. Wer sich dazu nicht entschließen wolle, „sei hinzurichten“ (2 Makk 6,9). Der Tempel wird geschändet. „Brand-, Schlacht- und Trankopfer im Heiligtum seien einzustellen“ (1 Makk 1,46). Das Gesetz soll in Vergessenheit geraten, seine Satzungen hinfällig werden. „Alle Buchrollen des Gesetzes, die man fand, wurden zerrissen und verbrannt“ (1 Makk 1,56). Der Sabbat wird „verhöhnt“. Jüdische Feste wurden durch andere ersetzt. Ein gewaltiger Anpassungsdruck. Viele retteten dabei eher ihre Haut als ihren Glauben. Groß war aber auch die Verlockung des griechischen Lebensstils. Juden gehen statt in den Tempel in die unterhalb des Tempels neu errichtete Sportstätte, ins Gymnasion, wo unbekleidete Ringkämpfer ihr Können zeigen und auch sonst für spannende Unterhaltung gesorgt ist. Die Schändung und Inbesitznahme des Tempels durch die Griechen führt 167 v. Chr. zum Aufstand der Makkabäer, der zu einer relativen Unabhängigkeit führte. Jahre später wird der Tempel erneut eingeweiht, woran bis heute das Chanukka-Fest erinnert. Ein Neubeginn wird es nicht, weil die unheilige Allianz von „Thron und Altar“, von politischer Macht und Religion fortbesteht, prophetische Zwischenrufe ausbleiben oder wie heute verhallen.

Zweite Lesung 2 Thess 2,16 – 3, 5

Schwestern und Brüder!, 16 Jesus Christus selbst aber, unser Herr, und Gott, unser Vater, der uns liebt und uns in seiner Gnade ewigen Trost und sichere Hoffnung schenkt, 17 ermutige eure Herzen und gebe euch Kraft zu jedem guten Werk und Wort. 3, 1 Im Übrigen, Brüder und Schwestern, betet für uns, damit das Wort des Herrn sich ausbreitet und verherrlicht wird, ebenso wie bei euch! 2 Betet auch darum, dass wir vor den bösen und schlechten Menschen gerettet werden; denn nicht alle nehmen den Glauben an. 3 Aber der Herr ist treu; er wird euch Kraft geben und euch vor dem Bösen bewahren. 4 Wir vertrauen im Herrn auf euch, dass ihr jetzt und auch in Zukunft tut, was wir anordnen. 5 Der Herr richte eure Herzen auf die Liebe Gottes aus und auf die Geduld Christi.

Hirtenbrief

Ein wahrer Hirtenbrief, geschrieben in eine fortgeschrittene Phase der Gemeindeentwicklung in Thessalonich. Was der unbekannte Verfasser schreibt, könnte auch von Paulus selbst stammen. Es geht um die erneute Stärkung der Fundamente des Glaubens, ohne die eine christliche Gemeinde keinen Bestand hat, weder damals noch heute. Traditionspflege ist gut, aber allein trägt sie nicht, weil sie nicht den neuen Herausforderungen Rechnung trägt. Der Grund-Satz steht gleich am Anfang der heutigen Lesung: „Jesus Christus, unser Herr, und Gott, unser Vater, der uns seine Liebe zugewandt und uns in seiner Gnade ewigen Trost und sichere Hoffnung geschenkt hat, tröste euch und gebe euch Kraft zu jedem guten Werk und Wort." Begründete Hoffnung, Trost und Kraft, den Alltag glaubend zu gestalten und zu bestehen. Hatte der Verfasser am Anfang des Briefes an die Thessalonicher die Gemeindemitglieder wissen lassen, dass er für sie betet (1,11), so bittet er heute die Gemeinde um das Gebet für sich selbst in den Anliegen, die ihn bewegen: die weitere Verbreitung des Evangeliums, wobei er sicher an die Akzente denkt, mit denen Paulus die Botschaft Jesu vertieft hat. Es geht aber auch um das missionarische Anliegen, noch mehr Menschen für den Glauben zu gewinnen. Hatte er vorher die vermeintliche Auffassung zurückgewiesen, dass die Wiederkunft Christi bereits stattgefunden habe, so wirbt er am Ende des Textes noch einmal dafür, unbeirrt die Wiederkunft Christi zu erwarten, der, wie es im Credo heißt, wiederkommen wird zu richten die Lebenden und die Toten.

Dreiunddreißigster Sonntag im Jahreskreis

Evangelium Lk 21,5–19

In jener Zeit, 5 als einige darüber sprachen, dass der Tempel mit schön bearbeiteten Steinen und Weihegeschenken geschmückt sei, sagte Jesus: 6 Es werden Tage kommen, an denen von allem, was ihr hier seht, kein Stein auf dem andern bleibt, der nicht niedergerissen wird. 7 Sie fragten ihn: Meister, wann wird das geschehen und was ist das Zeichen, dass dies geschehen soll? 8 Er antwortete: Gebt Acht, dass man euch nicht irreführt! Denn viele werden unter meinem Namen auftreten und sagen: Ich bin es! und: Die Zeit ist da. – Lauft ihnen nicht nach! 9 Wenn ihr von Kriegen und Unruhen hört, lasst euch nicht erschrecken! Denn das muss als Erstes geschehen; aber das Ende kommt noch nicht sofort. 10 Dann sagte er zu ihnen: Volk wird sich gegen Volk und Reich gegen Reich erheben. 11 Es wird gewaltige Erdbeben und an vielen Orten Seuchen und Hungersnöte geben; schreckliche Dinge werden geschehen und am Himmel wird man gewaltige Zeichen sehen. 12 Aber bevor das alles geschieht, wird man Hand an euch legen und euch verfolgen. Man wird euch den Synagogen und den Gefängnissen ausliefern, vor Könige und Statthalter bringen um meines Namens willen. 13 Dann werdet ihr Zeugnis ablegen können. 14 Nehmt euch also zu Herzen, nicht schon im Voraus für eure Verteidigung zu sorgen; 15 denn ich werde euch die Worte und die Weisheit eingeben, sodass alle eure Gegner nicht dagegen ankommen und nichts dagegen sagen können. 16 Sogar eure Eltern und Geschwister, eure Verwandten und Freunde werden euch ausliefern und manche von euch wird man töten. 17

Und ihr werdet um meines Namens willen von allen gehasst werden. 18 Und doch wird euch kein Haar gekrümmt werden. 19 Wenn ihr standhaft bleibt, werdet ihr das Leben gewinnen.

Grund unserer Hoffnung

Als gäbe es nicht schon Tag für Tag genug Hiobsbotschaften und Katastrophenmeldungen! Aktuell: Waldbrände in Australien und ein verheerendes Hochwasser in Venedig. Streiks in Bolivien, die vom abgesetzten Präsidenten finanziert werden. Und immer wieder Schüsse in Schulen, Menschen auf der Flucht vor Gewalt und Armut und auch vor einem kalten Winter ohne Schutz. Und dann entwirft auch noch das heutige Evangelium dieses Schreckensszenario:
„Ein Volk wird sich gegen das andere erheben und ein Reich gegen das andere.
Es wird gewaltige Erdbeben und an vielen Orten Seuchen und Hungersnöte geben;
schreckliche Dinge werden geschehen, und am Himmel wird man gewaltige Zeichen sehen."

Wo bleibt da die frohe Botschaft? Ausgerechnet im Lukasevangelium, das doch wie kein anderes immer wieder von Heilung und Wiederbelebung spricht, vom Verlorenen und Wiedergefundenen wie im Gleichnis vom verlorenen Sohn, der verlorenen Drachme und dem verlorenen Schaf. Ausgerechnet im Lukas-Evangelium, das Engel über Betlehems Fluren den Frieden auf Erden verkünden lässt. Friede den Menschen göttlichen Wohlgefallens, wie es heißt. Friede den Menschen, die sich Gottes Wohlwollen gefallen lassen, sich dafür öffnen und daraus leben.
Ich gestehe, dass mich die weltpolitische Lage noch nie so deprimiert hat wie heute. Mit dem Lügengetwitter aus den Staaten und mit Köpfen von Politikern in den Medien, die mich anwidern. Geht es Ihnen nicht auch so? Nehmen wir noch dazu, was in Europa alles nicht geht, in einem Europa, das einmal so hoffnungsvoll gestartet ist. Widerlich ist das Pokern um

Macht und Machterhalt mit Drohungen und Lügen, die nur die eigene Größe und Macht sichern und steigern sollen.

256 Wo bleibt da das Evangelium, die froh machende Botschaft? Versuchen wir das heutige Evangelium vom Ende her aufzuschließen. Hier wird denen, die sogar von Eltern, Geschwistern, Verwandten und Freunden gehasst werden, gesagt, dass ihnen bei all dem kein Haar gekrümmt wird. „Wenn ihr standhaft bleibt, werdet ihr das Leben gewinnen“, heißt es. Also, nicht den selbst ernannten Messiassen und Heilbringern nachlaufen, sich nicht täuschen lassen.
Das Evangelium wäre kein Evangelium, wenn es nicht auch beim Namen nennen würde, was das Leben verdirbt, das Miteinander der Menschen gefährdet oder gar zerstört. Es wäre kein Evangelium, wenn es blind wäre für die globalen Herausforderungen heute und morgen.

Als Lukas als Arzt und Geschichtssystematiker um 80 n. Chr. sein Evangelium schreibt, liegt Jerusalem bereits zehn Jahre in Trümmern. „Kein Stein ist mehr auf dem anderen“. Die Römer haben den Tempel zerstört. Was dem Judentum heilig war, ist nicht mehr. Es beginnt die Diaspora, die Zerstreuung in alle Welt, die nach dem Bar Kochba-Aufstand 135 n. Chr. noch zunimmt.
Wie Lukas müssen auch wir heute als Christen immer wieder das beim Namen nennen, was zu den zwei mörderischen Weltkriegen im letzten Jahrhundert geführt hat. Aber auch das, was vor 70 Jahren zu einem Neubeginn geführt hat, der in der Einsicht und Weltsicht gläubiger Politiker begründet war. Sie wussten, ganz im Sinne des Evangeliums, dass sich alles Menschenverachtende und Menschenunwürdige früher oder später totläuft, dass die Hauptdrahtzieher und Demagogen sich oft schon vorher vergiften oder in die Luft jagen, vor allem dann, wenn sie mit einem quasi religiösen Anspruch aufgetreten sind, sich selbst zu Göttern stilisiert haben. Gefragt ist ein gläubiger Realismus, ein Realismus mit langem Atem, der um das weiß, was im Menschen ist, der um seine Abgründe weiß, aber auch um die Gründe, immer neu den Blick offenzuhalten auf den hin, der uns entgegenkommt.
Jesus ist damit auf Widerstand gestoßen und ans Kreuz gegangen. Aber er hat Recht behalten und wird weiter Recht behalten. Das ist der Grund unserer Hoffnung in den Wirren der Zeit. Er ist einen Erlösungsweg gegangen,

auf den wir uns eingelassen haben und auf dem wir selbst unterwegs sind. Es gibt eben keine Alternative zu dem Weg, der die Kleinen groß macht und die Großen in die Verantwortung ruft und zur Rechenschaft zieht.

Darum stimme ich auch dem zu, was der Prophet Maleachi in der heutigen Lesung sagt: „Seht der Tag kommt, er brennt wie ein Ofen: Da werden alle Überheblichen und Frevler zu Spreu, und der Tag, der kommt, wird sie verbrennen". Und ich füge noch einmal hinzu: wenn sie sich nicht schon vorher selbst verbrannt haben, sich das Leben genommen haben.
Mit der heutigen Lesung aus dem Buch Maleachi schließt das Alte Testament ab. Das Neue Testament kann lückenlos daran anknüpfen, so auch im heutigen Evangelium.

Und so dürfen wir am nächsten Sonntag, dem Christkönig-Sonntag, noch einmal aus vollem Herzen singen: „Christus König aller Zeiten, Christus Herr auch unserer Zeit."
Vieles scheint dem zu widersprechen. Wir können aber nur in der Gewissheit, dass Christus Herr auch unserer Zeit ist, die Herausforderungen des Alltags und der Gegenwart insgesamt annehmen und selbst Hoffnungs- und Lebenszeichen setzen, jeder nach seinen Möglichkeiten.

Christkönigssonntag

Evangelium Lk 23,35b–43

In jener Zeit 35b verlachten die führenden Männer des Volkes Jesus und sagten: Andere hat er gerettet, nun soll er sich selbst retten, wenn er der Christus Gottes ist, der Erwählte. 36 Auch die Soldaten verspotteten ihn; sie traten vor ihn hin, reichten ihm Essig 37 und sagten: Wenn du der König der Juden bist, dann rette dich selbst! 38 Über ihm war eine Aufschrift angebracht: Das ist der König der Juden. 39 Einer der Verbrecher, die neben ihm hingen, verhöhnte ihn: Bist du denn nicht der Christus? Dann rette dich selbst und auch uns! 40 Der andere aber wies ihn zurecht und sagte: Nicht einmal du fürchtest Gott? Dich hat doch das gleiche Urteil getroffen. 41 Uns geschieht recht, wir erhalten den Lohn für unsere Taten; dieser aber hat nichts Unrechtes getan. 42 Dann sagte er: Jesus, denk an mich, wenn du in dein Reich kommst! 43 Jesus antwortete ihm: Amen, ich sage dir: Heute noch wirst du mit mir im Paradies sein.

Reich der Wahrheit, Gnade und Gerechtigkeit

Unser Blick geht heute am Christkönigssonntag noch einmal auf das Kreuz im Zentrum dieser Kirche. Wann immer wir hier zusammenkommen, stehen wir, knien wir, sitzen wir unter dem Kreuz. Darüber nur in den vier Buchstaben INRI die Inschrift: Jesus von Nazaret, König der Juden. Es steht nicht da, was wir eben in der Lesung gehört haben: Jesus, „das Ebenbild des unsichtbaren Gottes“ und auch nicht „Erstgeborener der ganzen Schöpfung."

Wir sehen den Gekreuzigten nicht mit einer Königskrone, sondern mit einer Dornenkrone. Und doch bekennen wir heute: „Christus, König aller Zeiten, Christus, Herr auch unserer Zeit! Christus, König aller Völker, Christus, Herr in Ewigkeit!" Und singen:
„Herr, dein Reich ist Reich der Wahrheit, Gnade und Gerechtigkeit."

Reich der Wahrheit! Nicht ein Reich wie viele auf dieser Welt, deren Machthaber sich der Lüge bedienen, um ihr Reich und ihren Einfluss zu sichern und zu vergrößern. Ohne hier die täglichen Schlagzeilen zu wiederholen frage ich mich: Wie können Menschen einen Präsidenten ertragen oder gar tragen, der mit seinem Lügengetwitter und seinen Drohungen jeden Tag aufs Neue Menschen verwirrt und in Angst treibt? Mit Blick auf Israel hat er aktuell das Völkerrecht gebrochen und provoziert damit erneut Hass und Gewalt.

Reich der Wahrheit? Wie können sich europäische Staaten wie Polen und Ungarn im wahren Christentum wähnen, wenn sie angeblich, um den eigenen Glauben zu bewahren, Menschen auf der Flucht vor der Tür stehen lassen? Wir haben schon Jahrzehnte ein Lied aus dem Gesangbuch genommen, das mit den Worten anfing: „Wir sind im wahren Christentum". Haben viel zu spät erkannt, wozu Christen in unserem Land und in ganz Europa fähig waren, wenn man an die 70 Millionen Tote denkt, die die beiden Weltkriege und letztlich ein blinder Nationalismus hinterlassen haben.

„Reich der Wahrheit"? Auch das müssen wir aussprechen: Wie können islamische Fundamentalisten ihre Religion missbrauchen, einen Gottesstaat errichten wollen und auf brutalste Weise tausendfach morden?

„Herr, dein Reich ist **Reich der Wahrheit"**, der Wahrheit um Gott und der Wahrheit um den Menschen.
Zur **Wahrheit um Gott:** Nach einer aktuellen Umfrage bei Jugendlichen erklärt ein Großteil der Jugendlichen in unserem Land, dass sie nicht an Gott glauben. Frage: An welchen Gott? Es ist allerhöchste Zeit, diese Wahrheit beim Namen zu nennen. Es ist an der Zeit, ein Gottesbild zu revidieren, das noch in die alttestamentliche Zeit und in das Weltbild der

Antike passte, aber längst nicht mehr glaubwürdig ist, würdig, dass wir uns danach ausrichten.

Was ist die **Wahrheit um Gott?** Sie ist für uns Christen in dem Menschen Jesus von Nazaret, in Jesus, dem Christus, in Erscheinung getreten, ein für alle Mal. Danach kann Gott nicht mehr als Kriegsherr gedacht werden. Er kommt, das ist unser Glaube, in dieser Welt menschlich vor oder gar nicht. Warum sonst wäre er Mensch geworden! Und wenn wir im Credo bekennen: Ich glaube an Gott, den allmächtigen Vater, den Schöpfer Himmels und der Erden, müssen wir glaubwürdig vermitteln können, vor allem auch der jungen Generation gegenüber, was wir damit meinen.

Und was ist die **Wahrheit um den Menschen?** Wir wissen aus eigener Erfahrung um die Größe des Menschen, aber auch um seine Abgründe. Die Unsicherheit und Angst nimmt auch bei den „rundum sorglos Versicherten" eher zu als ab.

Viele wissen nicht mehr, wozu sie überhaupt da sind, wozu dieses Leben gut ist und was es gut macht. Volle Kühlschränke und ein dickes Portmonee stiften noch keinen Sinn. Wie schön wäre es, wenn wir um die Schätze wüssten, die in uns grundgelegt sind, und die zu heben wären, so dass wir mehr und mehr zu Menschen würden, zu Mitmenschen. Vor uns der neue Adam, Jesus Christus, letzte Menschenmöglichkeit, wie ich gerne sage, auf die hin wir uns entfalten können. Nur wer das von ihm bezeugte unbedingte Entgegenkommen Gottes annehmen kann, braucht nicht mehr um seine Existenz zu bangen, gewinnt die unglaubliche Freiheit, zu einem hoffnungsfrohen Mitmenschen zu werden.

Herr, dein Reich ist Reich der Wahrheit, Gnade und Gerechtigkeit.

Das Buch Jona im Alten Testament endet mit der gläubigen Überzeugung, dass Gottes Gerechtigkeit in seiner Barmherzigkeit besteht. Es wurde im fünften Jahrhundert v. Chr. in eine Zeit gesprochen, die vom Rachedenken, vom Revanchismus geprägt war. Wenn Ninive umkehrt, vom Stadtkönig angefangen über die Händler bis hin zu den einfachen Leuten, die in einem korrupten Milieu aufgewachsen sind und darin leben, wenn sie alle zu einem menschenwürdigen Leben umkehren, kann es doch kein Strafgericht mehr geben. Gottes Gerechtigkeit ist seine Barmherzigkeit.

Die ganze Botschaft Jesu, was er gesagt, getan und in Treue durchgehalten hat bis ans Kreuz, zielt auf die Umkehr des Menschen, auf die innere

und äußere Heilung, auf das Zurückfinden ins Leben. So macht er das **Reich Gottes** erfahrbar.
Weil wir uns nicht im Wartesaal der Geschichte befinden, nicht im Vorfeld der „Gottesherrschaft“, können wir unser Lied zu Ende singen: „Herr, dein **Reich ist ein Reich des Friedens und der Liebe: Gottes Reich in Ewigkeit.“**

Zur **Wahrheit um den Menschen** gehört,
- dass er ohne den Mitmenschen nicht Mensch werden kann,
- dass zu teilen ihn nicht ärmer, sondern reicher macht,
- dass der erste Schritt zur Versöhnung kein Zeichen der Schwäche, sondern ein Zeichen der Stärke ist,
- das er nur geben kann, was ihm selbst gegeben ist, gratis, im Letzten von Gott selbst, der die Liebe ist.

Wann immer wir also hier nach St. Gangolf kommen und das Kreuz anschauen, dürfen wir mit voller Überzeugung bekennen und auch singen: Christus, König aller Zeiten, Christus, Herr auch unsrer Zeit. Herr, dein Reich ist Reich der Wahrheit, Gnade und Gerechtigkeit, Reich des Friedens und der Liebe: Gottes Reich in Ewigkeit. Denn der ans Kreuz gegangen ist, hat Recht behalten und wird für immer Recht behalten, wenn wir uns der Wahrheit um Gott und der Wahrheit um den Menschen stellen, ihm das Herz öffnen, die Mauern öffnen, die wir um uns errichtet haben. Wie hieß es vor 30 Jahren: **„Unverzüglich“!**

Dank

Dein Wort ist meinem Fuß eine Leuchte

Ps 119,105

Die Veröffentlichung der Texte zum Lesejahr C ist langjährigen Weggefährtinnen und Weggefährten in biblischen Spuren und den Förderern des Schulprojektes in Burundi zugedacht.

Danken möchte meiner Schwester Monika für die Durchsicht der Texte und die Überschriften zu den Ansprachen und meinem Schwager Rainer Jacobs für die Vermittlung und Bearbeitung von Bildern.

Ein besonderer Dank gilt Bruno Sonnen, dem Chefredakteur der Bistumszeitung „Paulinus".
Die Einführungen zu den Lesungen und auch einige Ansprachen waren in der Bistumszeitung veröffentlicht.

Herzlichen Dank sodann an Dr. Christine Hober und Adriana Walther, Paulinus Verlag und Sanja Meyer-Schwarzenberger für die Gestaltung.
Sie werden auch mit den Texten zum laufenden Lesejahr A befasst.

Trier im Juli 2020

Herbert Hoffmann

Abbildungsnachweis

* Titelbild: Fenster von Marc Chagall / Charles Marq, Dein Wort ist meinem Fuß eine Leuchte, © VG Bild-Kunst 2020, Fotorechte: Marc Chagall / Charles Marq, Dein Wort ist meinem Fuß eine Leuchte in Engel mit sieben Armen verzweigter Kandelaber in Der Baum des Lebens, Nördliches, dreibahniges Chorfenster (Ausschnitt / Detail), 1981, Pfarrkirche St. Stephan, Mainz, Fotorechte: © Ars liturgica, Klosterverlag Maria Laach, D-56653 Maria Laach, Nr. 5339, www.klosterverlag-maria-laach.de

* Rückseite: Turm von St.Gangolf (Detail)
  Foto: Hans Wilhelm Ehlen, © Bildarchiv der Pfarrei Liebfrauen, Trier

* S. 29: *Papst Franziskus empfängt Bundespräsident Frank-Walter Steinmeier in Privataudienz*
  Foto: Romano Siciliano, KNA

* S. 67: *Peter Wust, Christlicher Existenzphilosoph*
  Foto: Peter-Wust-Gesellschaft

* S. 89: *Holzschnitt* zum *Gang nach Emmaus*
  Holzschnitt von Karl Schmidt-Rottluff
  Foto: akg-images / Erich Lessing

* S. 134: *Ikone Heilige Dreifaltigkeit*
  Ikone von Andrej Rubljow

* *S. 169-170: Schulfest an der École St. Joseph in Bjumbura*
  Fotos: Werner Wallenfang

* S. 175: *Holzschnitt „Zwei gingen vorüber" von Paul Reding*
  Foto: Paul Reding

* S. 178: *Heilige Dreifaltigkeit*
  Ikone von Andrej Rubljow

* S. 199: *Nikolaus von Kues, Kardinal, Theologe und Philosoph*
  Foto: Erich Gutberlet, St. Nikolaus-Hospital/Cusanusstift, Bernkastel-Kues

* S. 208: *Moses Statue im Palastgarten in Trier*
  Foto: Hans Glößner